西安文理学院文物与博物馆学硕士点建设专项经费
资助出版

仰韶文化
尖底瓶研究

卫雪 钱耀鹏 著

中国社会科学出版社

图书在版编目(CIP)数据

仰韶文化尖底瓶研究/卫雪，钱耀鹏著．——北京：中国社会科学出版社，2021.9

ISBN 978 – 7 – 5203 – 9091 – 0

Ⅰ.①仰⋯ Ⅱ.①卫⋯②钱⋯ Ⅲ.①仰韶文化—陶器(考古)—研究—中国 Ⅳ.①K876.34

中国版本图书馆 CIP 数据核字(2021)第 180302 号

出 版 人	赵剑英
责任编辑	郭　鹏
责任校对	刘　俊
责任印制	李寡寡

出　　版	中国社会科学出版社
社　　址	北京鼓楼西大街甲 158 号
邮　　编	100720
网　　址	http://www.csspw.cn
发 行 部	010 – 84083685
门 市 部	010 – 84029450
经　　销	新华书店及其他书店

印　　刷	北京明恒达印务有限公司
装　　订	廊坊市广阳区广增装订厂
版　　次	2021 年 9 月第 1 版
印　　次	2021 年 9 月第 1 次印刷

开　　本	710×1000　1/16
印　　张	14.5
插　　页	2
字　　数	195 千字
定　　价	79.00 元

凡购买中国社会科学出版社图书，如有质量问题请与本社营销中心联系调换
电话:010 – 84083683
版权所有　侵权必究

自　　序

"透物见人"是考古学研究的终极目标之一，而唯有确切认识考古发现的各类遗存的功能和使用特点，才能真正做到"透物见人"。尖底瓶是黄河中游地区仰韶文化的典型陶器之一，无论如何理解仰韶文化的内涵特征，尖底瓶都与其密不可分。过去对尖底瓶功能和使用方法的研究，未有从设计学角度出发进行探讨的。而根据工业设计原则中的人化原则，为满足人们对效用功能的需求，产品设计需遵从实用性、易用性、经济性、审美性、认知性和社会性原则；通过产品造型设计将功能、结构、材料和生产手段、使用方式统一起来。即便史前人类未曾彰明，将设计与制作融为一体，亦遵循功能至上的原则。因此拙著希望从设计学角度出发，为认识尖底瓶的功能和使用特点提供一个新的视角。

由于史前时期发现的遗物，极少有可供对比研究的现存实物，也鲜少有可做参考的文献资料，因此唯有从设计制作者的角度去考察形态结构的功能意义，才能有效克服"知其然而不知其所以然"的认知缺陷。从设计学的角度出发，关注尖底瓶形态结构的功能，其实具有十分重要的意义。任何设计的第一要义都是功能，各部位结构的功能价值是设计追求的首要目标。通过对尖底瓶各部位功能的探索，认识尖底瓶使用特点的研究方法，或可将其归结为功能结构分析法。不仅史前发现的遗物，史前遗迹甚至历史时期的遗存均可运用功能结构分析法。拙著亦期望通过对尖底瓶的全面分析，探索功能结构分析法。

尖底瓶作为仰韶文化的典型陶器之一，数量较多，分布广泛，拙著立足于新的分类标准，建立新的分类体系，梳理尖底瓶的形态演变序列及时空演变特点。由于尖底瓶形态结构复杂，对其成型工艺虽有模拟实验的验证，但仍有值得商榷之处，因此在考古学观察的基础上，亦结合民族学的相关资料，进行尖底瓶的成型模拟实验，并结合实验以检验实际使用效果。

虽有前人功著，但对考古发现的一件史前陶器进行如此全面综合的研究，也是较为少见的。特别是除传统的考古学研究方法外，还引入了设计学的相关概念，通过功能结构分析法，将尖底瓶的制作材料、成型工艺、功能结构和使用方式统一起来，有助于认识的合理性和准确性。

目　　录

第一章　导言 ……………………………………………… （1）
　　第一节　研究缘起 ……………………………………… （1）
　　第二节　题解暨仰韶文化的概念问题 ………………… （9）
　　　　一　仰韶文化的概念问题 ………………………… （10）
　　　　二　尖底瓶的时空范围 …………………………… （14）
　　第二节　尖底瓶分布范围的史前环境特点 …………… （14）

第二章　尖底瓶研究现状述评 …………………………… （18）
　　第一节　尖底瓶的研究历程 …………………………… （18）
　　　　一　20世纪20—60年代（初始研究阶段） ……… （18）
　　　　二　20世纪70—80年代（深入研究阶段） ……… （23）
　　　　三　20世纪90年代至今（实证研究阶段） ……… （28）
　　第二节　尖底瓶研究现状反思 ………………………… （37）

第三章　尖底瓶的分类 …………………………………… （41）
　　第一节　分类标准及结果 ……………………………… （42）
　　　　一　分类标准 ……………………………………… （42）
　　　　二　分类结果 ……………………………………… （43）
　　第二节　甲类（中小型尖底瓶） ……………………… （44）

第三节　乙类（大型尖底瓶）……………………………………（49）
　　第四节　小结………………………………………………………（59）

第四章　尖底瓶的时空演变……………………………………（61）
　　第一节　形态结构演变分析………………………………………（61）
　　第二节　分期研究…………………………………………………（70）
　　第三节　分区研究…………………………………………………（78）
　　第四节　源流探析…………………………………………………（87）

第五章　尖底瓶的成型工艺……………………………………（95）
　　第一节　尖底瓶成型工艺考察……………………………………（96）
　　第二节　传统制陶工艺的启示……………………………………（101）
　　第三节　成型工艺的模拟实验……………………………………（105）
　　　　一　尖底瓶主体成型工艺……………………………………（106）
　　　　二　器耳及底部的安装与修整………………………………（117）
　　　　三　小结………………………………………………………（121）
　　第四节　成型工艺的时空差异……………………………………（123）

第六章　尖底瓶功能结构与使用特点分析……………………（130）
　　第一节　成型工艺所致的隐性特征………………………………（131）
　　第二节　功能结构与使用特点……………………………………（133）
　　第三节　残留物分析结果的验证…………………………………（144）
　　第四节　使用功能模拟实验………………………………………（150）
　　第五节　小结………………………………………………………（159）

第七章　尖底瓶的社会功能……………………………………（162）
　　第一节　尖底瓶出土状况考察……………………………………（162）

一　居址出土尖底瓶 ………………………………………（163）
　　二　墓地出土尖底瓶 ………………………………………（173）
　第二节　社会功能分析 ………………………………………（179）
　　一　居址中尖底瓶的社会功能 ……………………………（180）
　　二　墓葬中尖底瓶的社会功能 ……………………………（185）
　　三　民族学材料及国外考古材料的启示 …………………（190）

第八章　尖底瓶相关问题的研究 ……………………………（195）
　第一节　尖底瓶时空分布与区域文化类型关系考察 ………（195）
　　一　半坡期 …………………………………………………（195）
　　二　庙底沟期 ………………………………………………（198）
　　三　半坡晚期 ………………………………………………（202）
　　四　小结 ……………………………………………………（203）
　第二节　中外尖底瓶的比较研究 ……………………………（204）
　　一　形态结构的比较研究 …………………………………（204）
　　二　功能与使用方法的比较研究 …………………………（208）
　　三　传承差异性的思考 ……………………………………（211）

参考文献 ………………………………………………………（214）

第一章 导言

第一节 研究缘起

尖底瓶是仰韶文化的典型陶器之一，分布范围广阔，在陕西、山西、河南、甘肃、内蒙古、青海甚至四川等诸省范围之内均有发现（图1-1）。由于其独特的形态结构，尖底瓶在发现之初就受到了学术界的关注，安特生在《中华远古之文化》中特别介绍了三种不同形态的尖底瓶，并予以图示。[1] 其后百年间，随着多处仰韶文化遗址田野考古调查与发掘工作的开展，相关考古资料所获颇丰。尖底瓶作为仰韶文化的典型陶器之一，形制特殊，后世鲜见与其相似的实物遗存，自然受到诸多关注。自其发现以来，学术界对尖底瓶的研究涵盖了形态演变、制作工艺、使用功能和使用方法等多个方面，不可谓之不全面。

据不完全统计，截至目前经过系统考古调查或发掘、整理并行文发表资料的考古遗址中，有近百处出土有尖底瓶，其中完整或可复原者超过半数发现于渭水流域。与之相关的主要遗址罗列如下：

---

[1] 安特生：《中华远古之文化》，袁复礼节译，地质汇报第五号，农地商部地质调查所1923年版，第66—68页。

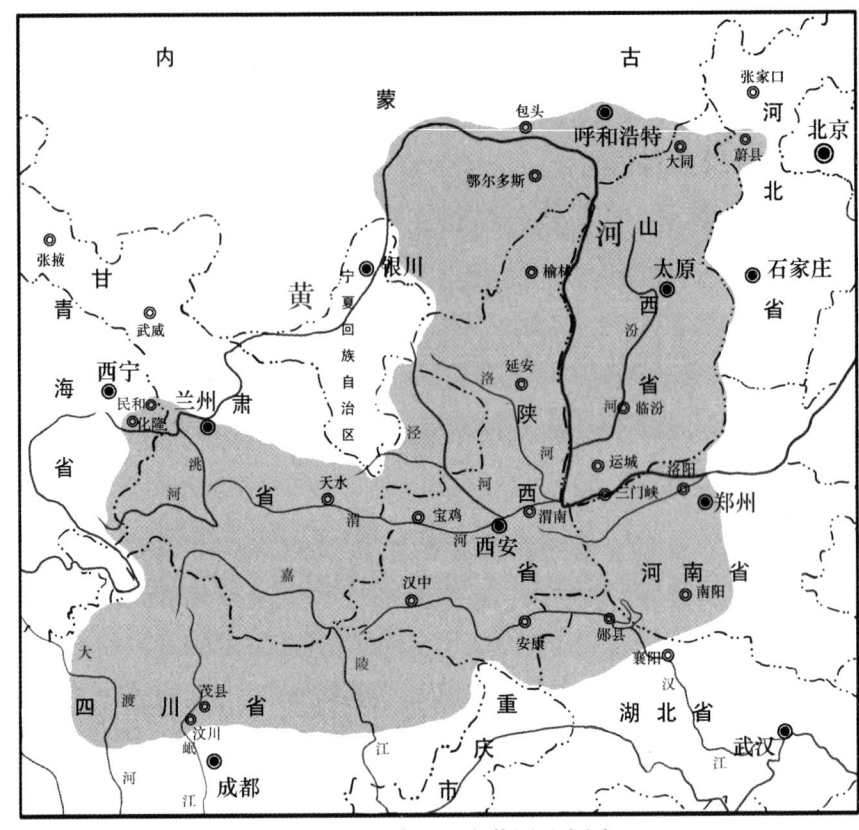

图1-1 尖底瓶分布范围示意图

西安半坡①、临潼姜寨②、西安鱼化寨③、高陵杨官寨④、宝鸡福临堡⑤、宝鸡北首岭⑥、渭南史家⑦、华县泉护⑧、华县元君庙⑨、陇

---

① 中国科学院考古研究所、陕西西安半坡博物馆：《西安半坡》，文物出版社1963年版。
② 半坡博物馆等：《姜寨——新石器时代遗址发掘报告》，文物出版社1988年版。
③ 西安市文物保护考古研究院：《西安鱼化寨》，科学出版社2017年版。
④ 陕西省考古研究院：《陕西高陵县杨官寨新石器时代遗址》，《考古》2009年第7期；陕西省考古研究院：《陕西高陵县杨官寨新石器时代遗址》，《考古与文物》2011年第6期。
⑤ 宝鸡市考古工作队、陕西考古研究所宝鸡工作站：《宝鸡福临堡：新石器时代遗址发掘报告》，文物出版社1993年版。
⑥ 中国社会科学院考古研究所：《宝鸡北首岭》，文物出版社1983年版。
⑦ 西安半坡博物馆、渭南县文化馆：《陕西渭南史家新石器时代遗址》，《考古》1978年第1期。
⑧ 北京大学考古学系：《华县泉护村》，科学出版社2003年版。
⑨ 北京大学历史系考古教研室：《元君庙仰韶墓地》，文物出版社1983年版。

县原子头[1]、蓝田新街[2]、蓝田泄湖[3]、临潼零口[4]、邠县下孟村[5]、彬县水北[6]、扶风案板[7]、华阴兴乐坊[8]、南郑龙岗寺[9]、西乡何家湾[10]、白水下河[11]、潼关南寨子[12]、横山杨界沙[13]、靖边五庄果墚[14]等遗址。

河南：陕县庙底沟[15]、渑池笃忠[16]、郑州大河村[17]、郑州西山[18]、郑州后庄王[19]、洛阳王湾[20]、淅川下王岗[21]、淅川沟湾[22]、偃师灰嘴[23]、

---

[1] 宝鸡市考古工作队、陕西省考古研究所编：《陇县原子头》，文物出版社2005年版。
[2] 陕西省考古研究院：《陕西蓝田新街遗址发掘简报》，《考古与文物》2014年第4期。
[3] 中国社会科学院考古研究所陕西六队：《陕西蓝田泄湖遗址》，《考古学报》1991年第4期。
[4] 陕西省考古研究所：《临潼零口村》，三秦出版社2004年版。
[5] 陕西省社会科学院考古研究队泾水队：《陕西邠县下孟村仰韶文化遗址续掘简报》，《考古》1962年第6期。
[6] 陕西省考古研究院、咸阳市文物考古研究所：《陕西彬县水北遗址发掘报告》，《考古学报》2009年第3期。
[7] 西北大学文博学院：《扶风案板遗址发掘报告》，科学出版社2000年版。
[8] 陕西省考古研究院：《陕西华阴兴乐坊遗址发掘简报》，《考古与文物》2011年第6期。
[9] 陕西省考古研究所：《龙岗寺》，文物出版社1990年版。
[10] 陕西省考古研究所、陕西省安康水电站库区考古队：《陕南考古报告集》，三秦出版社1994年版。
[11] 陕西省考古研究、白水县文物旅游局：《陕西白水县下河遗址仰韶文化房址发掘简报》，《考古》2011年第12期。
[12] 陕西省考古研究院：《陕西潼关南寨子遗址发掘简报》，《考古与文物》2011年第6期。
[13] 陕西省考古研究院、榆林市文物考古勘探工作队：《陕西横山杨界沙遗址发掘简报》，《考古与文物》2011年第6期。
[14] 陕西省考古研究院：《陕西靖边五庄果墚遗址发掘简报》，《考古与文物》2011年第6期。
[15] 中国社会科学院考古研究所：《庙底沟与三里桥》，文物出版社2011年版。
[16] 河南省文物考古研究所：《河南渑池笃忠遗址2006年发掘简报》，《华夏考古》2010年第3期。
[17] 郑州市文物考古研究所：《郑州大河村》，科学出版社2001年版。
[18] 国家文物局考古领队培训班：《郑州西山仰韶时代城址的发掘》，《文物》1999年第7期。
[19] 河南省文物研究所：《郑州后庄王遗址的发掘》，《华夏考古》1988年第1期。
[20] 北京大学考古文博学院：《洛阳王湾》，北京大学出版社2002年版。
[21] 河南省文物研究所、长江流域规划办公室考古队河南分队：《淅川下王岗》，文物出版社1989年版。
[22] 郑州大学历史学院考古系、河南省文物管理局南水北调文物保护办公室：《河南淅川沟湾遗址仰韶文化遗存发掘简报》，《考古》2010年第6期。
[23] 中国社会科学院考古研究所河南第一工作队：《河南偃师市灰嘴遗址2006年发掘简报》，《考古》2010年第4期。

荥阳点军台[①]、临汝中山寨[②]、西峡老坟岗[③]等遗址。

山西：芮城东庄村与西王村[④]、夏县西阴村[⑤]、离石马茂庄[⑥]、翼城北橄[⑦]、古城东关[⑧]、垣曲小赵[⑨]、大同马家小村[⑩]、芮城桃花涧[⑪]、襄汾陈郭[⑫]、襄汾小陈[⑬]、长治小神[⑭]、泽州和村[⑮]、屯留柳行[⑯]等遗址。

内蒙古：托克托海生不浪[⑰]、清水河白泥窑子[⑱]、准格尔旗寨

[①] 郑州市博物馆：《荥阳点军台遗址1980年发掘报告》，《中原文物》1982年第4期。
[②] 临汝县博物馆：《河南临汝中山寨遗址调查简报》，《考古》1986年第6期。
[③] 河南省文物考古研究所、南阳市文物考古研究所：《河南西峡老坟岗仰韶文化遗址发掘报告》，《考古学报》2012年第2期。
[④] 中国科学院考古研究所山西工作队：《山西芮城东庄村与西王村遗址的发掘》，《考古学报》1973年第1期。
[⑤] 山西省考古研究所：《西阴村史前遗存的第二次发掘》，《三晋考古》，山西人民出版社1996年版。
[⑥] 国家文物局、山西省考古研究所、吉林大学考古系：《晋中考古》，文物出版社1999年版。
[⑦] 山西省考古研究所：《山西翼城北橄遗址发掘报告》，《文物季刊》1993年第4期。
[⑧] 中国历史博物馆考古部、山西省考古研究所、垣曲县博物馆：《垣曲古城东关》，科学出版社2001年版。
[⑨] 中国社会科学院考古研究所：《山西垣曲小赵遗址1996年发掘报告》，《考古学报》2001年第2期。
[⑩] 山西省考古研究所、大同市博物馆：《山西大同马家小村新石器时代遗址》，《文物季刊》1992年第3期。
[⑪] 山西省考古研究所、运城市考古工作队、芮城县文物局：《芮城桃花涧河杏林遗址发掘报告》，《三晋考古》（第四辑），上海古籍出版社2012年版。
[⑫] 山西省考古研究所、襄汾县博物馆：《山西襄汾陈郭村新石器时代遗址与墓葬发掘简报》，《考古》1992年第2期。
[⑬] 山西省考古研究所：《襄汾小陈新石器时代遗址发掘报告》，《三晋考古》（第三辑），山西人民出版社2006年版。
[⑭] 山西省考古研究所晋东南工作站：《长治小常乡小神遗址》，《考古学报》1996年第1期。
[⑮] 山西省考古研究所、晋城市文物研究所、晋城博物馆：《山西泽州和村遗址发掘简报》，《中国国家博物馆馆刊》2014年第5期。
[⑯] 中国国家博物馆、山西省考古研究所：《山西柳行仰韶文化遗存》，《中国国家博物馆馆刊》2014年第8期。
[⑰] 内蒙古历史研究所：《内蒙古中南部黄河沿岸新石器时代遗址调查》，《考古》1965年第10期；吉发习：《内蒙古托克托县新石器时代遗址调查》，《考古》1978年第6期；北京大学考古系等：《内蒙古托克托海生不浪遗址发掘报告》，《考古学研究》（三），科学出版社1997年版。
[⑱] 汪宇平：《内蒙古清水河县白泥窑子村的新石器时代遗址》，《文物》1961年第9期；内蒙古文物工作队：《内蒙古文物资料辑选》，内蒙古人民出版社1964年版；崔璇、斯琴：《内蒙古清水河白泥窑子L地点发掘简报》，《考古》1988年第2期；崔璇：《内蒙古清水河白泥窑子C、J地点发掘简报》，《考古》1988年第2期；内蒙古社会科学院历史研究所考古研究室：《内蒙古文物考古文集》（第二辑），中国大百科全书出版社1997年版。

子塔[1]、准格尔旗白草塔[2]、准格尔旗二里半[3]、准格尔旗小沙湾[4]、凉城王墓山坡下[5]、包头阿善[6]、包头西园等遗址[7]。

甘肃：秦安大地湾[8]、天水师赵村[9]、正宁宫家川[10]、宁县阳坬[11]、礼县高寺头[12]等遗址。

青海：民和阳洼坡遗址[13]、化隆安达其哈遗址[14]。

河北：蔚县三关遗址[15]。

湖北：郧县大寺遗址[16]。

---

[1] 内蒙古考古研究所：《准格尔寨子塔遗址》，《内蒙古文物考古文集》（第二辑），中国大百科全书出版社1997年版。

[2] 内蒙古文物考古研究所、内蒙古准格尔旗白草塔、内蒙古考古研究所主编：《内蒙古文物考古文集》（第一辑），中国大百科全书出版社1994年版。

[3] 内蒙古文物考古研究所、内蒙古准格尔旗二里半遗址第二次发掘报告：《考古学集刊》（第11集），中国大百科全书出版社1997年版。

[4] 内蒙古文物考古研究所、准格尔旗小沙湾遗址及其石棺墓地、内蒙古文物考古研究所主编：《内蒙古文物考古文集》，中国大百科全书出版社1994年版。

[5] 内蒙古文物考古所等：《岱海考古（3）：仰韶文化遗址发掘报告集》，科学出版社2003年版。

[6] 内蒙古社会科学院蒙古史研究所、包头市文物管理所：《内蒙古包头市阿善遗址发掘简报》，《考古》1984年第2期。

[7] 内蒙古社会科学院历史研究所、包头市文物管理处：《内蒙古包头市西园遗址1985年的发掘》，《考古学集刊》（第8集），科学出版社1994年版；西园遗址发掘组：《内蒙古包头市西园新石器时代遗址发掘简报》，《考古》1990年第4期。

[8] 甘肃省文物考古研究所：《秦安大地湾——新石器时代遗址发掘报告》，文物出版社2006年版。

[9] 中国社会科学院考古研究所：《师赵村与西山坪》，中国大百科全书出版社1999年版。

[10] 庆阳地区博物馆、正宁县文化馆：《甘肃正宁县宫家川新石器时代遗址调查记》，《考古与文物》1988年第1期。

[11] 庆阳地区博物馆：《甘肃省宁县阳坬遗址试掘简报》，《考古》1983年第10期。

[12] 甘肃省文物考古研究所：《甘肃礼县高寺头新石器时代遗址发掘报告》，《考古与文物》2012年第4期。

[13] 青海省文物考古队：《青海民和阳洼坡遗址试掘简报》，《考古》1984年第1期。

[14] 青海省文物考古研究所：《再现文明：青海省基本建设考古重要发现》，文物出版社2013年版。

[15] 张家口考古队：《一九九七年蔚县新石器时代考古的主要收获》，《考古》1981年第2期。

[16] 湖北省文物考古研究所等：《湖北郧县大寺遗址2006年发掘简报》，《考古》2008年第4期。

四川：茂县营盘山①、汶川姜维城②等遗址。

时至今日，仰韶文化研究已经走过近百年的历程，学术研究成果丰硕。尖底瓶的研究亦有如此之久，各方面也取得了一定的研究成果，但仍有可探讨的余地。如对尖底瓶形态演变的研究，以口部特征为标准，一般认为只有一个序列，③即由杯形口演变为重唇口、喇叭口的演变序列，这一演变序列基本成立，但不够全面。如有研究者注意到陕西宝鸡福临堡遗址、高陵杨官寨遗址中发现的尖底瓶也存在大小差异，④但对这一现象的观察都仅限于分类层面，未能进一步分析其可能存在的不同演变序列，进而也未能解释尖底瓶存在大小差异的原因。尖底瓶大小相异、双耳有无的特征长期被忽略，即便有学者注意到这些差异也未能继续深入研究。实际上，诸多考古发现表明关中地区的尖底瓶自仰韶文化早期开始就有大小之分，这种大小差异一直延续到仰韶文化晚期。现有考古材料表明，大小两类尖底瓶的演变特点并不完全一致。在甘肃天水地区、豫西地区和晋西南地区，虽然目前的考古材料不及关中地区丰富，但尖底瓶存在大小差别也并非无迹可循。因此，大小两类尖底瓶极可能存在不同的演变序列。

关于尖底瓶制作工艺的研究多匿于发掘报告中的总体性论述之中，极少有针对尖底瓶成型工艺的专门研究，制作过程的实验研究就更少了。如在《西安半坡》《宝鸡北首岭》《元君庙仰韶墓地》等

---

① 成都市文物考古研究所、阿坝藏族羌族自治州文管所、茂县博物馆：《四川茂县营盘山遗址试掘报告》，《成都考古发现》，科学出版社2000年版；成都文物考古研究院、阿坝藏族羌族自治州文物管理所、茂县羌族博物馆：《茂县营盘山》，文物出版社2018年版。

② 四川省文物考古研究所、阿坝州文物管理所、汶川县文物管理所、四川省文物考古所：《四川汶川县姜维城新石器时代遗址发掘报告》，《四川文物》2004年第1期；四川省文物考古研究所、阿坝州文物管理所、汶川县文化体育局：《四川汶川县姜维城新石器时代遗址发掘简报》，《考古》2006年第11期。

③ 严文明：《仰韶文化研究》，文物出版社2009年版，第149—150页。

④ 宝鸡市考古工作队、陕西考古研究所宝鸡工作站：《宝鸡福临堡：新石器时代遗址发掘报告》，文物出版社1993年版，第22页；陕西省考古研究院：《陕西高陵县杨官寨新石器时代遗址》，《考古》2009年第7期。

考古报告中，均有关于尖底瓶或尖底器制作工艺的讨论，①但多限于总体性论述，针对性不强。有关制陶工艺的专题研究很多，但鲜有针对尖底瓶的具体讨论。②

作为仰韶文化陶器中形态结构最为复杂的器类之一，尖底瓶的制作工艺也较复杂。现有研究表明，尖底瓶主要以手制为主，成型工艺主要采用泥条盘（圈）筑法，由于结构复杂可能非一次成型，口沿等部位可能采用了慢轮修整技术。这些研究主要局限于尖底瓶整体制坯工艺，关于其具体分段制作方法、尖底、小口、双耳等细节部位的制作方式及制作顺序，却无具体结论。相关研究始终未能与尖底瓶的形态结构、功能和使用特点联系起来。制坯工艺是否会影响到尖底瓶的形态结构、具体使用方法等，也没有得到足够的关注。因此笔者希望在前人研究的基础上，通过对尖底瓶的实际考察，结合传统制陶工艺技术，探索尖底瓶的成型工艺。并通过模拟实验，仿制尖底瓶，以此检验笔者的探讨结果是否具备合理性和可行性。最后通过使用模拟实验探讨尖底瓶形态结构与其功能、使用方法之间的内在联系。

关于尖底瓶的用途，先后形成汲水器③、欹器④、与灌溉相关的

---

① 中国科学院考古研究所、陕西西安半坡博物馆：《西安半坡》，文物出版社1963年版，第152—156页；中国社会科学院考古研究所：《宝鸡北首岭》，文物出版社1983年版，第31页；北京大学历史系考古教研室：《元君庙仰韶墓地》，文物出版社1983年版，第28页。

② 李仰松：《从佤族制陶探讨古代陶器制作上的几个问题》，《考古》1959年第5期；李文杰、黄素英：《黄河流域新石器时代制陶工艺的成就》，《华夏考古》1993年第3期；李仰松：《仰韶文化慢轮制陶技术的研究》，《考古》1990年第12期；俞伟超：《中国早期的模制法制陶术》，《文物与考古论文集》，文物出版社1986年版，第228—238页；李文杰：《中国古代制陶工艺的分期和类型》，《自然科学研究》1996年第1期。

③ 安志敏：《仰韶文化》，中华书局1954年版，第142页；石志廉：《谈谈尖底陶器——甀》，《文物》1961年第3期；中国科学院考古研究所、陕西西安半坡博物馆：《西安半坡》，文物出版社1963年版，第117页。

④ 戴念祖：《中国古代的力学知识》，《中国古代科技成就》，中国青年出版社1978年版，第141—142页；陆锡兴：《说欹器》，《文史知识》1982年第11期；吴椿：《谈欹器》，《近代物理学史研究》，王福山主编，复旦大学出版社1983年版，第172页。

背水器①、用以劝诫的"侑卮"②、祭祀用的祭器或礼器③、与丧葬有关的魂瓶④甚至暖瓶、暖杯⑤等认识，众说纷纭，莫衷一是。但上述观点都缺乏强有力的证据，令人难以完全信服。有学者结合民族学资料，从制陶术、出土状况⑥以及配套使用的陶漏斗等方面⑦提出，尖底瓶可能用于酿酒的观点。且近年来随着植物考古的发展，通过对西安米家崖、高陵杨官寨和蓝田新街等遗址的陶器残留物进行分析，基本证实了谷物酿酒的事实，⑧尖底瓶作为酒器的观点日渐流行。但谷物酿酒包括制曲、蒸饭、发酵、分离、存储等多道工序，⑨尖底瓶作为酒器，用于哪道工序、如何使用仍需探讨。无论古文字学、民族学抑或国外考古资料的证据，皆与仰韶文化存在较大的时空距离。尖底瓶何以为酒器，何以有大小之分，大小两类的使用方式是否完全一致，缘何最终又被淘汰，这些问题依旧模糊不清，有待深入研究。而且作为酒器的尖底瓶，为什么只在仰韶文化时期使用，此后又为何消失等相关问题，也尚未有合理解释。由于考古学者即非设计制作者也非实际使用者，因此很难准确揭示尖底瓶的具体使用功能和方法。"设计的第一要义是功能，各种功能价值是设计追求的第一目标"，⑩即便史前时期的设计与制作融为一体，亦需遵

---

① 王仁湘：《仰韶文化渊源研究检视》，《考古》2003 年第 6 期。
② 方达评注：《荀子·宥坐》，商务印书馆 2016 年版，第 510 页。
③ 苏秉琦：《关于重建中国史前史的思考》，《考古》1991 年第 12 期。
④ 朱兴国：《也说尖底瓶》，《社会科学评论》2007 年第 4 期。
⑤ 崔俊俊、马金磊：《小口尖底瓶功用刍议》，《黑龙江史志》2013 年第 21 期。
⑥ 李仰松：《从佤族制陶探讨古代陶器制作上的几个问题》，《考古》1959 年第 5 期。
⑦ 李仰松：《对我国古代酿酒起源的探讨》，《考古》1962 年第 1 期。
⑧ Wang Jiajing, Li Liu, Terry Ball, Linjie Yu, Yuanqing Li, and Fulai Xing, "Revealing a 5000-y-old Beer Recipe in China", Proceedings of the National Academy of Sciences, Vol. 113, No. 23, 2016, pp. 6444–6448. 刘莉、王佳静等：《仰韶文化的谷芽酒：解密杨官寨遗址的陶器功能》，《农业考古》2017 年第 6 期；刘莉、王佳静等：《陕西蓝田新街遗址仰韶文化晚期陶器残留物分析：酿造谷芽酒的新证据》，《农业考古》2018 年第 1 期。
⑨ 何伏娟：《黄酒生产工艺与技术》，化学工业出版社 2015 年版，第 1—16 页。
⑩ 李砚祖：《艺术设计概论》，湖北美术出版社 2002 年版，第 96 页。

循功能至上的设计原则，唯有从设计制作者的角度出发，才能较为准确地认识尖底瓶的使用功能和使用方法。

总而言之，对尖底瓶的研究虽然历时长久，涉及诸多方面，但由于研究者关注的侧重点及研究目的各异，研究结果各有千秋，但却都不够全面，且各方面的研究成果始终未能统一结合。以往对单类陶器的研究多局限于类型学，对陶器功能的研究也鲜有从陶器的形态结构出发者，更遑论引用设计学的相关概念。因此本书尝试在设计原则的指导下，通过形态结构探讨尖底瓶的功能和使用方法，这一方法或可称为"功能结构分析法"。希冀通过这种方法，克服研究陶器功能时"知其然而不知其所以然"的认知缺陷。通过分析遗存形式及其相互之间的关系，揭示它们反映的古人行为，是考古学研究的目标之一。[①] 本书希望在重新拟定分类标准后，再探索尖底瓶的形态演变；通过成型工艺的研究及模拟实验，揭示尖底瓶一直被忽略的隐性特征；引入设计学概念，探索大小两类尖底瓶在功能和使用方法上的差异。通过对尖底瓶出土状况的考察，探讨其可能承担的社会功能。

第二节 题解暨仰韶文化的概念问题

目前考古发现，尖底瓶的实际分布范围西起甘青地区，东至郑洛地区，北达长城沿线，最南可抵四川及湖北北部。在如此广阔的范围内，不仅各地区出土的尖底瓶数量差异明显，其出现、延续及消失的时间也不尽相同。如在渭水流域地区尖底瓶出现时间最早、延续总时间长，且数量众多；而在长城沿线出现较晚，数量很少；四川北部地

---

① ［美］罗伯特·沙雷尔、温迪·阿什莫尔：《考古学：发现我们的过去》，余西云等译，上海人民出版社2009年版，第13—15页。

区则到很晚才有发现且数量极少。无疑，尖底瓶是仰韶文化的典型陶器之一，曾经对仰韶文化的时空范围研究产生了直接影响。基于目前学术界对仰韶文化概念认识还存在一定分歧，而尖底瓶的研究不可避免会涉及仰韶文化的概念问题，为避免因不同观点而引起不必要的理解偏差，以及保证研究过程及结论的客观性、严谨性，在此有必要阐述仰韶文化的概念及其同尖底瓶之间的关系问题。

一 仰韶文化的概念问题

仰韶文化是中国新石器时代一支非常重要的考古学文化，她的发现与瑞典学者安特生密不可分。1921年4月，安特生在河南渑池仰韶村进行了一次重要的考古调查，并于同年年末征得中国政府同意之后对该遗址进行了正式发掘。本次发掘所获颇丰，尖底瓶也是重要发现之一。1921—1922年间，安特生和其助手在渑池及其附近地区还进行了一些考古调查。[①] 安特生在整理这批考古发掘和调查资料时认为其属于同类遗存，该类遗存即称为"仰韶文化"。因安特生认为仰韶文化的彩陶与中亚、东欧地区的颇为相似，到甘肃、青海地区进行考古调查后，认为仰韶文化（时安特生认为其属铜石并用时代）是由中、西亚地区经新疆传播而来，即所谓的"仰韶文化西来说"[②]。对于尖底瓶这一仰韶文化的典型陶器，安特生认为其与斯堪的纳维亚新石器时代早期、埃及王朝早期和地中海东部其他地区发现的尖底器形态相似,[③] 而这些相似之处也曾成为"仰韶文化西来

---

① 安特生：《中华远古之文化》，袁复礼节译，地质汇报第五号，农商部地质调查所1923年版，第11—21页；安特生：《河南史前遗址》（英文版），*BMFEN*, No.19, 1947, pp.109 - 110。

② 安特生：《甘肃考古记》，乐森璕译，地质专报甲种第五号，农商部地质调查所1925年版，第36—38页。

③ 安特生：《中华远古之文化》，袁复礼节译，地质汇报第五号，农商部地质调查所1923年版，第66—68页。

说"的证据之一。彼时，中国考古学正处于滥觞阶段，研究者对中国石器时代的认识有限，安特生的相关认识一度影响较大。

20世纪50年代后期开始，随着大规模的考古调查和发掘活动的开展，以及全面研究工作的进行，关于仰韶文化的研究日渐兴盛。研究者认识到仰韶文化内涵复杂，逐渐区分开半坡类型和庙底沟类型。① 但基于研究方法和划分标准的不同，对于仰韶文化的分布范围、类型划分和年代判定，学术界始终存在分歧。1962年，杨建芳先生发文认为仰韶文化的分布以豫西晋南、陕西关中地区为主，东达河北省中南部和河南省东部，西止甘肃西部的洮河流域，北抵内蒙古中南部的清水河，南至湖北北部，并将该范围内的仰韶文化遗存分为两期五个类型。② 1965年，苏秉琦先生发文认为半坡类型和庙底沟类型是仰韶文化发展演变过程中的两个主要变体，仰韶文化的中心分布范围以关中为纽带，包括甘肃东部、晋南豫西地区，以此为中心向外围推进，分出以大地湾为代表的西支和以大河村—王湾为代表的东支。③ 20世纪80年代后，随着考古学文化区系理论的提出与流行，对仰韶文化的分期分区及区域类型的研究愈发深入，严文明先生将仰韶文化分为四期八区、十八个类型，④ 石兴邦先生分为四期四区、八个类型，⑤ 巩启明先生则分为三期六区、十九个类型。⑥ 但无论具体如何划分考古学的文化类型，其涉及区域均包括陕晋豫、甘青、内蒙古、湖北及河北地区。

---

① 安志敏：《试论黄河流域新石器时代文化》，《考古》1959年第10期；石兴邦：《黄河流域原始社会考古研究上的若干问题》，《考古》1959年第10期。
② 杨建芳：《略论仰韶文化和马家窑文化的分期》，《考古学报》1962年第1期。
③ 苏秉琦：《关于仰韶文化的若干问题》，《考古学报》1965年第1期。
④ 严文明：《略论仰韶文化的起源和发展阶段》，《仰韶文化研究》，文物出版社1989年版，第131—157页。
⑤ 石兴邦：《仰韶文化》，《中国大百科全书·考古卷》，中国大百科全书出版社1986年版，第595—602页。
⑥ 巩启明：《仰韶文化研究》，文物出版社2002年版，第146页。

当然，对于上述仰韶文化的分布范围，也有学者持不同意见。如有学者认为，所谓仰韶文化应以最开始发现的遗址文化面貌为基准，只能包含分布在关中东部、豫西、晋南地区的仰韶文化，而关中西部应称为"半坡文化"，郑洛地区应称为"大河村文化"[1]。还有学者提出分布于关中、豫西、晋南地区的仰韶文化可称为"典型仰韶文化"，其余地区同时期遗存另做它名，并建议将该时期多支考古学文化统称为"仰韶时代文化"[2]。同时，有学者认为，仰韶文化的空间范围始终以关中地区为中心，包括晋西南、豫西地区，陕南汉水上游、甘肃天水地区、泾洛水中上游地区也在范围之内。[3] 还有学者认为，"仰韶文化"一词已经脱离了考古学文化的范畴，而成为我国黄河中下游新石器时代一个发展阶段的代称，[4] 形成了"仰韶时代"的概念，[5] 并由此衍生出半坡文化、庙底沟文化（或称西阴文化）以及西王村文化[6]等考古学文化名称。也有研究者求同存异，提出"仰韶文化群的概念"，包括中心分布区域的典型仰韶文化及周边地区受典型仰韶文化影响较大的其他文化遗存。[7]

综上可知，学术界对于仰韶文化的概念目前尚未有统一认识，对于其具体分布范围的划定也存在明显分歧。因为典型陶器在研究考古文化遗存时间和空间特征上具有明确的指示性，[8] 因此尖底瓶作

---

[1] 丁清贤：《关于"仰韶文化"的问题》，《史前研究》1985年第3期。
[2] 张居中：《仰韶时代文化刍议》，《中原文物特刊》1986年。
[3] 张宏彦：《仰韶文化时空范围的界定问题》，《考古与文物》2006年第5期。
[4] 赵宾福：《半坡文化研究》，《华夏考古》1992年第2期。
[5] 张忠培：《仰韶时代——史前社会的繁荣与向文明时代的转变》，《文物季刊》1997年第1期。
[6] 张忠培：《研究考古学文化需要探索的几个问题》，《文物与考古论集》，文物出版社1986年版；张忠培、乔梁：《后冈一期文化研究》，《考古学报》1992年第3期；朱雪菲、许永杰：《西阴文化的解体与仰韶晚期遗存的生成》，《考古与文物》2012年第6期。
[7] 中国社会科学院考古研究所：《中国考古学·新石器时代卷》，中国社会科学出版社2010年版，第207页。
[8] 许永杰：《黄土高原仰韶晚期遗存的谱系》，科学出版社2007年版，第iii页。

为仰韶文化的典型陶器，在过去的研究之中往往作为划分依据之一。但尖底瓶的分布范围广阔，各遗址出土的形态、数量均存在不同程度的差异，在研究中有时因过于关注尖底瓶的形态特征而忽略其演变序列及数量差异。而且，已有的考古研究表明，渭水流域与郑洛地区是两个相对独立的文化区系，而仰韶文化得以命名的渑池仰韶村遗址、庙底沟类型得以确认的陕县庙底沟遗址这两处遗址，正处于两个文化区的交界地带，[①] 这两处遗址的文化面貌应较复杂，可能混合了两个文化区系的不同文化因素。因此，作为确立仰韶文化典型文化因素的典型遗址还有待商榷。但无论仰韶文化的研究现状如何，渭水流域作为仰韶文化的中心分布区域已成为基本共识，在这一范围内尖底瓶出现时间早、演变序列较完整，且数量众多，即尖底瓶是仰韶文化的典型文化因素之一，学术界并无争议。在研究者认为的中心分布区域之外的其他地区，尖底瓶的数量虽然不多，但形态特征与中心区域颇有相似之处，无论这些地区的考古学文化遗存是否可以归入仰韶文化的范畴，尖底瓶这一器物是受到仰韶文化中心区域的影响而产生的当无争议。

笔者认为，"仰韶文化"这一名称的使用已经延续了近百年，在国内外学术界已经成为十分稳定的学术名词，仰韶文化之下再进行区域类型的划分也能避免"时代""文化"等同一名称层级下出现内涵不对等的现象。因此，基于对仰韶文化研究历史的尊重，以及更好地普及公众，避免因名称不同而造成不必要的误解，本书沿用"仰韶文化"最初的内涵及名称，在仰韶文化之下沿用半坡类型、庙底沟类型和半坡晚期类型等原定名称。仰韶文化的发展阶段沿用半坡期、庙底沟期和半坡晚期的阶段划分。[②] 后文凡涉及考古学文化名

[①] 张宏彦：《仰韶文化时空范围的界定问题》，《考古与文物》2006年第5期。

[②] 严文明：《略论仰韶文化的起源和发展阶段》，《仰韶文化研究》，文物出版社1989年版，第122—165页。

13

称皆遵循这一原则,除特殊情况外不再另行解释说明。

二 尖底瓶的时空范围

本书中出土尖底瓶文化遗存的时间范围,是指中国新石器时代各区域文化遗存中,相对年代上限晚于老官台文化、磁山—裴李岗文化,下限早于龙山文化且出土尖底瓶的仰韶文化遗存。得益于碳十四等测年技术的发展,与日俱增的考古学文化遗址进行了年代测定,相关考古学文化绝对年代的上限和下限越来越清晰和准确。根据各遗址已发表的可供参考的测年数据及相关研究,[①] 可知包含尖底瓶的文化遗存,其绝对年代范围约在5000BC—3000BC之间,属于此绝对年代范围之内且出土有尖底瓶的其他文化遗存,本书都将有所涉及。

本书的研究对象主要是尖底瓶,所以凡出土尖底瓶且在仰韶文化时间范围内的文化遗址均在本书的研究范围之内。这一范围以陕晋豫地区为中心,同时还包括中心区域之外发现仰韶文化遗存的其他区域,即甘肃东部、内蒙古中南部以及冀南鄂北地区。此外,甘肃西部、青海、四川盆地北部等地区也发现有少量尖底瓶,因此这些区域发现的尖底瓶亦在本书的研究范围之内。

第二节 尖底瓶分布范围的史前环境特点

由于尖底瓶的分布范围极广,广袤区域内的地貌差异十分明显,气候及其他自然条件也有所不同。且黄土高原内部沟壑纵横,地表

[①] 严文明:《略论仰韶文化的起源和发展阶段》,《仰韶文化研究》,文物出版社1989年版,第151页;中国社会科学院考古研究所:《中国考古学碳十四年代数据采集1965—1991》,文物出版社1991年版;中国社会科学院考古研究所:《中国考古学·新石器时代卷》(第一版),中国社会科学出版社2010年版,第808—816页;张雪莲、仇士华、钟建等:《仰韶文化年代讨论》,《考古》2013年第11期。

起伏颇大，气候的局域性差异明显。虽然现在关中盆地属于半湿润地区，陇中、陇东盆地及陕北、山西地区和内蒙古南部地区都属于半干旱地区。但在距今 8500—3000 年之间，全球均进入了全新世大暖期①（施雅风，1992a），因此，当时各地区的水热条件与现代可能有所差异，以下针对本书研究范围内不同区域的史前环境特点做简要说明。

关中地区，根据相关环境考古研究，② 该区域距今 8000—3100 年之间气候变化波动较大。距今 8500—6000 年，处于最为温暖湿润的气候阶段，年降水量比现在多 150—300 毫米，年均气温比现在高 1℃—2℃；距今 6000—5000 年，气候变得干旱，年降水量比现在少大约 20%—30%，年均气温可能与现在相当；距今 5000—3100 年，进入另一个温暖湿润的气候阶段，但湿润程度较距今 8500—6000 年有所降低。整体来看，在仰韶文化时期（距今 7000—4500 年）气候适宜人类居住生存。

甘肃地区更偏西北，生态环境脆弱敏感。根据陇东地区的相关环境考古研究表明，③ 距今 7500—6500 年该地区气候湿润；距今 6500—5900 年，气候更温暖湿润，落叶阔叶树数量迅速增加，针阔叶混交林茂盛，水生、湿生植物大量出现；距今 5900—5500 年，针叶树花粉占据优势，水生、湿生植物花粉仍占一定比例，说明温暖

---

① 施雅风、孔昭宸、王苏民等：《中国全新世大暖期的气候波动与重要事件》，《中国科学》（B 辑）1992 年第 12 期；施雅风、孔昭宸、王苏民等：《中国全新世大暖期气候与环境的基本特征》，施雅风主编：《中国全新世大暖期气候与环境》，海洋出版社 1992 年版，第 1—18 页。

② Huang, Chun Chang, Zhou, J., Han, Y. and ty Hou, C., "A Regional Aridity Phase and Its Possiblie Culture Impact During the Holocene Megathemal in the Guanzhong Basin, China", *Holocene*, Vol. 10, No. 1, 2000, pp. 132-142. 黄萍、庞奖励、黄春长：《渭北黄土台塬全新世地层高分辨率研究》，《地层学杂志》2001 年第 2 期；庞奖励、黄春长、张占平：《陕西五里铺黄土微量元素组成与全新世气候不稳定性研究》，《中国沙漠》2001 年第 21 期；庞奖励、黄春长：《一万年以来西安地区古土壤特征与气候波动变化研究》，《高原气象》2003 年第 1 期。

③ 安成邦、冯兆东、唐领余：《黄土高原西部全新世中期气候湿润的证据》，《科学通报》2003 年第 21 期。

程度下降，但仍较为湿润；距今5500—3800年，禾本科植物成分的含量显著降低，蒿属等草本植物花粉扩展，水生湿生植物花粉仍然出现，说明尽管气候的湿润程度降低，但是总体上仍然较为湿润。以上研究表明，甘肃部分地区在当时较现在更适宜人类居住。

晋西南地区该时期古环境研究以芮城桃花涧遗址的孢粉分析为例。[①] 文章指出，在庙底沟期该区域的水热条件虽不及关中地区，但整体处于相对温暖湿润的环境，期间经历有小的波动。距今5250—5000年，气候温和湿润；距今5000—4800年，气候转为温凉偏干；距今4800年以后，气候属温凉湿润。

豫西地区渑池班村遗址（距今7000年）的植物考古研究表明，仰韶文化早期植物以栎、朴、山茱萸、紫苏和野大豆为主，反映当时该地区的植被环境属暖温带落叶阔叶林，气候相对较温暖，[②] 而三门峡南交口遗址发现的水稻遗存也显示出该地区温暖湿润的环境，[③] 仰韶文化中期的研究相对薄弱，但当时处于全新世大暖期，水热条件当与大环境吻合；仰韶文化晚期，河南笃忠遗址动物考古研究，竹鼠等喜暖动物的存在表明当时的气候仍温暖湿润。良好的水热条件为当时的人们提供了适宜的生存条件。[④]

内蒙古中南部及陕北地区靖边湖沼相沉积剖面的环境考古学研究表明，[⑤] 距今8500—3000年，气候温暖湿润，但存在次一级的冷暖干湿波动，孢粉分析说明花粉浓度增加，季风降水增多，毛乌素

---

① 倪爱武：《三门峡及邻区公元前5000—2000年环境变化与人类响应研究》，博士学位论文，中国地质大学，2011年。
② 孔昭宸、刘长江、张居中：《渑池班村遗址植物遗存及其在人类环境学上的意义》，《人类学学报》1999年第11期。
③ 秦岭：《南交口遗址2007年出土仰韶文化早中期植物遗存及其相关问题探讨》，河南省文物考古研究所：《三门峡南交口》，科学出版社2009年版，第420—426页。
④ 杨苗苗、武志江、侯彦峰：《河南渑池县笃忠遗址出土动物遗存分析》，《中原文物》2009年第2期。
⑤ 苏志珠、董光荣、李小强、陈慧忠：《晚冰期以来毛乌素沙漠环境特征的湖沼相沉积记录》，《中国沙漠》1999年第2期。

沙漠广泛发育黑垆土，总体来看水热条件均较现在要好，适宜生存居住。

冀南地区以曲周地区（冲积平原）的古环境研究为例，表明距今7200—6500年，气候温暖湿润，到了这一阶段末期，出现了蓼属植物，气候转为温暖、半湿润；距今6500年之后，气候渐趋干凉。[①]

综上所述，黄河中游地区距今8500—3000年间的环境考古研究表明，黄河中游地区整体处于全新世大暖期，气候以温暖湿润为主。其中关中盆地、晋西南、豫西地区的环境最适宜人类居住，甘肃东部、内蒙古中南部及陕北地区，虽然水热条件不及陕晋豫交界地区，但均较现在的自然环境要好。在此期间虽然存在冷暖、干湿波动，但是幅度很小，对全新世温暖湿润的大环境影响较小。据此推测，黄河中游地区距今7000—5000年间，水热条件较好，适宜人类居住。

以上有尖底瓶分布的区域自然地理条件虽然有诸多差异，但区域之间并非割裂或独立的。以关中地区为中心出发，溯渭河而上可到达陇西地区，再向西去便是青海地区；顺渭河而下可抵豫西地区；渭河向东汇入黄河干流后，沿黄河干流北上可达晋西南地区，继续北上可达陕北及内蒙古中南部地区；在晋西南地区沿黄河支流汾河北上可达晋中北地区；沿黄河干流向东可达郑洛地区。汉水流域、四川盆地虽然与关中地区之间隔着秦岭山脉，似乎隔着天堑，但山间沟通南北的古道存在时间久远，当时这些区域之间存在交流也并非不可能。

[①] 王亚红、石元春、于鹏涛、汪美华、郝晋民、李亮：《河北平原南部曲周地区早、中全新世冲积物的分析及古环境状况的推测》，《第四纪研究》2002年第44期。

第二章　尖底瓶研究现状述评

自1921年瑞典学者安特生调查并发掘了河南渑池仰韶村遗址，形制独特的尖底瓶就进入了考古学者的研究视野。20世纪50—60年代，随着陕西西安半坡、华县元君庙、华阴横阵、河南陕县庙底沟、洛阳王湾、山西芮城西王村等多处仰韶文化遗址的发掘，有关仰韶文化的考古资料日渐丰富，不同遗址间尖底瓶的形态差异也逐渐显现并得到重视。学术界对尖底瓶的形态演变、制作工艺、功能及使用方法展开了热烈的讨论。时至今日，上述各方面研究都取得了一定成果，但也存在许多不足之处。通过对尖底瓶学术研究史的梳理，厘清前人研究思路与取得成果，以便更好地把握研究脉络。

第一节　尖底瓶的研究历程

一　20世纪20—60年代（初始研究阶段）

1921年瑞典学者安特生主持发掘了河南渑池仰韶村遗址，并获得了一批丰富的文化遗物。之后安特生和其助手在渑池县先后发掘或调查了不召寨、西庄村和杨河等遗址。安特生等回京后，其助手又到郑州附近的荥阳地区发掘和调查了秦王寨、池沟寨和牛峪口三处史前遗址。后来安特生在整理这一批材料时，将以这些遗址发现

第二章 尖底瓶研究现状述评

的遗迹遗物为代表的史前遗存命名为仰韶文化。① 彼时，安特生就已经注意到了尖底瓶的独特形制，认为其是仰韶文化最具代表性的器物之一。1923 年出版的《中华远古之文化》一书中，共发表了三件尖底瓶，但惜均为残器，其中两件口部残缺，一件腹部残缺。尽管发现的尖底瓶形态并不完整，但安特生还是进行了一定分析研究，认为其与斯堪的纳维亚新石器时代早期、埃及王朝早期和地中海东部其他地区发现的尖底器形态相似。文中还提到在黄河流域一条船上他曾见到过当时还在使用的相似器物，只是体积相较遗址出土的尖底瓶要小上许多。② 限于相关资料太少，除对器物详细描述之外，安特生未对其制法、功能和使用方法再做详细研究。20 世纪 30 年代，随着"后冈三叠层"的发现，明确了仰韶文化和龙山文化早晚关系，对仰韶文化的内涵有了进一步的认识，但囿于考古资料的限制，对尖底瓶的关注整体较少。

20 世纪 50—60 年代，随着陕西西安半坡、华县元君庙、华阴横阵、河南陕县庙底沟、洛阳王湾、山西芮城东庄村与西王村等多处遗址的发掘，仰韶文化相关研究日渐丰富。特别是陕西西安半坡、河南陕县庙底沟、山西芮城西王村等三处遗址的发现，文化内涵基本贯穿了仰韶文化发展的始终，为认识仰韶文化整体面貌提供了丰富的资料。但由于考古发掘资料整理及发表的滞后性，仍局限了这一时期的研究视野。1959 年出版的《庙底沟与三里桥》发掘报告中，发掘者首次将以西安半坡为代表的遗存和以庙底沟一期为代表的遗存，明确区分为两个文化类型，但两类遗存之间的先后顺序由

---

① 安特生：《中华远古之文化》，袁复礼节译，地质汇报第五号，农商部地质调查所 1923 年版，第 11—21 页；安特生：《河南史前遗址》（英文版），*BMFEN*, No. 19, 1947, pp. 109 - 110。

② 安特生：《中华远古之文化》，袁复礼节译，地质汇报第五号，农商部地质调查所 1923 年版，第 66—68 页。

于缺乏地层证据，而未厘清。①重唇口尖底瓶作为庙底沟类型的典型陶器之一，报告中虽将其分型定式并有详细描述，但对其制法和功能没有进行针对性的深入研究。到1963年《西安半坡》发掘报告中，将以杯形口尖底瓶为代表的遗存归入半坡早期遗存，以喇叭口尖底瓶为代表的遗存归入半坡晚期遗存，②明确了两类尖底瓶的早晚关系。报告中发掘者结合形态、质地和生活需要，以使用功能为标准，把出土陶器划分为饮食器、水器、炊器和储藏器等不同类别，并进一步指出水器中包括汲水器和储水器等。其中尖底瓶被归为水器类，因其形态结构显然不太适合储水之用，只能被视为汲水器了。③报告中还涉及了尖底器的制作方法，主要探讨了尖底底部的制作方法，包括泥条盘（圈）筑、泥片捏合、预制尖底圆头安在做好的底部或尖底与器壁浑然一体等几种不同方式。④尖底瓶的其他部位也多采用泥条盘（圈）筑的方法制成。

1965年苏秉琦先生发表《关于仰韶文化的若干问题》一文，文章认为半坡类型以葫芦口尖底瓶为典型陶器，以口部特征为标准分为四式，即从壶形口、罐形口、杯形口到碗形口的发展演变序列（图2-1）；⑤而庙底沟类型的尖底瓶可以分为四式，代表重唇口尖底瓶由早到晚发展的四个阶段（图2-2）。⑥并认为两个类型的两种小口尖底瓶变化序列相似，其最后的型式都可归于庙底沟二期文化、泉护二期文化或客省庄二期文化的高领、折肩尖底瓶或罐，在这两

---

① 中国科学院考古研究所：《庙底沟与三里桥》，科学出版社1959年版，第114页。
② 中国科学院考古研究所、陕西西安半坡博物馆：《西安半坡》，文物出版社1963年版，第144—146页。
③ 中国科学院考古研究所、陕西西安半坡博物馆：《西安半坡》，文物出版社1963年版，第105、117页。
④ 中国科学院考古研究所、陕西西安半坡博物馆：《西安半坡》，文物出版社1963年版，第152—156页。
⑤ 苏秉琦：《关于仰韶文化的若干问题》，《考古学报》1965年第1期。
⑥ 苏秉琦：《关于仰韶文化的若干问题》，《考古学报》1965年第1期。

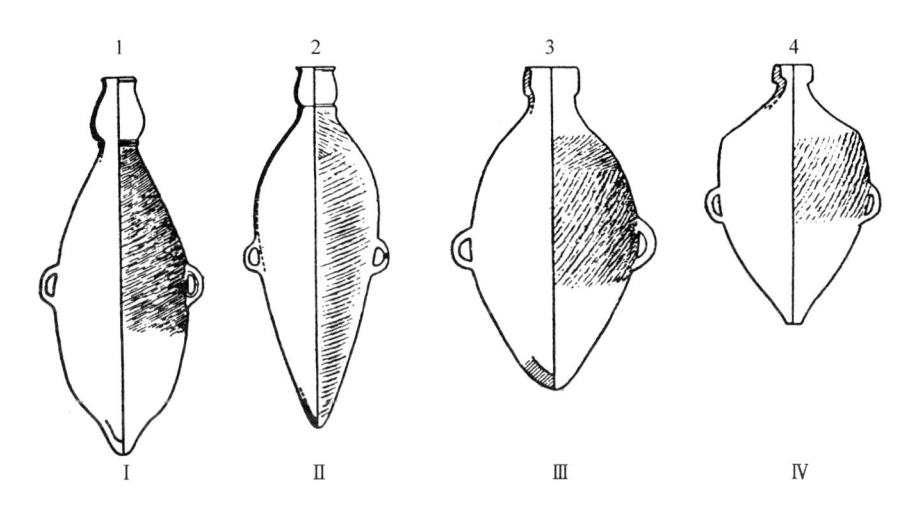

图 2-1 半坡类型尖底瓶型式演变

(引自苏秉琦《关于仰韶文化的若干问题》,《考古学报》1965 年第 1 期。)

1. 宝鸡北首岭 60BⅣF23∶23；2. 淅川下集 M43∶1；3. 华县元君庙 M410；4. 华县元君庙 M466

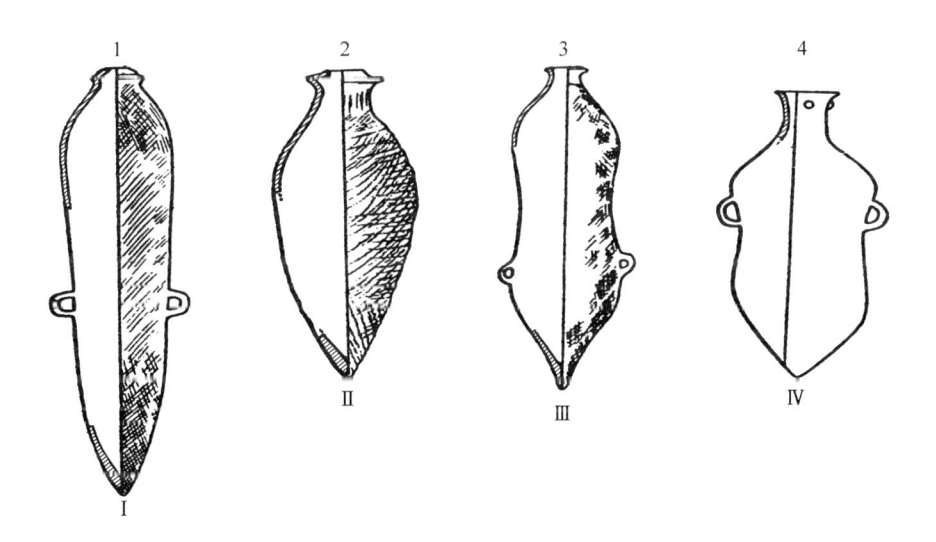

图 2-2 庙底沟类型尖底瓶型式演变

(引自苏秉琦《关于仰韶文化的若干问题》,《考古学报》1965 年第 1 期)

1. 伊川土门；2. 陕县庙底沟 T203∶43；3. 郑州后庄王 M153；4. 西安半坡 P.1109

种小口瓶的型式序列之间也无法看出其有连续发展的关系。① 即两类尖底瓶并行存在,其所在的两个文化类型是同时期遗存而非先后相继的关系。该文也注意到了山西芮城西王村下层遗存文化内涵与半坡、庙底沟类型均不同,但限于当时山西地区的材料发表较少,因此文章中未做详细讨论。

由于尖底瓶的形制特殊,关于其功能和使用方法的研究这一时期业已开始。安特生在《中华远古之文化》一文中提及,他在河南地区旅途中,曾在黄河流域的一艘船上见到过形制相似的器物,② 但未提及其用法。后有学者在民族学调查时,注意到佤族陶工在制作陶器时,陶坯下置一凹底垫子,便于陶器的拍打和修整,由此陶器的形状多为圜底,这种圜底陶器多为炊器和酒器。而西安半坡发现的尖底瓶其底部多附着泥土,在地面上遗留的大口尖底的地穴很可能是用来放置尖底瓶的,可能与酿酒有关。③ 并认为仰韶文化中发现的漏斗状陶器,流部口径约 3 厘米,恰好可与小口尖底瓶配套使用,④ 由此推测尖底瓶可能是酿酒(发酵)用器,人们可以把蒸过的谷物拌以酒曲装入瓶中发酵。但这一认识在当时并未引起其他研究者的重视。与此同时,有学者认为尖底瓶应是古文献中记载的"甄",是古代的汲水用器,所谓"木钩而樵,抱甄而汲"(《淮南子·氾论训》);并以力学原理解释尖底的成因和性能,锥形尖底下垂入水,容易注满;并从字音考察,"甄"从垂、从瓦或从垂、从缶,垂即含下坠之意。⑤《辞海》中释"甄"为小口瓮。⑥ 安志敏先生在《仰韶文

---

① 苏秉琦:《关于仰韶文化的若干问题》,《考古学报》1965 年第 1 期。
② 安特生:《中华远古之文化》,袁复礼节译,地质汇报第五号,农商部地质调查所 1923 年版,第 68 页。
③ 李仰松:《从佤族制陶探讨古代陶器制作上的几个问题》,《考古》1959 年第 5 期。
④ 李仰松:《对我国古代酿酒起源的探讨》,《考古》1962 年第 1 期。
⑤ 石志廉:《谈谈尖底陶器——甄》,《文物》1961 年第 3 期。
⑥ 辞海编辑委员会:《辞海》(1979 年版缩印本),上海辞书出版社 1980 年版,第 1363 页。

化》一书中,认为尖底瓶可以较快地沉入水中,汲水比较方便,汲水罐直到汉代还保留着类似的形制。① 这一时期,由于半坡仰韶文化聚落遗址的发掘引起了很大的社会轰动,并建立了第一个遗址博物馆,且在《西安半坡——原始氏族公社聚落遗址》一书中,② 将尖底瓶又归入水器之类,所以尖底瓶作为汲水器的观点开始广为流传。

二 20世纪70—80年代(深入研究阶段)

基于20世纪50—60年代全国大规模的考古调查和发掘,到80年代陕西宝鸡北首岭、华县元君庙、临潼姜寨等遗址的考古报告陆续出版,为当时尖底瓶的研究提供了丰富的考古资料。在资料相对丰富的情况下,有关尖底瓶各个方面的研究也有了长足的进展,这一时期基本确立了尖底瓶的形态演变序列。

严文明先生的《仰韶文化研究》是集大成之作,该书虽出版于1989年,但其收录的论文多作于20世纪六七十年代。《半坡仰韶文化的分期与类型问题》一文,将半坡遗址发现的陶器分为代表半坡遗址早、中、晚三个时期的器物群,首次厘清了半坡遗址仰韶文化的分期。其中尖底瓶早期均为短颈、直口,中期为短颈、重唇口,晚期为长颈、喇叭口,据此认为不同时期的尖底瓶类别相同而型式有所变化,进而认为半坡类型和庙底沟类型是前后相继的关系。③《略论仰韶文化的起源和发展阶段》中关于尖底瓶的研究基本上确定了其形态演变序列,即由杯形口经重唇口发展为喇叭口④(图2-3)。

---

① 安志敏:《仰韶文化》,中华书局1964年版,第16页。
② 中国科学院考古研究所、陕西西安半坡博物馆:《西安半坡》,文物出版社1963年版,第117页。
③ 严文明:《半坡仰韶文化的分期与类型问题》,《仰韶文化研究》,文物出版社1989年版,第67—81页。
④ 严文明:《略论仰韶文化的起源和发展阶段》,《仰韶文化研究》,文物出版社1989年版,第142—144页。

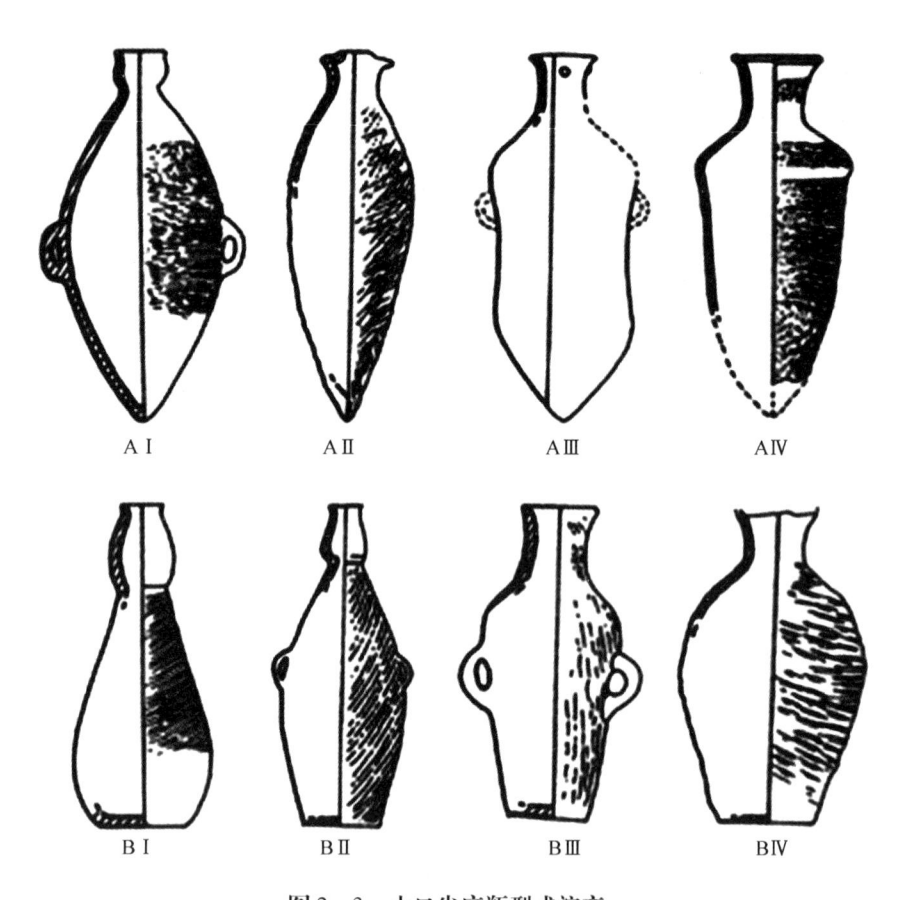

图 2-3 小口尖底瓶型式演变

（引自严文明《略论仰韶文化的起源和发展阶段》，《仰韶文化研究》，文物出版社 1989 年版）

　　AⅠ.西安半坡；AⅡ.陕县庙底沟 T203∶43；AⅢ.西安半坡 H10∶2；AⅣ.华县泉护 T902

　　BⅠ.宝鸡北首岭 M353∶1；BⅡ.华县泉护 H5；BⅢ.秦安大地湾 H832∶13；BⅣ.陕县庙底沟 H563∶44

这一认识也得到了考古地层学的验证，在陕西邠县下孟村仰韶文化遗址中，发现了半坡类型早于庙底沟类型的地层叠压关系，证明半坡类型早于庙底沟类型。这两个文化类型的早晚关系在以后的考古发掘中不断得到验证。自此很长一段时间内，关于仰韶文化尖底瓶

第二章　尖底瓶研究现状述评

形态演变的研究基本上均以此序列为基准。

尖底瓶的功能和使用方法也是这一阶段学者们关注的重点。由于西安半坡遗址博物馆强大的社会影响力，尖底瓶作为汲水器的观点，不仅为社会科学界所普遍接受，而且获得了自然科学界的广泛支持，甚至与物理学的发展史紧密联系起来。有学者认为尖底瓶是史前时期人们重心运用的实例证据之一。空尖底瓶在水面会倾倒，瓶满恢复平衡，这种为方便打水而制作的陶器包含有深刻的力学原理，说明人类在实践中很早就知道利用重心和定倾中心的相对位置跟浮体稳定性的关系，并进一步将其视为古代文献所载"欹器"的原始形态。① 据先秦文献记载，古人曾利用重心原理制作出"欹器"（欹即倾斜之意，欹器又称卮、宥卮或侑卮），在不同状态下因重心变化而具"虚则欹，中则正，满则覆"（《荀子·宥坐》）的特征。而仰韶文化的尖底瓶的双耳多位于腹中部，研究者认为其重心会因注水而发生变化。于是，尖底瓶或者直接视为"欹器"②，或者把"欹器"视为制作尖底瓶时的一种废品。③ 但据文献记载，先秦欹器在汉末失传，"周庙欹器，至汉东京犹在御座。汉末丧乱，不复存，形制遂绝"（《晋书·杜预传》），后世只能仿制，因此欹器与尖底瓶之间的关系目前也只能限于猜测。

尽管研究者对尖底瓶是否为"欹器"的具体认识存在一定差异，但都是以力学上的重心和平衡原理来解释尖底瓶的使用方法，甚或有人得出了尖底瓶可以自动汲水的认识。④ 1986 年，有学者从构造

---

① 戴念祖：《中国古代的力学知识》，《中国古代科技成就》，中国青年出版社 1978 年版，第 141—142 页；陆锡兴：《说欹器》，《文史知识》1982 年第 11 期；文史知识编辑部：《古代礼制风俗漫谈》，中华书局 1983 年版，第 64—65 页。
② 王锦光、洪振寰：《中国古代物理学史话》，河北人民出版社 1981 年版，第 48 页。
③ 吴棒：《谈欹器》，《近代物理学史研究》，复旦大学出版社 1983 年版，第 172 页。
④ 廖彩梁编著：《中国远古祖先的发明·尖底瓶的科学》，科学普及出版社广州分社 1982 年版，第 47 页。

与物理原理方面出发，通过汲水实验证明尖底瓶汲水将满时，并不能自动立正，且水只能自动装满瓶内容积的60%—70%，在将尖底瓶提出水面时由于重心不稳，还会洒出一些水来，虽然一定程度地否定了尖底瓶利用重心和平衡原理汲水的认识，却并未否定尖底瓶可以自动汲水的功能特征。[1]因此，尖底瓶能够利用重心和平衡原理自动汲水的观点，仍为不少学者所采纳，甚至绘制出了尖底瓶自动汲水示意图（图2-4），[2]并广为流传。考古学者以形态学为基础，兼及历史文献，形成了尖底瓶用于汲水的主流学术观点，但对于尖底瓶本身并未展开深入、系统的分析研究。相反，自然科学界、尤其物理学史的学者，则给予了尖底瓶较多的关注和研究，逐步以重心和平衡力学原理赋予尖底瓶自动汲水的功能特征。即便不承认尖底瓶结构符合重心和平衡原理，仍认为其具有自动汲水的功能特点。

1988年，随着半坡博物馆研究人员发表了通过测试和汲水模拟实验获得的认知结果，[3]一定程度地纠正了有关尖底瓶结构及使用特点的认识，有效地拓展了学术研究的新思路，有关尖底瓶功能的研究进入一个新的阶段。

研究者分别选取半坡和姜寨遗址各11件尖底瓶标本。在双耳系绳的空提状态下，只有1件口部垂直向上，半数标本的口部向下倾斜，近半数口部向上倾斜，说明尖底瓶的重心极不稳定。进而，又选取半坡早期（库存67号）和姜寨一期（标本8814号）两件尖底瓶，进行汲水模拟实验。尖底瓶垂直放入静止的水中之后，浮力使尖底瓶倾倒，口部约1/2沉入吃水线以下；但进水量达到尖底瓶容积的1/2左右时，尖底瓶便恢复直立状态。从图示情况来看，在静

---

[1] 周衍勋、苗润才：《对半坡遗址小口尖底瓶的考察》，《中国科技史料》1986年第2期。
[2] 西安半坡博物馆编：《半坡遗址画册》，陕西人民美术出版社1987年版，图册无页码；西安半坡博物馆编：《半坡仰韶文化纵横谈》，文物出版社1988年版，第98—99页。
[3] 孙霄、赵建刚：《半坡类型尖底瓶测试》，《文博》1988年第1期。

提起瓶身，直立不倒

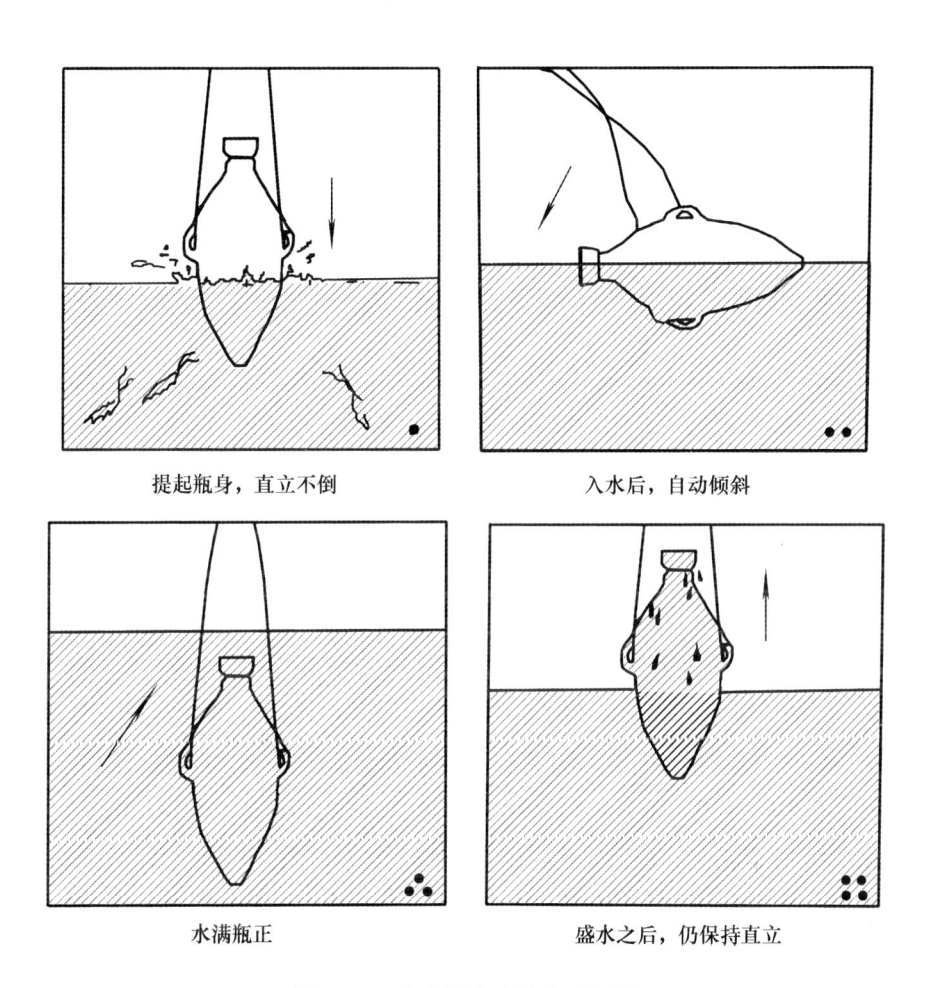

入水后，自动倾斜

水满瓶正

盛水之后，仍保持直立

图 2-4 尖底瓶自动汲水示意图

(引自西安半坡博物馆编《半坡遗址画册》，陕西人民美术出版社 1987 年版)

水状态下进行汲水模拟实验时，双耳未系绳。而在流水状态下，双耳系绳的汲水模拟实验结果则更显意外，尖底瓶一进入水中，瓶口即顺流向后，而尖底逆流且略上翘，根本无法自动汲水。因而得出了尖底瓶适合手握汲水的认识，并认为是一种背水器，尖底可以减小水对瓶底的压力。进而，又与北京大学力学系合作，对 7 件实物标本及1件石膏模拟瓶的力学性能进行测试、实验。① 测试标本的最大腹径与通高比均在2—2.6之间。测试结果表明，5件标本呈现虚则倒斜、中则正、满则覆，2件呈现虚则正斜、中则正、满则覆，只有1件呈现满而不覆的性能特征（双耳位置高于其他标本）。显然，尖底瓶的力学性能明显不符合重心和平衡原理。对于人们为什么制作普遍具有"满而覆"且不便安放的尖底瓶，则是力学性能所不能解释的，研究者也只能寄望于多方面的综合研究。

尖底瓶的制作工艺研究相对形态演变和使用功能而言，较为薄弱一些。这一时期有关尖底瓶的制作工艺一般仍集中于考古报告中，且多为总体性论述，鲜少有关制陶工艺的专题研究，更遑论针对尖底瓶的具体讨论了。如《宝鸡北首岭》中虽称有的陶瓶上半部分为泥条盘（圈）筑、下半部分为模制，最后粘接成器，② 但具体所指不明。《华县元君庙》报告注意到尖底瓶口部与颈肩部、颈肩与器身之间的粘接痕迹，归之为分段制作、接合成器的成型工艺③。这一阶段，关于尖底瓶的制作工艺从最初的泥条盘（圈）筑成型，进一步认识到其复杂结构可能非一次成型而是分段制作而成，但具体的分段制作方式却无深入研究。

三 20世纪90年代至今（实证研究阶段）

1977年严文明先生对尖底瓶形态演变的研究，基本确立了尖底瓶由杯形口经重唇口发展为喇叭口的演变序列，这一演变序列经过多处遗址的重复检验基本成立。90年代以后对尖底瓶形态演变的研究主要是寻找尖底瓶的来源及不同类型尖底瓶之间的过渡类型。通过对多处典型遗址发掘，老官台文化的分布和内涵逐渐清晰，其中

---

① 王大钧、孙霄等：《半坡尖底瓶的用途及其力学性能的讨论》，《文博》1989年第6期。
② 中国社会科学院考古研究所：《宝鸡北首岭》，文物出版社1983年版，第31页。
③ 北京大学历史系考古教研室：《元君庙仰韶墓地》，文物出版社1983年版，第28页。

的小口鼓腹罐小口、鼓肩、圆腹、小平底的特征与半坡类型尖底瓶有相似之处，华县元君庙墓地中发现有老官台文化遗存叠压于半坡类型遗存之上的地层证据，并在后来的田野发掘中得到反复验证。老官台文化的小口鼓腹罐出现时尚未见任何形式的尖底瓶，但在小口、鼓腹、双耳等特征上却已出现尖底瓶的雏形。继老官台文化之后，与半坡类型遗存关系密切的是北首岭下层遗存，[①] 这一类遗存在陕西、山西、河南等地区均有发现。北首岭下层遗存中常见的典型陶器之一小口平底瓶，其主要特征是小口、细颈、鼓腹，腹部贴附对称双耳，器表素面或施绳纹、彩绘，与尖底瓶之间有着千丝万缕的联系。

1992年赵宾福先生在《半坡文化研究》一文中，对半坡文化（即半坡类型）的尖底瓶进行了翔实的类型学研究，认为其可分为三期八段，其中第一期为小口双耳平底瓶，第二期为杯形口尖底瓶，第三期仍为杯形口尖底瓶但形制上退化，并出现葫芦口瓶。[②] 该文虽未区分出尖底瓶的大小之别，但是对半坡类型尖底瓶的源流以及其与庙底沟类型尖底瓶的发展演变关系进行了详细的论述，认为庙底沟类型重唇口尖底瓶的前身，可能是半坡类型尖底瓶器身与葫芦瓶器口相结合的产物，重唇口尖底瓶是葫芦口压扁后的形态（图2-5）。该文首次注意到两种类型的尖底瓶之间还有一种葫芦口尖底瓶的存在，[③] 但限于当时相关资料不足，没有进一步认识到葫芦口尖底瓶处于形态演变的哪个阶段。《半坡文化研究》一文使得半坡期杯形口尖底瓶自身的发展演变脉络进一步清晰，并对杯形口尖底瓶和重唇口尖底瓶之间的演变关系做出了一定的解释说明。

[①] 中国社会科学院考古研究所：《宝鸡北首岭》，文物出版社1983年版，第122—131页；魏继印：《北首岭遗址仰韶文化早期遗存研究》，《考古》2012年第12期。
[②] 赵宾福：《半坡文化研究》，《华夏考古》1992年第2期。
[③] 赵宾福：《半坡文化研究》，《华夏考古》1992年第2期。

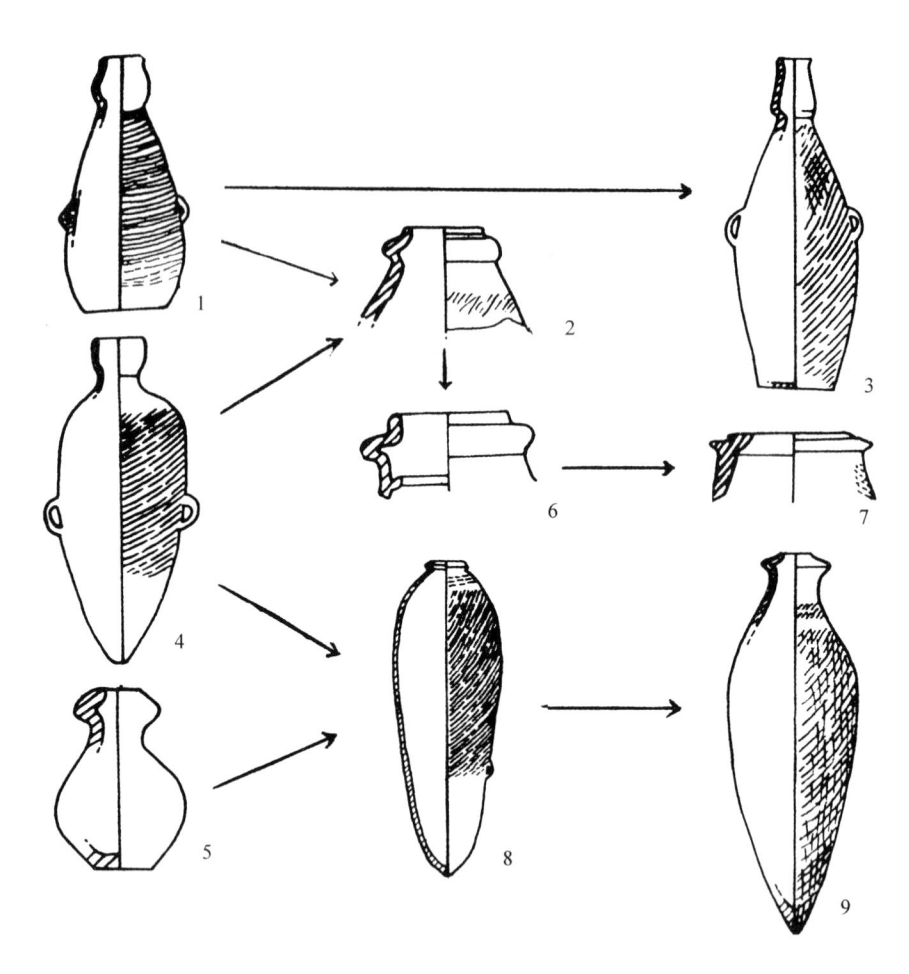

图 2-5 半坡类型尖底瓶与庙底沟类型尖底瓶的发展演变关系

(引自赵宾福《半坡文化研究》,《华夏考古》1992 年第 2 期)

1. 临潼姜寨 M204∶10；2. 芮城东庄村 H117∶1；3. 华县泉护村 H5∶168；4. 华县元君庙 M428∶3；5. 秦安王家阴洼 M41∶3；6、7、8. 白泥窑子 JT3②、JT28②、CF1∶1；9. 陕县庙底沟 T203∶43

陕西宝鸡福临堡遗址和扶风案板遗址的发掘，更加丰富了仰韶文化中晚期尖底瓶的考古资料。宝鸡福临堡遗址发现的尖底瓶根据器形大小和有无双耳可分做 A、B 两型，其中 A 型体形较大，无耳，器身修长，溜肩，尖底细长，贯穿于福临堡第一期至第三期遗存，代表了重唇口尖底瓶向喇叭口尖底瓶发展的历程，第三期遗存的喇叭口尖底瓶，口部外侈较小，溜肩，可能是喇叭口尖底瓶的最初形态；B 型体形较小，喇叭口外侈，无折沿，一般带有双耳。① 扶风案板遗址出土的尖底瓶，根据口部特征分为重唇口、平唇口和喇叭口三种，其中重唇口根据唇口特征又可分为原始重唇口和典型重唇口，瓶底虽均为尖底，但也可分为锐角尖、直角尖和钝角尖三种。根据遗址的地层关系，扶风案板遗址小口尖底瓶的演变规律为：原始重唇口—典型重唇口—平唇口—喇叭口。② 这两处遗址的发现及相关研究细化了重唇口尖底瓶向喇叭口尖底瓶的发展演变，加深了对这两类尖底瓶形态演变的认识。特别是《宝鸡福临堡：新石器时代遗址发掘报告》报告中，首次注意到尖底瓶除口部形态上的差异外，还存在体形大小和有无双耳之别。

2004 年，许永杰先生在其博士论文《黄土高原仰韶晚期遗存的谱系》中针对仰韶文化晚期尖底瓶做了较为详细的类型学研究。文章强调了典型陶器在研究典型遗存时间和空间特征的指示性，并认为小口尖底瓶是黄土高原仰韶晚期最具分期意义的典型陶器。该文将仰韶文化晚期的尖底瓶，分为有耳和无耳两种形式，其中无耳尖底瓶分布在渭河盆地、陇西盆地、河套盆地、汾河盆地和郑洛盆地，有耳尖底瓶的分布范围小，见于渭河盆地、陇西盆地和郑洛盆地，延续时间上无耳尖底瓶较有耳尖底瓶时间长，贯穿黄土高原仰韶文化晚期的全过程，两类尖底瓶的发展演变基本一致；其中双耳小口

---

① 宝鸡市考古工作队、陕西考古研究所宝鸡工作站：《宝鸡福临堡：新石器时代遗址发掘报告》，文物出版社 1993 年版，第 22 页。
② 西北大学文博学院考古专业：《扶风案板遗址发掘报告》，科学出版社 2000 年版，第 255 页。

尖底瓶与半坡文化的小口尖底瓶关系密切，而无耳小口尖底瓶与西阴文化（即庙底沟类型）的小口尖底瓶关系密切。① 该文对仰韶文化晚期遗存中尖底瓶双耳有无及分布区域的观察，为尖底瓶形态演变的研究提供了一种新的视角，可惜未能引起足够的重视。

这一阶段对尖底瓶使用功能的研究走出形态学的局限，开始迈入实验验证阶段。1988 年半坡博物馆研究人员对尖底瓶进行的汲水模拟实验及获得的认知结果，引起了一些学者的关注。这一时期尖底瓶作为汲水器的观点虽然仍流行，但视为酒器或者礼器的观点也趋于普遍，还出现了魂瓶说、暖瓶说、劝诫侑卮说等种种不同观点，学术界对尖底瓶功能的认识更趋多元化。

进行汲水模拟实验的研究者，在否定了其可自动汲水的基础上，转而认为尖底瓶为背水器，进而认为尖底瓶与早期灌溉相关，并进行了相关试验。将尖底瓶灌满水之后背负到田地之中，因其口小，出水慢且运载省力，一个盛装 6000 多毫升水的尖底瓶可浇 6—7 米长的一段地；研究者根据古文字学又进一步认为尖底瓶也与酉和欹器存在一定的联系。② 有的学者则直接把尖底瓶称作"酉瓶"③，认为甲骨文中一些酉字就是尖底瓶的象形，加之由其构成的"尊""奠"等会意字，因而尖底瓶应是一种祭器或礼器；④ 关于尖底瓶是酒器的观点这一时期重新兴起，研究者认为尖底瓶与漏斗配套使用为一套酿酒工具，狭窄的口部可减少酒液与空气的接触面积，减少酸败，细长的瓮体可以促进渣滓的沉降，尖底可以有效集中沉淀物，促进酒的澄清，利于吸饮。⑤ 这是研究者首次从尖底瓶的结构入手解

---

① 许永杰：《黄土高原仰韶晚期遗存的谱系》，科学出版社 2007 年版。
② 孙霄：《欹器与尖底瓶》，《文博》1990 年第 4 期。
③ 苏秉琦：《中古文明起源新探》，商务印书馆 1997 年版，第 18 页。
④ 苏秉琦：《关于重建中国史前史的思考》，《考古》1991 年第 12 期；王先胜：《关于尖底瓶，流行半个世纪的错误认识》，《社会科学评论》2004 年第 4 期。
⑤ 包启安：《新石器时代出土文物与我国酒的起源》，《中国酿造》1994 年第 2 期。

释其功能。

除上述观点外，还有学者认为尖底瓶的意义不在于欹器使用和汲水时的力学特征表现，主要应在于小口不致使盛水蒸发或荡溢，是干旱少水地区的特有水器。① 或者推测尖底瓶应是适应桔槔、辘轳类器具的汲水用器。② 此外，也有学者根据形态特征，认为尖底瓶是取象于果核的明器，而且是明器中最重要的魂瓶。③ 或者认为尖底瓶（酉）是薏苡总苞的图腾崇拜物，又因酒是薏苡米仁所酿造，所以酉也就自然而然地成为贮酒器。④ 随后又有研究者根据前人的研究进一步认为，小口双耳尖底瓶应是主要用以劝诫的"侑卮"⑤。也有不乏想象认为尖底瓶是仰韶文化时期的"暖瓶"或"暖杯"⑥。还有认为尖底瓶是农耕水壶的观点，研究者认为尖底瓶是仰韶先民为净化浑浊的河水而创造的净水器，其最主要功能在于尖底。圆锥形的底部逐渐收窄，水中的泥沙会逐渐集中于管锥形底部，形成细窄厚实的泥沙积层，当人们倾倒取用瓶中清水时，由于泥沙沉降层与澄清净水层之间的接触面很小，水流对底部泥沙层的影响很小，不会导致已经净化的清水再次浑浊，从而提高清水利用率；研究者还进行了相关的模拟实验证明，尖底瓶的尖底对高泥沙的河水确实有良好的净化效果。⑦

2006 年及 2008 年陈星灿先生在《尖底瓶的用法》与《再谈尖底瓶的用法》两文中，借鉴西亚、北非的考古发现，拓展了尖底瓶功能研究的国际视野。文章介绍了古代埃及人和晚近北美印第安人

---

① 王仁湘：《仰韶文化渊源研究检视》，《考古》2003 年第 6 期。
② 吴卫：《半坡红陶小口尖底瓶的再发现》，《装饰》2004 年第 1 期。
③ 朱兴国：《也说尖底瓶》，《社会科学评论》2007 年第 4 期。
④ 赵晓明等：《酉、卣源考》，《山西农业大学学报》（社会科学版）2010 年第 3 期。
⑤ 郑志强：《小口双耳尖底瓶应为"侑卮"》，《中国社会科学报》2012 年 7 月 30 日。
⑥ 崔俊俊、马金磊：《小口尖底瓶功用刍议》，《黑龙江史志》2013 年第 21 期。
⑦ 韩明友：《仰韶小口尖底瓶的功能模拟与探释》，《社会科学战线》2015 年第 12 期。

都有类似的尖底瓶，古埃及的陶尖底瓶有些是用来盛酒的，在相关的墓葬壁画中，尖底瓶放在草编的桶形器或柳条搭成的木架子上，并有壁画表现如何使用吸管饮用尖底瓶里的酒。晚近北美印第安人的尖底瓶是用草编的，外涂沥青，用来盛水，但不知道插在什么地方。[1] 古希腊地区发现的一幅陶器表面的画面，表现的是公元前6世纪希腊妇女头顶尖底瓶运水的场面，图上显示的尖底瓶，体形较矮，跟仰韶文化早中期的略似，只是底部更圆钝些。除盛水之外，古希腊的尖底瓶更多是用来盛酒或其他液体的。[2] 陈星灿先生最后在文中指出考察尖底瓶的用途，除了参考图像信息、观察外部的使用痕迹之外，还可以根据瓶内残留物分析加以具体认定，为研究尖底瓶的功能明确了一个新的方向。近年来，在西安米家崖遗址仰韶晚期的漏斗、尖底瓶等陶器残留物中，所检测出的黍亚科、早熟禾亚科及块茎植物等淀粉粒，其形态结构具备发芽及酿造特征，表明这些陶器曾用于酿造或盛储谷芽酒。[3] 高陵杨官寨、蓝田新街遗址出土的尖底瓶等陶器残留物中，也获得了同样的检测及分析结果。[4]

关于尖底瓶成型工艺的研究，这一时期也有些新的进展。这一时期出版的考古报告中仍有综述性的认识。如《宝鸡福临堡：新石器时代遗址发掘报告》中尖底瓶内发现有明显的泥条盘（圈）筑痕迹，器物内壁不平整。[5] 在《陕西扶风案板遗址发掘报告》一书中关于尖底瓶的制作方法描述较为详细，该遗址的尖底瓶是分别制作

---

[1] 陈星灿：《尖底瓶的用法》，《中国文物报》2006年1月6日第7版。
[2] 陈星灿：《再谈尖底瓶的用法》，《万象》2008年第6期。
[3] Wang, Jiajing, Li Liu, Terry Ball etc., "Revealing a 5000-y-old Beer Recipe in China", Proceedings of the National Academy of Sciences, Vol. 113, No. 23, 2016, pp. 6444-6448.
[4] 刘莉、王佳静等：《陕西蓝田新街遗址仰韶文化晚期陶器残留物分析：酿造谷芽酒的新证据》，《农业考古》2018年第1期；刘莉、王佳静等：《仰韶文化的谷芽酒：解密杨官寨遗址的陶器功能》，《农业考古》2017年第6期。
[5] 宝鸡市考古工作队、陕西考古研究所宝鸡工作站：《宝鸡福临堡：新石器时代遗址发掘报告》，文物出版社1993年版，第17页。

好器身、口、耳后,再接合而成整器的,在尖底瓶的颈部与口部、器耳与腹壁处均可见明显的接合痕迹;口沿部位可能使用了慢轮修整技术,因为在尖底瓶的口部可见细密而均匀的同心圆纹路。[①]《洛阳王湾》报告中指出Ⅰ到Ⅳ阶段的陶器制作大量采用接腹、接领、接底和泥条盘(圈)筑等技术[②],虽未具体指明器物种类,但尖底瓶在该遗址的数量可观。

这一时期有关制陶工艺的专题研究,也开始关注尖底瓶制作工艺。[③]《山西襄汾陶寺遗址制陶工艺研究》一文,认为陶寺遗址出土的尖底瓶,是以泥条盘(圈)筑法为基础,分别采用正筑法和倒筑法制作上下两段,然后再连接成型,并通过模拟实验进行了初步验证(图2-6)。[④] 不过,关于该类尖底瓶的年代却存疑问,尽管该文研究者将其划为庙底沟二期阶段,但根据笔者收集的资料,目前尚未有明确出土于庙底沟二期阶段的尖底瓶。陶寺遗址发现的庙底沟二期遗存虽然列举了相关发现,但其所举尖底瓶残缺未及底部,且共存器物年代当与半坡晚期(或称西王村三期)相当。[⑤] 再说,图2-6所示似乎不大符合制作陶坯的工艺要求,因为篮纹不是刻意施加的装饰纹样,而是用力拍实陶坯的工艺痕迹。在陶坯尚具可塑性时,用力拍打无疑需要以支垫内壁为前提条件,否则不是拍打不实就是致其凹陷,两者均不符合制坯成型工艺的基本要求。另外,对于实用

[①] 西北大学文博学院考古专业:《扶风案板遗址发掘报告》,科学出版社2000年版,第36页。

[②] 北京大学考古文博学院:《洛阳王湾》,北京大学出版社2002年版,第19页。

[③] 李仰松:《从佤族制陶探讨古代陶器制作上的几个问题》,《考古》1959年第5期;李仰松:《仰韶文化慢轮制陶技术的研究》,《考古》1990年第12期;俞伟超:《中国早期的模制法制陶术》,《文物与考古论文集》,文物出版社1986年版;李文杰:《中国古代制陶工艺研究》,科学出版社1996年版。

[④] 李文杰:《山西襄汾陶寺遗址制陶工艺研究》,《中国古代制陶工艺研究》,科学出版社1996年版,第69—118页。

[⑤] 中国社会科学院考古研究所山西工作队、山西省临汾地区文化局:《陶寺遗址1983—1984年Ⅲ区居住址发掘的主要收获》,《考古》1986年第9期。

性陶器，模拟实验不能局限于成型及烧制工艺，还需要涉及实际使用效果的实验内容。唯有如此，实验结果才能更加令人信服。在《淅川沟湾遗址制陶工艺观察》一文中，研究者认为尖底瓶成型采用泥条倒筑法，制作顺序为先用泥条盘（圈）筑制瓶口，瓶口成型后再盘（圈）筑腹部，最后盘（圈）筑底部并封底，因为封底为最后一步，所以底部内侧无法进行修整而多留有泥条盘（圈）筑痕迹。[①] 这种认识未考虑到器物进行修整时内部应垫有陶垫，若最后盘（圈）筑底部并封底，小口直径不足以成人手臂进入瓶内，若无陶垫支撑则不便进行拍打修整，显然先筑口部最后封底的做法难以成型。

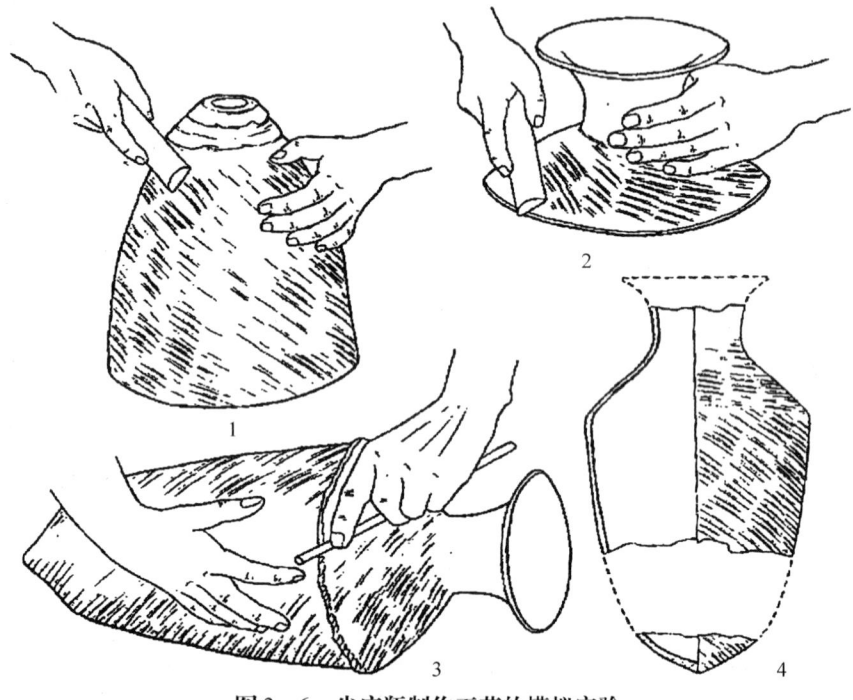

图 2-6 尖底瓶制作工艺的模拟实验

（引自李文杰《山西襄汾陶寺遗址制陶工艺研究》，
《中国古代制陶工艺研究》，科学出版社 1996 年版）

---

① 张智尚：《淅川沟湾遗址制陶工艺观察》，硕士学位论文，郑州大学，2012 年。

第二节　尖底瓶研究现状反思

通过上述回顾，可以将尖底瓶的研究历程分为发现与初始研究阶段、深入研究阶段和实证研究阶段。在这三个阶段中，尖底瓶的研究均涉及形态演变、制作工艺、功能和使用方法三个方面。随着考古资料的丰富，以及实验考古、植物考古、残留物分析技术的应用与发展，多学科的理论、方法及成果的交叉使用，尖底瓶各方面的研究均取得了很大的进展。但在相关研究取得一定成果的同时，也应该注意其存在的不足之处。

首先，有关尖底瓶的形态演变一般认为仅有一个序列。[1]虽说基于西安半坡、临潼姜寨、陇县原子头等遗址的地层序列，尖底瓶从杯形口经葫芦口、重唇口发展为喇叭口的演变特点基本可以成立，但不够全面准确。尽管宝鸡福临堡及高陵杨官寨遗址所出尖底瓶均以规格大小等分为两型，[2]也有学者注意到尖底瓶存在有耳和无耳的区别，[3]但却都未就形态演变序列及不同类尖底瓶使用功能方面的差异展开讨论。诸多发现证实自仰韶文化早期开始，关中地区的尖底瓶就有大小之别。河南、山西等地的考古资料虽然较为零散，但出土的尖底瓶也明显具有大小差异。尤其河南地区大型尖底瓶的容积不仅是中小型的2—4倍，而且两者的演变特点也不完全一致，明显不宜等同视之，值得进一步分析研究。

---

[1]　严文明：《略论仰韶文化的起源和发展阶段》，《仰韶文化研究》，文物出版社2009年版，第149—150页。

[2]　宝鸡市考古工作队、陕西考古研究所宝鸡工作站：《宝鸡福临堡：新石器时代遗址发掘报告》，文物出版社1993年版，第22页；陕西省考古研究院：《陕西高陵县杨官寨新石器时代遗址》，《考古》2009年第7期；陕西省考古研究院：《陕西高陵县杨官寨新石器时代遗址》，《考古与文物》2011年第6期。

[3]　许永杰：《黄土高原仰韶晚期遗存的谱系》，科学出版社2007年版，第169—170页。

其次，关于尖底瓶的制作工艺研究。尽管有综合性、专题性的研究成果，学术界对仰韶文化时期制陶工艺有了一定认识，如以手制为主，可能采用了慢轮修整技术。其中制坯技术又包括捏塑法、泥条筑成法、泥片贴筑法等多种形式，不同器类的成型方法不尽相同，[①] 但尖底瓶是仰韶文化陶器中形态结构最为复杂的器类，其制作工艺也应较为复杂。学术界对尖底瓶的成型工艺虽有研究，但始终局限于成型工艺本身，并未将工艺本身与尖底瓶的形态结构、使用特点联系起来。而制坯成型工艺是否会影响到尖底瓶的形态结构及其使用特点，本就是值得关注的问题之一。鉴于目前的研究普遍立足于制坯技术本身，极少针对特定器类的成型工艺，难免不够深入细致。在此背景下，对尖底瓶的制作工艺特别是成型工艺的研究就显得尤为重要了。

最后，人们对尖底瓶的功能和使用方法众说纷纭，莫衷一是。但基于研究对象和学术视野的局限性，人们对尖底瓶的关注往往局限于半坡遗址或者半坡类型。对于考古学者而言，尖底瓶多与夹砂陶罐、泥质陶钵等形成较为固定的随葬品组合，似乎构成了水器、炊器和食器的日常生活用具组合，符合"事死如生"的随葬观念。对于自然科学工作者而言，也许半坡博物馆的展示与传播功能，就是借以了解考古发现的主要途径，而其他的考古现象则不易受到应有的关注。因此，仰韶中晚期常见的大型无耳尖底瓶，始终没有引起人们的关注，尖底瓶消失的原因自然也就无从谈起了。人们往往只关注尖底瓶的外部形态结构，而忽略了考古出土状况以及尖底瓶内部结构特征等方面的考察。曾有学者指出，半坡遗址出土的大型

[①] 李仰松：《从佤族制陶探讨古代陶器制作上的几个问题》，《考古》1959年第5期；李文杰、黄素英：《黄河流域新石器时代制陶工艺的成就》，《华夏考古》1993年第3期；李仰松：《仰韶文化慢轮制陶技术的研究》，《考古》1990年第12期；俞伟超：《中国早期的模制法制陶术》，《文物与考古论文集》，文物出版社1986年版，第228—238页；李文杰：《中国古代制陶工艺的分期和类型》，《自然科学研究》1996年第1期。

第二章　尖底瓶研究现状述评

尖底瓶，器底部分多附着泥土，地面上也发现有大口尖底的坑穴，尖底附着的泥土应系埋藏于地下所致。[①]《西安半坡》报告中缺乏相关的内容，但据《半坡遗址画册》所发表的尖底瓶（未注编号）彩色照片来看，尖底外壁特征明显不同于双耳以上，显然附着有褐色的埋藏痕迹。然而，尖底瓶在居址中的出土状况及其所保留的使用痕迹等，始终没有引起人们的关注。基于上述局限，关于尖底瓶功能和使用方法的认识难免失之偏颇。

而尖底瓶作为酒器或礼器的观点，既有古文字的依据，也有民族学和国外考古发现的依据，包括近几年学者对陕西地区仰韶文化时期的尖底瓶做的残留物分析，都表明尖底瓶与酒有着间接或直接的关系，似乎较为合理。然而，这些依据更多的只能看作间接证据。尤其地中海沿岸地区发现的尖底瓶，一则绝对年代晚于仰韶文化，二则是酿制或盛放的是葡萄酒；而葡萄酒传入中国腹地一般认为是在张骞出使西域之后，所以还不能直接说明仰韶文化的尖底瓶一定就是酒器。而且作为酒器，尖底瓶在酿酒工艺的哪个环节使用、如何使用？为什么唯独仰韶文化使用尖底瓶而之后就消失了？一系列相关问题并没有获得合理的解释。

最应指出的是，上述各方面的研究之间有着千丝万缕的联系，但在前人的研究中却存在割裂现象，鲜少将这三方面的研究结合起来。特别是针对尖底瓶功能和使用方法的研究，研究者受制于自身专业和研究视野的局限，认知结果往往趋于片面。即便是近年来残留物分析技术勃然兴起，但检测结果只能证实，尖底瓶与酒有着直接而密切的关系，却无法解释尖底瓶的形态结构与功能之间存在怎样的联系。尖底瓶成型工艺的研究亦是如此。因此，本书拟将尖底瓶的形态演变、成型工艺和功能及使用方法等各方面的研究结合，

---

① 李仰松：《从佤族制陶探讨古代陶器制作上的几个问题》，《考古》1959年第5期。

全面剖析尖底瓶。

考古学研究的目标之一是"透物见人",进而希冀能够复原当时人类社会生活的痕迹,揭示人类文化传统的发展与变迁,找回人类失去的记忆。特别是对于史前时期而言,考古学研究可以帮助突破人类记忆的盲区,打破传说的局限性,更深入地挖掘历史信息。考古学文化是十分复杂的综合体,需要从各方面进行研究,才能最大限度地揭示文化遗存的全貌,仰韶文化的研究积累了大量的资料,取得了丰硕的成果,对尖底瓶全面透彻地研究或能达到见微知著的效果,从而为仰韶文化的研究注入新的活力。

第三章　尖底瓶的分类

　　分类通常是指一般的、具体的分析、综合的作业方法，使用范围较为广泛。[1] 考古分类的目标之一，就是通过分类了解和分析古代的文化生活，包括某一种器物的功能和用途等。[2] 而考古类型学研究的主要目标在于分析和认识实物遗存的演变序列暨相对年代，针对性十分突出。基于年代学的研究需要，类型学的型式划分鲜少考虑同一类器物的规格大小，研究结果也鲜少涉及功能结构问题。然而，民族考古学研究表明，陶器的器形大小与其所承担的功能直接相关，[3] 即结构特征相同而大小差异明显的器物可能有着截然不同的用途。事实上，现代生活中也不乏类似的实例。

　　显然，分类的标准取决于研究目的。虽然考古分类与考古类型学有所区别，但二者之间也存在密切联系，类型学研究的型式划分就是基于分类而展开的。尖底瓶分布范围广泛，不同区域内的形态特征、规格大小及出土数量都有较大差异。能否通过分类实现形态演变与功能分析的统一，就是我们需要面对和解决的难题之一。再者，从类型学的角度来说，分类似乎也可看作是型式划分的前期过

---

[1] 李仰松：《从佤族制陶探讨古代陶器制作上的几个问题》，《考古》1959 年第 5 期。
[2] 张光直：《考古学专题六讲》，义物出版社 1986 年版，第 71—72 页。
[3] Henrichson, Elizabeth F. and Mary M. Mc Donald, "Ceramic form and Function: An Ethnographic Search and an Archeological Application", *American Anthropologist*, 1983, p. 85.

程。分类既是类型学研究中型式划分的基础，也可完整展示发现和确认演变序列的分析过程。

第一节 分类标准及结果

一 分类标准

仰韶文化相关遗址的房屋、窖穴与墓葬中皆出土有尖底瓶。现主要选取居址出土的制作规整、具有典型特征的尖底瓶；部分墓葬中出土但明显曾作为实用器的尖底瓶也在研究范围之内。那些明显作为随葬品或非实用器的尖底瓶则不列入参考范围，这类尖底瓶一般高度不及20厘米，器壁较厚，制作粗糙。

依据目前发现，自仰韶文化早期开始关中地区的尖底瓶就存在大小之别，姜寨遗址一期遗存中的尖底瓶形体较大者高70多厘米，形体较小者高约40多厘米，形体最小者仅高20多厘米。[1] 这种大小之别一直延续到仰韶文化晚期，姜寨遗址四期遗存[2]、福临堡遗址三期遗存[3]中的尖底瓶大者高达74厘米，小者不及55厘米，腹部直径亦有差异。在考古发掘报告中也有按尖底瓶的体型大小分型者，《宝鸡福临堡：新石器时代遗址发掘报告》一书中即按照尖底瓶的大小将其划分为两型，[4] 但未做进一步分析研究。类似关中地区尖底瓶存在的大小之别的现象，在天水、晋南地区也有发现，综合考虑大小

---

[1] 半坡博物馆等：《姜寨——新石器时代遗址发掘报告》，文物出版社1988年版，第117—118页。

[2] 半坡博物馆等：《姜寨——新石器时代遗址发掘报告》，文物出版社1988年版，第209页。

[3] 宝鸡市考古工作队、陕西考古研究所宝鸡工作站：《宝鸡福临堡：新石器时代遗址发掘报告》，文物出版社1993年版，第109页。

[4] 宝鸡市考古工作队、陕西考古研究所宝鸡工作站：《宝鸡福临堡：新石器时代遗址发掘报告》，文物出版社1993年版，第22页。

两种尖底瓶在肩部、腹部宽度的差异同样较大，大型尖底瓶的容积一般可为小型尖底瓶的2—4倍，而且两者的演变特点也不完全一致，明显不能等同视之。

器物的形态结构及大小，不仅与文化传统和生活需要有关，而且受制于器物的使用功能，因此在研究尖底瓶的形态结构演变时应当注意其存在形体上的大小之别。经综合考察，首先可依体高55厘米为基本标准，将尖底瓶分为甲类、乙类。在甲类尖底瓶中，少数体高达到55厘米左右，接近乙类之形体宽矮者，似乎归为中型尖底瓶较为合理。但这种类型的尖底瓶数量较少，容积与小型尖底瓶相差不大，独立分类的意义不甚突出，故将甲类统归为中小型尖底瓶。乙类体形较大，统归为大型尖底瓶。其次，在此大类标准之下，以尖底瓶的口部和颈部特征为标准，进一步划分小类。最后，依据每一小类尖底瓶分布的地域范围，探讨各小类之间的亲疏关系，为下章尖底瓶的时空演变研究奠定基础。

二 分类结果

通过对相关考古资料的整理，仰韶文化发现的尖底瓶大致可分为中小型和大型两大类。其中，中小型尖底瓶的高度一般不及55厘米，多在30—40厘米之间，大型尖底瓶的高度多在60—100厘米之间，个别体形高大者甚或超过100厘米。中小型尖底瓶和大型尖底瓶分别对应下文中的甲类和乙类。甲类尖底瓶依据口部、颈部特征可进一步分为甲（1）类—甲（7）类七个小类。乙类尖底瓶依据口部、颈部特征可进一步分为乙（1）类—乙（10）类十个小类。最后，上述十七个小类可根据其具体的分布区域范围划归不同的区域群组。分类的具体结果及内容在下一小节中将有详细叙述。

第二节　甲类（中小型尖底瓶）

总体特征为体形较小，高度一般不及55厘米，多在30—40厘米之间，少数体形较小者高度仅有20厘米左右。根据尖底瓶的口颈部特征可进一步划分为七个小类。

1. 甲（1）类（杯形口，束颈）

数量丰富。泥质红陶。体形较为匀称。口颈部突出特征为杯形口、束颈。其他一般特征为鼓肩与溜肩并存，腹部圆鼓，肩径一般大于腹径，底部细长尖锐，腹中部一般贴附对称双耳。器表素面或在上腹部施细密绳纹。

标本临潼姜寨 M163：5，杯形直口，束颈，鼓肩，鼓腹，腹中部偏下有双耳，最大径在腹中部，尖底。腹部施斜绳纹。口径5.6厘米，高44.8厘米[1]（图3-1，1）。

标本北首岭 M187：1，杯形直口，束颈，溜肩，鼓腹，腹部最大径在器身中部，腹部有对称双耳，底部细长。颈肩部饰波折纹黑彩，唯颈部黑彩磨损严重。口径5.7厘米，高48厘米[2]（图3-1，2）。

2. 甲（2）类（葫芦口，束颈）

数量较丰富。泥质红陶。体形瘦长。口颈部突出特征为葫芦口、束颈。其他一般特征为溜肩，底部尖锐细长，部分器物腹中部或偏下处贴附对称双耳。器表一般施细密绳纹或斜线纹。

标本陇县原子头 F3：2，口部残失，束颈，溜肩，体瘦长，腹两侧有双耳。器表上部施斜线纹。残高50厘米[3]（图3-1，3）。

---

[1] 半坡博物馆等：《姜寨——新石器时代遗址发掘报告》，文物出版社1988年版，第116页。
[2] 中国社会科学院考古研究所：《宝鸡北首岭》，文物出版社1983年版，第101页。
[3] 宝鸡市考古工作队、陕西省考古研究所编：《陇县原子头》，文物出版社2005年版，第87页。

标本临潼姜寨 M350：4，葫芦口，口部与器身比例不甚均匀，腹侧有双耳，器表施绳纹。口径 4 厘米，高约 40 厘米①（图 3-1，4）。

标本秦安大地湾 F302：1，口部残缺，底部抹光，肩腹部施斜线纹，腹径 8.4 厘米，残高 21 厘米②（图 3-1，5）。同类型尖底瓶在甘肃天水师赵村遗址中也有所见。

3. 甲（3）类（典型重唇口，细颈）

数量较少。泥质红陶。体形匀称略偏瘦长。口颈部突出特征为典型重唇口，细颈。其他一般特征为溜肩，腹部略呈直腹。器表多施细线纹。该类型目前发现的标本较少，不便确定器物腹部有无对称双耳。

标本宝鸡福临堡 F2：15，残，仅余上半部，重唇口，颈部细长，溜肩，体施交错线纹，口径 4 厘米，肩径 23 厘米，残高 29 厘米③（图 3-1，7）。虽然无可复原器物，但与同期其他标本相比口径、肩径均较小，以同时期高陵杨官寨平底瓶作为参考，标本 G8-2：④59，敛口，重唇，短颈，溜肩，直腹，平底。颈部以下施斜向细线纹，高 28 厘米。④ 宝鸡福临堡 F2：15 复原高度估计约 50 厘米左右。

标本陕县庙底沟 T203：43，重唇口，细颈略短，溜肩，器表施线纹。因腹部残缺，无法确定是否带耳，高度据图示不及 45 厘米⑤（图 3-1，6）。

---

① 半坡博物馆等：《姜寨——新石器时代遗址发掘报告》，文物出版社 1988 年版，第 237 页。
② 甘肃省文物考古研究所：《秦安大地湾——新石器时代遗址发掘报告》，文物出版社 2006 年版，第 152 页。
③ 宝鸡市考古工作队、陕西考古研究所宝鸡工作站：《宝鸡福临堡：新石器时代遗址发掘报告》，文物出版社 1993 年版，第 51—52 页。
④ 陕西省考古研究院：《陕西高陵杨官寨遗址发掘简报》，《考古与文物》2011 年第 6 期。
⑤ 中国社会科学院考古研究所：《庙底沟与三里桥》，文物出版社 2011 年版，第 20—21 页。

4. 甲（4）类（喇叭口，细高颈）

数量丰富。泥质红陶。体形略匀称。口颈部突出特征为喇叭口，细高颈。其他一般特征为圆肩，腹部修长，肩径大于腹径，腰微凹，钝尖底，器物腹部或偏下处贴附对称双耳。器表素面或施细线纹。

标本杨官寨H402：28，颈以下施线纹，肩部有一周涡状划纹，其上下各刻划数道弦纹及一道波浪纹。口径6.4厘米，高48.8厘米①（图3－1，8）。

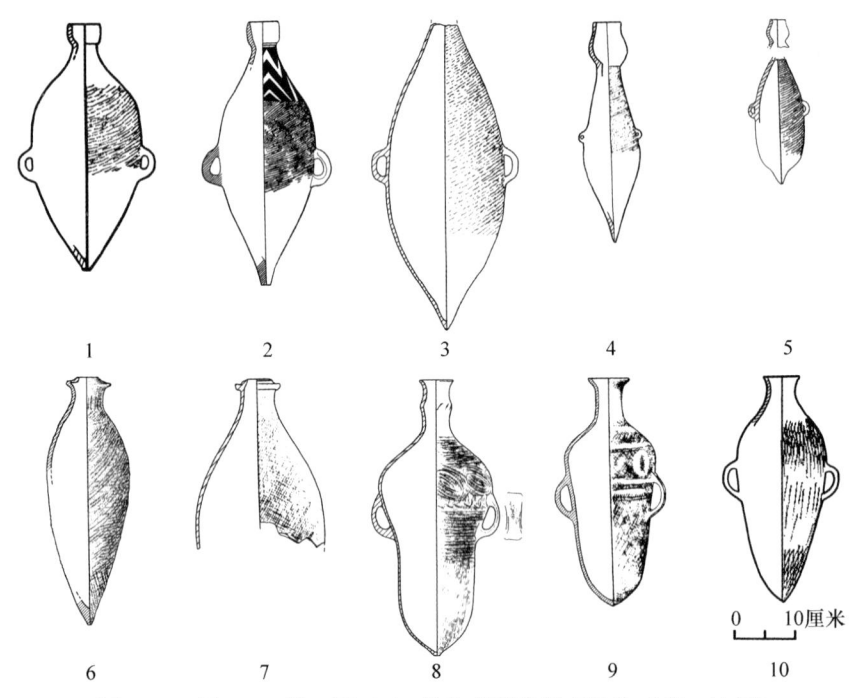

图3－1 甲（1）类—甲（4）类尖底瓶的形态结构（统一比例）

1. 临潼姜寨M163：5［甲（1）类］；2. 西安北首岭M187：1［甲（1）类］；3. 陇县原子头F3：2［甲（2）类］；4. 临潼姜寨M350：4［甲（2）类］；5. 秦安大地湾F302：1［甲（2）类］；6. 陕县庙底沟T203：43［甲（3）类］；7. 宝鸡福临堡F2：15［甲（3）类］；8. 高陵杨官寨H402：28［甲（4）类］；9. 宝鸡福临堡H4：1［甲（4）类］；10. 秦安大地湾H802：11［甲（4）类］

① 陕西省考古研究院：《陕西高陵杨官寨遗址发掘简报》，《考古与文物》2011年第6期。

标本福临堡 H4：1，泥质红陶，口沿明显外侈，尖圆唇，细高颈，肩部浑圆，腹部斜直，钝尖底，腹侧有双宽竖耳。体施交错线纹，肩头有划出的浅弦纹三道，颈部有白彩绘，近底部光素。口径 7 厘米，高 40 厘米[①]（图 3-1，9）。

标本秦安大地湾 H802：11，小侈口喇叭口，短颈、圆肩，腹部施对称双耳，肩和底部施交叉线纹，腹部施竖线纹，口径 6.2 厘米，高 42 厘米[②]（图 3-1，10）。

5. 甲（5）类（扁杯形口，无颈）

数量极少。泥质红陶，陶色不纯正。体形为腹部瘦长。口颈部突出特征为扁杯形口，敛口明显，无颈。其他一般特征为口部与肩部紧密相连，溜肩，长腹，腹部贴附对称双耳。器表施线纹。

标本翼城北橄 H34：27，圆唇，敛口明显，溜肩，腹部瘦长，器表施杂乱的线纹。口径 4.5 厘米，残高 20 厘米（图 3-2，1）。另同一遗迹单位出土有腹部及底部残片，钝尖底，残高约 50 厘米。[③]

6. 甲（6）类（近似杯形口，口部微侈，短颈）

数量极少。体形瘦长。口颈部突出特征为近似杯形口，但口部微侈，短颈。其他一般特征为平沿内勾，溜肩，腹部贴附对称双耳。器表施斜线纹或细绳纹。

标本郧县大寺 H32②：2，夹砂褐陶，口微侈，平沿内勾，细颈微鼓，深腹，尖底残。上腹部施左斜绳纹。口径 7.6 厘米，复原高度 54 厘米[④]（图 3-2，2）。该类尖底瓶在淅川下集也有发现，G5：

[①] 宝鸡市考古工作队、陕西考古研究所宝鸡工作站：《宝鸡福临堡：新石器时代遗址发掘报告》，文物出版社 1993 年版，第 108 页。
[②] 甘肃省文物考古研究所：《秦安大地湾——新石器时代遗址发掘报告》，文物出版社 2006 年版，第 507 页。
[③] 山西省考古研究所：《山西翼城北橄遗址发掘报告》，《文物季刊》1993 年第 4 期。
[④] 湖北省文物考古研究所等：《湖北郧县大寺遗址 2006 年发掘简报》，《考古》2008 年第 4 期。

8口部缺失，残高约54厘米。①

7. 甲（7）类（壶形口，矮颈）

数量极少。泥质陶。体形略宽胖。口颈部突出特征为壶形直口，矮颈。其他一般特征为圆肩，最大径在腹部，钝尖底。器表施线纹。

标本大同马家小村F3：10，整体略似蛋壳状，壶形口，圆唇微卷，矮颈，腹部略施一对桥形耳，尖底圆钝尖。器表施斜向线纹，肩部经打磨，纹饰模糊。口径7.2厘米，高约51.6厘米②（图3-2，3）。

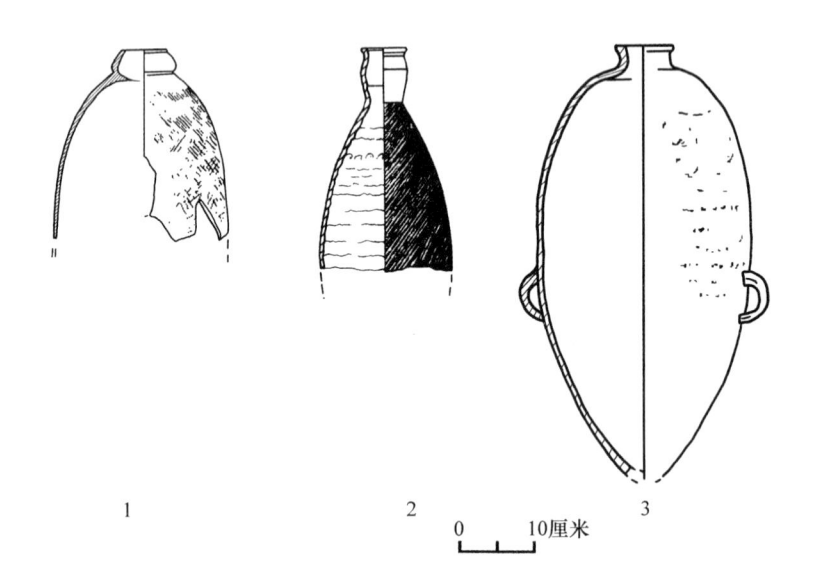

图3-2 甲（5）、甲（6）、甲（7）类尖底瓶的形态结构（统一比例）

1. 翼城北橄H34：27［甲（5）类］；2. 郧县大寺H32②：2［甲（6）类］；3. 大同马家小村F3：10［甲（7）类］

---

① 原长办考古队河南分队：《淅川下集新石器时代遗址发掘报告》，《中原文物》1989年第1期。

② 山西省考古研究所、大同市博物馆：《山西大同马家小村新石器时代遗址》，《文物季刊》1992年第3期。

第三节　乙类（大型尖底瓶）

总体特征为体形较大，高度均在55厘米以上，体形较大者可高达80—90厘米，个别体形最大者甚或超过100厘米。同甲类尖底瓶相同，根据尖底瓶的口颈部特征可进一步划分为十个小类。

1. 乙（1）类（杯形口，束颈）

数量较多。泥质红陶者多。体形匀称。口颈部突出特征为杯形口，束颈。其他一般特征为鼓肩者较多，肩径大于腹径，底部一般细长尖锐。腹中部一般贴附对称双耳。器表素面或在上腹部施细密绳纹。

标本临潼姜寨F46∶11，杯形口，直口，唇微外翻，鼓肩，鼓腹，腹中部有双耳，最大径在腹中部，尖底。肩部及腹部施水平状绳纹。口径8厘米，高74.4厘米[①]（图3-3，1）。

2. 乙（2）类（葫芦口，束颈）

数量较多。泥质红陶。体形瘦长。口颈部突出特征为葫芦口，束颈。其他一般特征为溜肩，腹部多呈流线型，腹径略大于肩径，最大径居于中腹，底部尖锐细长。腹中部或偏下处贴附对称双耳。器表一般施斜线纹。器形整体高大瘦长。

标本陇县原子头F22∶1，葫芦形口较高而微侈，圆唇，束颈，溜肩，深长腹较粗，下腹微曲收成尖底，尖端较浑圆，上腹两侧有对称的环形竖耳一双。颈以下施整齐而较稀疏的细线纹，向左倾斜。口、下腹及尖底等部位抹光无纹，双耳亦素面。口径5.5厘米，高90厘米[②]（图3-3，2）。

[①] 半坡博物馆等：《姜寨——新石器时代遗址发掘报告》，文物出版社1988年版，第116页。
[②] 宝鸡市考古工作队、陕西省考古研究所编：《陇县原子头》，文物出版社2005年版，第48页。

标本秦安大地湾 F2∶14，葫芦口，口部微敛，圆唇，鼓颈，溜肩，腹长且深，腹部贴附对称环耳。颈下部施一周指甲纹，腹部施斜线纹，底部抹光。口径6.9厘米，腹径23.5厘米，高94.5厘米①（图3-3，3）。

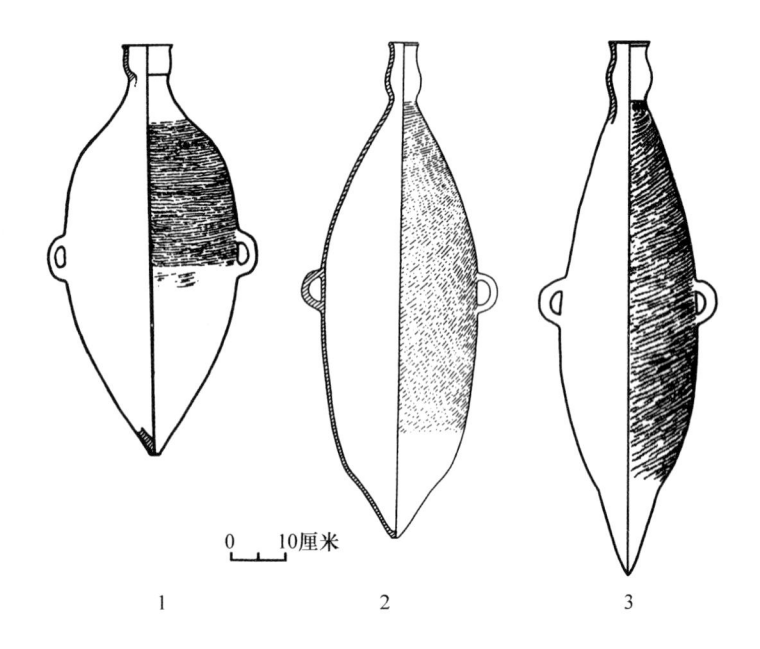

图3-3 乙（1）类和乙（2）类尖底瓶的形态结构（统一比例）

1. 临潼姜寨 F46∶11 [乙（1）类]；2. 陇县原子头 F22∶1 [乙（2）类]；3. 秦安大地湾 F2∶14 [乙（2）类]

3. 乙（3）类（典型重唇口，细颈）

数量丰富。泥质红陶者多。体形略瘦长。口颈部突出特征为典型重唇口，细颈。其他一般特征为溜肩，束腹或亚腰，锐尖底，颈部施交错线纹。器耳趋于消失，偶见腹部或腹部偏下处贴附对称双耳。器表多施细线纹。器形瘦长。

---

① 甘肃省文物考古研究所：《秦安大地湾——新石器时代遗址发掘报告》，文物出版社2006年版，第152页。

标本华阴兴乐坊 W1∶1，重唇口，口较直，细颈，溜肩，斜腹，无耳，颈部以下施竖向线纹和按压纹。口径 4.4 厘米，高 78.4 厘米①（图 3-4，1）。

标本夏县西阴村 G1∶28，底部略残，重唇口，细颈，溜肩，肩下部近腹部较鼓，微显亚腰，口径 6 厘米，复原高度 85.6 厘米②（图 3-4，2）。

标本离石马茂庄 F1∶3，重唇口，细颈微敛，近溜肩，束腰，腹部有因加固裂缝由单面钻成的三对小孔。通体施线纹，口径 3.2 厘米，高 80 厘米③（图 3-4，3）。

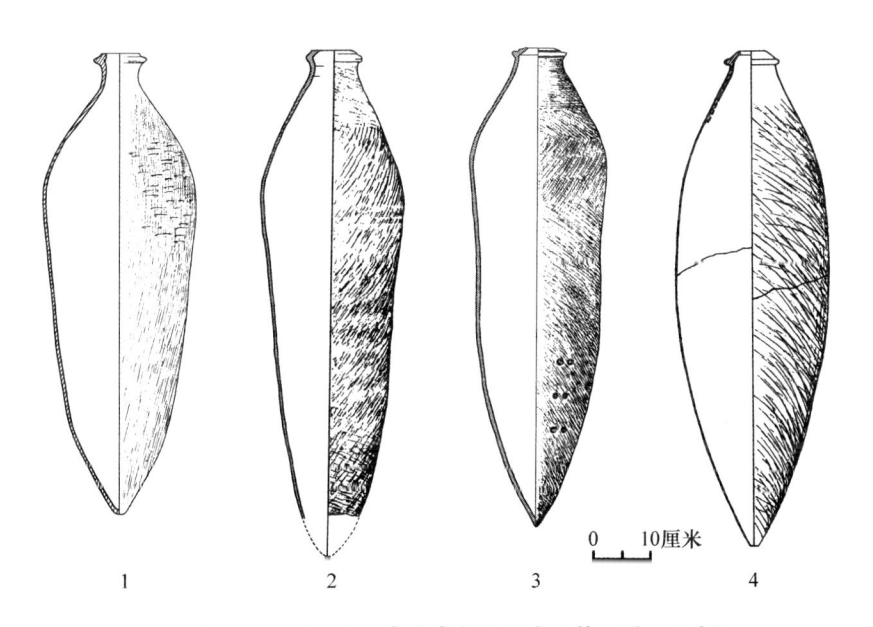

图 3-4 乙（3）类尖底瓶的形态结构（统一比例）

1. 华阴兴乐坊 W1∶1；2. 夏县西阴村 G1∶28；3. 离石马茂庄 F1∶3；4. 洛阳王湾 M66

---

① 陕西省考古研究院：《陕西华阴兴乐坊遗址发掘简报》，《考古与文物》2011 年第 6 期。
② 山西省考古研究所：《西阴村史前遗存的第二次发掘》，《三晋考古》，山西人民出版社 1996 年版，第 22 页。
③ 国家文物局、山西省考古研究所、吉林大学考古系：《晋中考古》，文物出版社 1999 年版，第 63—64 页。

标本洛阳王湾M66，重唇口，细颈，溜肩，直腹，通体施线纹，腹部无耳。口径4厘米，高82厘米[1]（图3-4，4）。

4. 乙（4）类（喇叭口，细高颈或微束颈）

数量丰富。以泥质红陶者多，也有泥质褐陶者。体形宽胖者多。口颈部突出特征为喇叭口，细高颈。其他一般特征为圆肩，肩径大于腹径，腰微凹，钝尖底。器表素面或施细线纹，部分肩部施一周漩涡纹。

标本高陵杨官寨H402:32，喇叭口，平折沿，细颈，浑圆肩，束腰，尖底，颈以下施线纹，肩部有一周涡状划纹。口径12.4厘米，高65.2厘米[2]（图3-5，1）。

标本宝鸡福临堡H123:1，喇叭口，平折沿，沿面中间下凹，尖方唇，口微侈，细高颈，肩浑圆，最大径在肩部，腹较长，钝尖底。体施稀疏斜线纹，肩部有波状白色漩涡纹四组，相互勾连，其下为白彩弦纹三道。口径10.5厘米，高61.5厘米[3]（图3-5，2）。

标本秦安大地湾H374:21，喇叭小侈口，平沿，尖圆唇，细颈，圆鼓肩，斜直腹，尖底呈钝角。器表施线纹，肩颈交界处施一条剔花堆纹带，肩腹交界处有一条将绳纹抹去的窄条痕。口径12.1厘米，高68.4厘米[4]（图3-5，3）。

标本秦安大地湾F300:3，喇叭小侈口，平沿，尖圆唇，细颈，溜肩，斜直腹，底部略呈乳突状尖底。器表施细线纹，肩腹交界处有三周将绳纹抹去的窄条痕。口径11.9厘米，高67厘米[5]

---

[1] 北京大学考古文博学院：《洛阳王湾》，北京大学出版社2002年版，第40页。
[2] 陕西省考古研究院：《陕西高陵杨官寨遗址发掘简报》，《考古与文物》2011年第6期。
[3] 宝鸡市考古工作队、陕西省考古研究所宝鸡工作站：《宝鸡福临堡：新石器时代遗址发掘报告》，文物出版社1993年版，第107页。
[4] 甘肃省文物考古研究所：《秦安大地湾——新石器时代遗址发掘报告》，文物出版社2006年版，第506页。
[5] 甘肃省文物考古研究所：《秦安大地湾——新石器时代遗址发掘报告》，文物出版社2006年版，第504页。

(图3-5，4)。

标本离石马茂庄H4：10，大喇叭口，束颈，宽肩，肩部圆折，斜直腹呈曲线收缩成尖底，颈以下施浅方格纹。口径13.4厘米，高66厘米[1]（图3-5，5）。

标本夏县东下冯H230：1，泥质褐陶。喇叭口，细颈，唇上有凹槽一周，弧肩，器身瘦长，圜底钝尖。器表施篮纹，颈部附加一周窄条波浪式堆纹，近底部纹饰抹光。口径12.4厘米，高56.5厘米[2]（图3-5，6）。

标本横山杨界沙AH19：39，夹砂红陶，喇叭口，窄沿外斜，高领束颈，溜肩微耸，直腹，底部钝尖。领部施稀疏斜篮纹，颈部素面，肩部排印方格纹，器身施斜篮纹。口径14.8厘米，高72.4厘米[3]（图3-5，8）。

标本准格尔旗二里半ⅡQH1：2，喇叭口，方唇，束颈，鼓肩，亚腰，底尖锐凸。通体施斜篮纹，颈部有一周戳印纹。口径16.8厘米，高76厘米[4]（图3-5，7）。

5. 乙（5）类（杯形敛口，束颈）

数量较少。泥质红陶。体形偏瘦长。口颈部突出特征为杯形口，口部微敛，束颈。其他一般特征为溜肩，细长腹。腹中部贴附对称双耳。器表施细绳纹或线纹。

标本洛阳工湾F15：6，杯形口，微敛，溜肩，鼓腹，腹中部施对称器耳，器身上半部施线纹，下半部素面，口径5.5厘米，高74

---

[1] 国家文物局、山西省考古研究所、吉林大学考古系：《晋中考古》，文物出版社1999年版，第69页。
[2] 中国社会科学院考古研究所等：《山西夏县东下冯龙山文化遗址》，《考古学报》1983年第1期。
[3] 陕西省考古研究院、榆林市文物考古勘探工作队：《陕西横山杨界沙遗址发掘简报》，《考古与文物》2011年第6期。
[4] 内蒙古文物考古研究所：《内蒙古准格尔旗二里半遗址第二次发掘报告》，《考古学集刊》（第11集），中国大百科全书出版社1997年版，第86—87页。

厘米①（图3-6，1）。

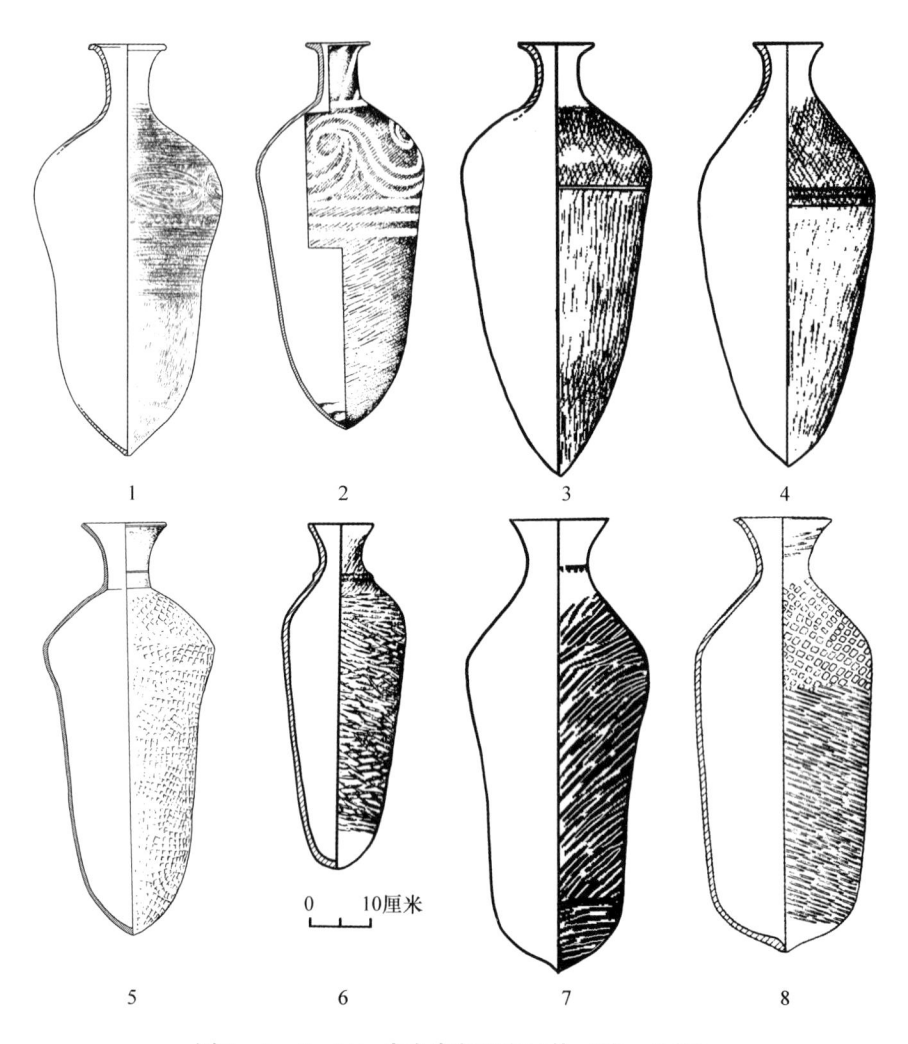

图3-5 乙（4）类尖底瓶形态结构（统一比例）

1. 高陵杨官寨 H402：32；2. 宝鸡福临堡 H123：1；3. 秦安大地湾 H374：21；4. 秦安大地湾 F300：3；5. 离石马茂庄 H4：10；6. 夏县东下冯 H230：1；7. 准格尔旗二里半Ⅱ QH1：2；8. 横山杨界沙 AH19：39

---

① 北京大学考古文博学院：《洛阳王湾》，北京大学出版社2002年版，第40页。

6. 乙（6）类（非典型重唇口，细束颈）

数量较少。泥质红陶。体形瘦长。口颈部突出特征为非典型重唇口或单唇敛口，颈部细长微束。其他一般特征为溜肩，直腹，器身修长。腹部偏下贴附对称双耳，双耳小巧。器表施斜线纹。

标本临汝中山寨调查标本，单唇敛口，细颈，溜肩，鼓腹，下腹部贴附对称小耳。通体施斜线纹。口径4厘米，高92厘米①（图3-6，2）。

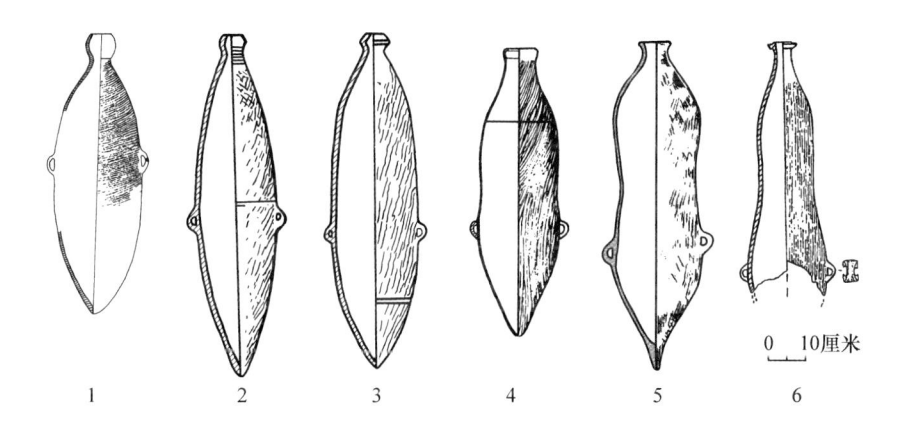

图3-6 乙（5）类—乙（8）类尖底瓶的形态结构（统一比例）

1. 洛阳王湾F15∶6[乙（5）类]；2. 临汝中山寨调查标本[乙（6）类]；3. 临汝中山寨调查标本[乙（6）类]；4. 荥阳点军台W6[乙（7）类]；5. 郑州后庄王M153∶1[乙（8）类]；6. 郑州西山W141∶2[乙（8）类]

标本临汝中山寨调查标本，重唇口，细颈，溜肩，腹部较直，下腹部贴附对称双耳，双耳小巧。通体施斜线纹。口径4.2厘米，高90厘米②（图3-6，3）。

7. 乙（7）类（短直口，束短颈）

数量较少。泥质红陶。体形略瘦长。口颈部突出特征为短直口，

---

① 临汝县博物馆：《河南临汝中山寨遗址调查简报》，《考古》1986年第6期。
② 临汝县博物馆：《河南临汝中山寨遗址调查简报》，《考古》1986年第6期。

束短颈。其他一般特征为溜肩，腹部微内凹。下腹部贴附对称双耳，器表饰弦纹和斜线纹。

标本荥阳点军台W6，直口微内敛，溜肩，束颈，束腰，下腹部贴附对称小耳。通体施斜线纹。高79厘米[1]（图3-6，4）。

8. 乙（8）类（退化重唇口，束颈）

数量较少。泥质红陶者多。口颈部突出特征为退化重唇口，束颈。其他一般特征为溜肩，长腹，下腹部坠腹特征明显，凹腰。贴附双耳位置偏于下腹部。器表多施细线纹。

标本郑州后庄王M153：1，退化重唇口，近似子母口，细束颈，溜肩，长腹圆鼓，凹腰，下腹部贴附两个对称小耳。器表施细线纹，部分磨光。口径6厘米，高86.5厘米[2]（图3-6，5）。

标本郑州西山W141：2，退化重唇口，细束颈，溜肩，长腹，凹腰，下腹部圆鼓并贴附对称双耳。器表施细密线纹。口径5厘米，残高68厘米[3]（图3-6，6）。

9. 乙（9）类（筒杯形口，短束颈）

数量很少。泥质红陶。体形偏宽胖。口颈部突出特征为筒杯形小口，短颈。其他一般特征为溜肩，腹中部贴附对称双耳。器表施细绳纹或线纹。

标本淅川下王岗F39：1，筒杯形小口，短束颈，溜肩，直腹微亚，腹中部贴附两个对称的宽带状耳，器身细长，通身施细绳纹。口径6厘米，高73.5厘米[4]（图3-7，1）。

标本淅川沟湾W72：1，筒杯形小口，微敛，圆唇，短束颈，溜肩，鼓腹，尖底呈乳突状，腹中部贴附对称的宽带状桥形耳，器表

---

[1] 郑州市博物馆：《荥阳点军台遗址1980年发掘报告》，《中原文物》1982年第4期。
[2] 河南省文物研究所：《郑州后庄王遗址的发掘》，《华夏考古》1988年第1期。
[3] 国家文物局考古领队培训班：《郑州西山仰韶时代城址的发掘》，《文物》1999年第7期。
[4] 河南省文物研究所、长江流域规划办公室考古队河南分队：《淅川下王岗》，文物出版社1989年版，第198页。

施线纹。口径6.8厘米，高57.4厘米①（图3-7，2）。

10. 乙（10）类（重唇口，矮颈）

数量较少。泥质红陶。体形略修长。口颈部突出特征为重唇口，矮颈。其他一般特征为鼓肩，腹部瘦长。一般无耳，少量器身下腹部一侧贴附小耳。器表多施线纹。

标本凉城王墓山坡下ⅠF5∶19，重唇口，圆唇，鼓肩，斜长腹，上腹部拍印交错线纹，下腹部见刮抹痕迹。口径6.6厘米，高68厘米②（图3-8，1）。

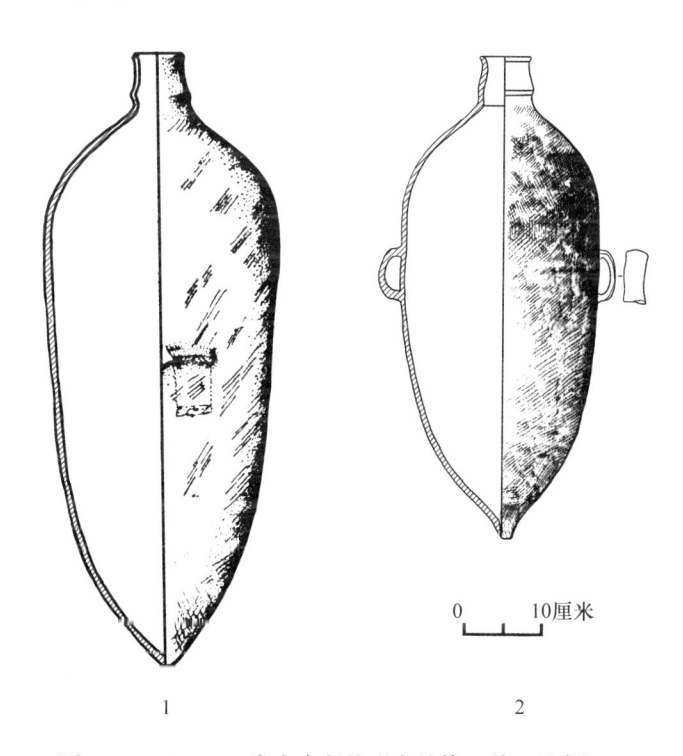

图3-7　乙（9）类尖底瓶的形态结构（统一比例）

1. 淅川下王岗F39∶1；2. 淅川沟湾W72∶1

①　郑州大学历史学院考古系、河南省文物管理局南水北调文物保护办公室：《河南淅川沟湾遗址仰韶文化遗存发掘简报》，《考古》2010年第6期。
②　内蒙古文物考古所等：《岱海考古（3）：仰韶文化遗址发掘报告集》，科学出版社2003年版，第43—45页。

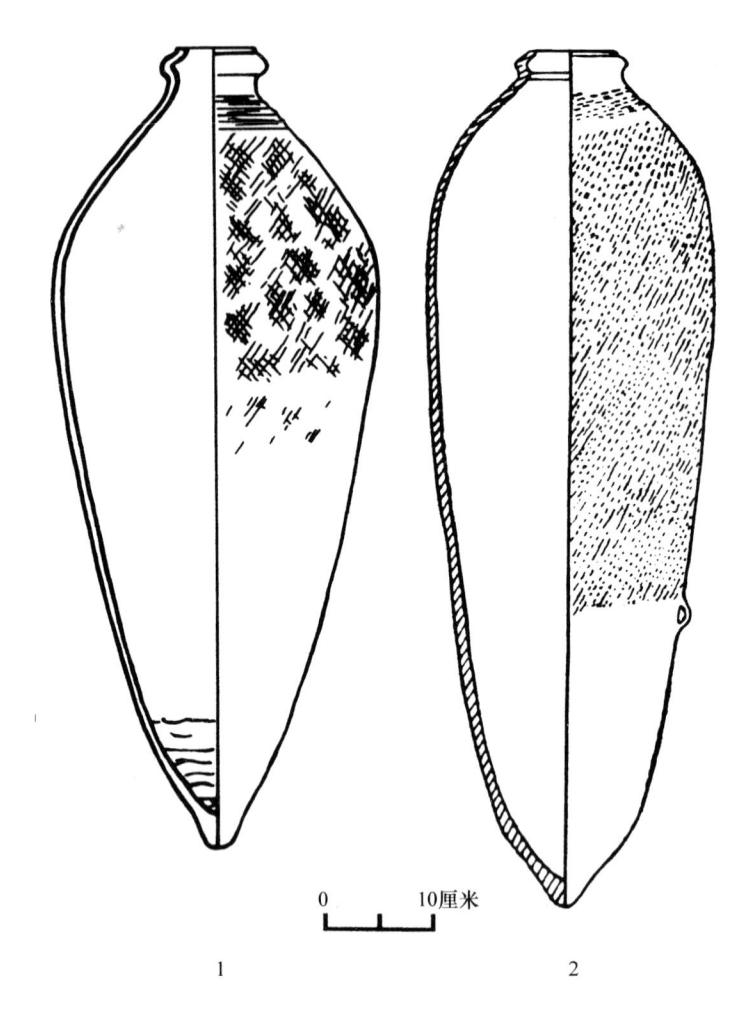

图 3-8　乙（10）类尖底瓶的形态结构（统一比例）

1. 凉城王墓山坡下ⅠF5：19；2. 清水河白泥窑子BCF1：1

标本清水河白泥窑子BCF1：1，重唇口，几无颈部，肩部略鼓，斜长腹，尖底内收，呈乳峰状。下腹部有一小单耳。器表施线纹，单耳以下素面。口径7.5厘米，高72.5厘米[①]（图3-8，2）。

---

① 崔璇、斯琴：《内蒙古清水河白泥窑子C、J点发掘简报》，《考古》1988年第2期。

第四节 小结

综上分类，可将现有的尖底瓶遗存按体形大小分为甲、乙两大类。大类之下根据尖底瓶的口颈部特征又可进一步划分小类，其中甲类尖底瓶又可进一步分为七个小类，乙类尖底瓶又可进一步分为十个小类。上述 17 个小类的尖底瓶，其分布的区域并不完全相同。本书参考现有的考古资料及已有的研究成果，在简要概括各类尖底瓶分布范围的基础上，探索各小类之间可能存在的关系。

甲（1）类尖底瓶主要发现于陕西关中地区的各处遗址中，即渭水流域中游一带。在陕西南部的汉水流域也有发现，但制作工艺明显不如关中地区。甲（2）类尖底瓶除渭水中游地区，在渭水上游地区也有发现。甲（3）类尖底瓶除渭水中游地区外，在豫西地区也有发现。甲（4）类尖底瓶主要分布在以关中地区为核心的渭水流域，在甘肃东部、豫西南、晋西南、晋中、陕北和内蒙古中南部地区也有相关发现。甲（5）类尖底瓶仅见于山西晋南地区。甲（6）类尖底瓶仅见于南阳盆地至湖北北部一带。甲（7）类尖底瓶仅见于晋北冀南地区。

从上述尖底瓶的分布范围可知，甲（1）—（4）类尖底瓶的分布中心均在渭水中游地区，从甲（1）类到甲（4）类尖底瓶的分布范围以渭水中游为中心向周围逐步扩大。其中甲（4）类尖底瓶的分布范围空前广阔。这四小类尖底瓶的关系十分密切，可将其归为一组以便探讨，暂定为甲 A 组。甲（5）类、甲（6）类、甲（7）类尖底瓶的数量均极少，有独立的分布区域且范围较窄，与甲（1）—（4）类的分布范围基本不重合，因此将其单独分组，分别暂定为甲 B 组、甲 C 组、甲 D 组。

乙（1）类尖底瓶主要发现于渭水流域中游一带，以陕西关中地区数量最多。乙（2）类尖底瓶在渭水中、上游地区均有分布。乙（3）类尖底瓶除渭水流域之外，在晋西南、豫西南、晋中北、冀南和豫中地区均有发现。乙（4）类尖底瓶的分布范围同甲（4）类基本重合。乙（5）类尖底瓶主要发现于河南洛阳地区。乙（6）类、乙（7）类、乙（8）类主要分布郑洛地区。乙（9）类尖底瓶主要发现于南阳盆地一带。乙（10）类尖底瓶主要分布在内蒙古中南部一带。

乙（1）—（4）类尖底瓶的分布中心亦在渭水中游地区，同甲A组相同，其分布范围也是以渭水流域为中心向周围逐步扩大，其中乙（3）类和乙（4）类的分布范围均较为广阔。鉴于这四小类尖底瓶的分布特点，其关系较为密切，可将其暂视为一组即乙A组。乙（5）—（8）类尖底瓶主要分布在郑洛地区，关系密切，可将其暂归入一组即乙B组。乙（9）类尖底瓶和乙（10）类尖底瓶分布区域相对独立，且数量不多，可将其分别归入一组，即乙C组和乙D组。

仅从结构特征来看，甲A组（1）、（2）类和乙A组（1）、（2）类尖底瓶的分布范围相似，形态特征几乎完全相同，似无区分的必要。但是，规格大小作为形态结构的重要方面之一，甚至涉及功能与使用特点。更为重要的是，甲A组（3）、（4）类和乙A组（3）、（4）类尖底瓶结构特征明显有所区别，不能等同视之。而乙B组中的四类尖底瓶，分布范围与乙A组中的尖底瓶完全不同。另外，甲B组、甲C组、甲D组和乙C组、乙D组尖底瓶，虽然发现数量较少，但分布区域相对独立，且每组尖底瓶的口、颈部特征突出。从现有资料来看，虽然这几组尖底瓶不具备探讨自身发展演变的条件，但仍可讨论与其他几组尖底瓶之间的关系。下文详述。

第四章　尖底瓶的时空演变

考古类型学研究的形式划分是基于分类而展开的。尖底瓶分布范围广泛，不同区域内的形态特征、规格大小及出土数量都有较大差异。通过上述分类将分散在各处遗址中的尖底瓶系统化和有序化，再根据各小类尖底瓶分布区域及形态特征之间的区别与联系，探索各类尖底瓶之间可能存在的逻辑序列，最后实现形态演变与功能分析的统一。即将分类看作型式划分的前期过程，通过将分类和类型学研究相结合，尽量完整展示发现和确认演变序列的分析过程。

第一节　形态结构演变分析

甲 A 组（1）—（4）类尖底瓶的分布范围重合度较高，体形均较小，最突出的变化在于口颈部。虽然四小类尖底瓶的口颈部变化很大，但其特征的渐变也并非无迹可寻。甲（1）类杯形口多为直口，但有部分标本口部有明显的弧度，口唇部略内收，与甲（2）类葫芦口口部微鼓的特征相似。从甲（1）类到甲（2）类口部由杯形口变为葫芦口，这种变化或与甲（2）类同时期盛行的葫芦瓶有关。在姜寨遗址第二期遗存的 M204 中发现有尖底瓶与葫芦瓶的共存关系,[①] 标本 M204∶10 为一件典型的葫芦瓶,腹部有双耳,器表施绳纹,标本 M204∶9 尖底瓶体形甚小,不足 20 厘米,口部为杯形口但微鼓,该例共存关系可为甲(1)类到甲(2)类的口部发展演变提供一些参考依据。这两类尖底瓶虽然口部特征不同,但均为束颈,双耳均位于腹中部,底部均较尖锐。除结构特征外,两类器表所施纹饰也有差别。甲(1)类器表施细绳纹,甲(2)类器表施细密绳纹或线纹,纹饰的变化可能与器壁厚度的变化相关。甲(3)类尖底瓶的数量较少,口颈部突出特征为典型重唇口,细颈,器表多施细线纹。与甲(2)类相比,口部的变化确实较为突然,在目前没有明确发现中间形态器物的前提下,很难通过考古材料分析二者之间的演变是如何发生的。但考虑到器物发展演变过程中不仅有渐变现象而且也存在突变现象,从甲(2)类到甲(3)类的形态变化很可能是一种突变现象,或与口部的封存方式的改变以便获取更为密闭的效果有关。两类尖底瓶虽有不同之处,但器身整体均较瘦长,底部尖锐的特征仍较为相似。甲(3)类尖底瓶目前尚未发现贴附双耳的标本,陕县庙底沟遗址出土的标本 T203∶43 从发表的照片观察腹部有多处修复痕迹,实难断定其有无双耳。尽管如此,我们仍可做一些讨论,杨官寨遗址庙底沟类型遗存中虽然未发现完整的甲(3)类尖底瓶,但却发现了与之形制特征相近、年代相同的重唇口平底瓶,与之共存的还有数量较多的小型葫芦口平底瓶,[②] 这两种平底瓶的数量均较丰富,或许正是由于同时期容量相近的平底瓶数量多因而少见甲(3)类尖底瓶。甲(4)类尖底瓶发现的数量较多,口颈部突出特征为喇叭口,细高颈,与甲(3)类之间的发展演变较为清晰。由重唇口向喇叭口的变化是一个渐变过程,

---

[①] 半坡博物馆等:《姜寨——新石器时代遗址发掘报告》,文物出版社 1988 年版,第 236、248 页。

[②] 陕西省考古研究院:《陕西高陵杨官寨遗址发掘简报》,《考古与文物》2011 年第 6 期。

第四章　尖底瓶的时空演变

案板遗址发现有数量较多的退化重唇口和平唇口尖底瓶，[①] 这两种尖底瓶兼具甲（3）类和甲（4）类的口部形态特征，可看作二者发展演变的中间形态。除口颈部变化之外，腹部由斜直腹变为短斜腹或亚腰，底部由尖锐细长变得圆钝，器表仍施细线纹或素面。

显然，甲 A 组四小类尖底瓶存在着一定的形态演变规律，并且部分特征具有较强的连续性。从甲（1）类到甲（4）类，口部由杯形口、葫芦口到重唇口，最后发展为喇叭口；底部由细长尖锐到较为圆钝；肩部由鼓肩与溜肩并存演变为以溜肩为主再到圆鼓肩；腹部由流线形演变为亚腰或竖腰形；整体形态特征由体形匀称变为瘦长再变为宽矮。甲（3）类与同期平底瓶的形态差异仅限于底部，若不及底部则难以区分。因此，在其他三类普遍拥有双耳的背景下，甲（3）类似乎没有理由不具双耳。因此在没有新的考古证据出现之前，拥有双耳也可暂作为 Aa 型尖底瓶的普遍特征。

甲（1）类尖底瓶发现的数量较多，以陕西华县元君庙墓地的考古资料为例，墓地年代相当于半坡类型早期，且可进一步分段，根据墓地分期可知甲（1）类尖底瓶的杯形口似有呈逐渐矮化的趋势。[②] 甲（2）类尖底瓶口部特征最为独特，目前仅见于渭水中上游地区，以陇县原子头遗址最为常见，其地层年代相当于半坡类型晚期（即史家期）。甲（3）类尖底瓶目前发现较少，罕见可复原者，出土甲（3）类尖底瓶的遗址有陕县庙底沟遗址、宝鸡福临堡遗址，地层年代相当于庙底沟类型阶段。甲（4）类尖底瓶分布区域范围广泛，其出土的地层年代相当于半坡晚期类型阶段。从半坡类型到半坡晚期类型遗存的相对年代关系甚为明确，相关考古发现也反复验证了甲 A 组（1）—（4）小类的形态演变过程。鉴于甲 A 组（1）

[①] 西北大学文博学院考古专业：《扶风案板遗址发掘报告》，科学出版社2000年版，第39、83—84页。

[②] 北京大学历史系考古教室：《华县元君庙》，文物出版社1983年版，第4—11页。

类到（4）类尖底瓶的形态演变连续性明确，出土各类尖底瓶的遗址地层均有明确的早晚关系，因此无论逻辑序列还是事实序列均说明甲A组（1）—（4）类发展方向明确，演变序列完整。

乙A组尖底瓶过去受到的关注较少。因为仅从结构特征观察，乙A组（1）类、（2）类尖底瓶与甲A组（1）类、（2）类尖底瓶并无明显差别，但乙A组（3）类、（4）类尖底瓶体形大、无双耳的现象，表明乙A组的（1）类至（4）类尖底瓶有着独立的发展演变序列，应单独进行考察。乙A组尖底瓶各主要部位特征的发展演变与甲A组尖底瓶十分相似，此处不再多费笔墨描述。需关注的是两类型尖底瓶双耳演变的差异。甲组尖底瓶自始至终腹部均贴附双耳。而乙A组尖底瓶自乙（3）类开始普遍不具双耳，是明显有别于甲A组的形态演变特点。再者，在甲A组尖底瓶中，甲（2）类尖底瓶与甲（3）、甲（4）类有共存关系，延续时间很长。以杨官寨遗址仰韶晚期的H402出土完整陶器为例，共时性特征甚为突出，其中就有葫芦口与喇叭口尖底瓶的共存现象。① 而在乙A组尖底瓶中，乙（2）类尖底瓶目前尚未发现与乙（3）、乙（4）类的明确的共存关系。至于乙（3）、乙（4）类尖底瓶双耳消失的原因，在后文功能结构分析章节中会有详细论述，此处不多做解释。

乙A组4类尖底瓶分布的区域范围重合度也较高。其中，乙（1）类尖底瓶主要发现于临潼姜寨遗址第一期遗存，② 地层年代与半坡类型早期相当。这类尖底瓶在西安半坡遗址也有发现。乙（2）类尖底瓶口部特征最为独特，目前仅见于渭水中上游地区，以陇县原子头遗址最为常见，其地层年代相当于半坡类型晚期（即史家期）。乙（3）类尖底瓶数量较为丰富，在陕晋豫交界地区为中心的

---

① 陕西省考古研究院：《陕西高陵杨官寨遗址发掘简报》，《考古与文物》2011年第6期。
② 半坡博物馆等：《姜寨——新石器时代遗址发掘报告》，文物出版社1988年版，第116页。

广阔范围内均有发现，其所属地层的年代相当于庙底沟类型时期。乙（4）类尖底瓶分布区域范围更加广泛，除陕晋豫交界地区外，在陕北及内蒙古中南部均有发现，所属地层的年代相当于半坡晚期类型时期。从半坡类型到半坡晚期类型遗存的相对年代关系甚为明确，相关考古发现反复验证了乙A组从（1）类到（4）类的形态演变过程，发展方向清晰。

乙B组尖底瓶主要分布在郑洛地区，包括四小类。该组的整体特征为尖底瓶体形瘦长，并始终保留了双耳。乙（5）类尖底瓶口颈部的突出特征为杯形敛口，束颈。乙（6）类尖底瓶口颈部的突出特征为重唇口或单唇敛口，细束颈。与乙（5）类相比，整体形态更加瘦长，器表纹饰由细绳纹变为斜线纹。但仍保留了束颈特征，只是更加细长了，腹部双耳仍在但位置下移。乙（7）类尖底瓶口颈部的突出特征为矮直口，束短颈。与乙（6）类相比，器身仍较修长，底部特征也相似，纹饰也未发生变化，但腰腹部内凹，逐渐显现出亚腰的特征。乙（8）类尖底瓶口颈部的突出特征为退化重唇口，束颈。体形更加瘦长，亚腰明显，底部变得更加尖锐，腹部虽保留双耳但位置更加下移。但器表仍施细密线纹。

乙（5）类尖底瓶主要发现于洛阳王湾遗址第一期遗存，出土该类尖底瓶的房屋遗存F15与其他遗存无叠压打破关系，但出土的器物组合与半坡类型早期的陶器组合比较接近。[①] 乙（5）类与乙（1）类尖底瓶相比，分布区域不同，但形态特征有相似之处，均为杯形口、束颈，但乙（5）类尖底瓶的杯形口微敛，且溜肩，器身瘦长。乙（6）类尖底瓶均为考古调查所得，与其共存的器物组合多为秦王寨类型的典型器物，其年代与庙底沟类型时期相当。乙（7）类尖底瓶数量较少，主要发现于荥阳地区，共存器物中的彩陶盆、罐、釜

---

① 严文明：《从王湾看仰韶》，《仰韶文化研究》（增订本），文物出版社2009年版，第3页。

均有明显的庙底沟类型的特点，但年代略晚一些。乙（8）类尖底瓶主要发现于郑州后王庄遗址和西山遗址，虽为重唇口但退化明显，还有的尖底瓶已经退化为平唇口，其年代明显较晚。郑洛地区出土尖底瓶的相关文化遗存年代的早晚关系明确，乙B组4小类尖底瓶之间存在着一定的形态演变规律，并且部分特征具有较强的连续性。结合相关文化遗存的相对年代，推测乙（5）类到乙（8）类尖底瓶的发展为独立的演变序列。

通过上述分析，甲A组、乙A组、乙B组内，各类尖底瓶之间存在着明确的发展演变，可分别代表独立的发展演变序列。其中甲A组、乙A组的分布范围几乎完全相同，贯穿仰韶文化发展的始终，且甲A组和乙A组内编号相对应的各小类尖底瓶口部形态特征完全相同，以此为标准可将其归入同一型内即A型。但鉴于两组规格大小迥异，又可进一步划分亚型，将甲A组归为Aa型，乙A组归为Ab型。甲A组内（1）—（4）小类之间存在发展演变关系，可分为四式，分别对应AaⅠ—AaⅣ式（图4-1，1—4）。乙A组内（1）—（4）小类之间也存在发展演变关系，可分为四式，分别对应AbⅠ—AbⅣ式（图4-1，5—8）。乙B组的分布范围与甲A组和乙A组几乎不重合，形态结构发展演变亦不相同，所属的文化区域也较独立，应归入独立型即B型，乙A组内（5）—（8）小类之间存在着明晰的发展演变关系，可分为四式，分别对应BⅠ—BⅣ式（图4-1，9—12）。

甲（5）—（7）类三小类，虽然分别分布于独立的区域内，但数量均较少，不具备探究发展演变序列的意义，即分型定式的意义不大。但为避免后文叙述中因名称不统一而造成行文混乱，不便阅读，因此在探讨这几类尖底瓶与Aa型之间的关系时，也将给予型式的命名。甲（5）类尖底瓶主要发现于山西翼城北橄遗址第一期遗存，地层年代大约相当于半坡类型晚段（史家期），无完整或可复原

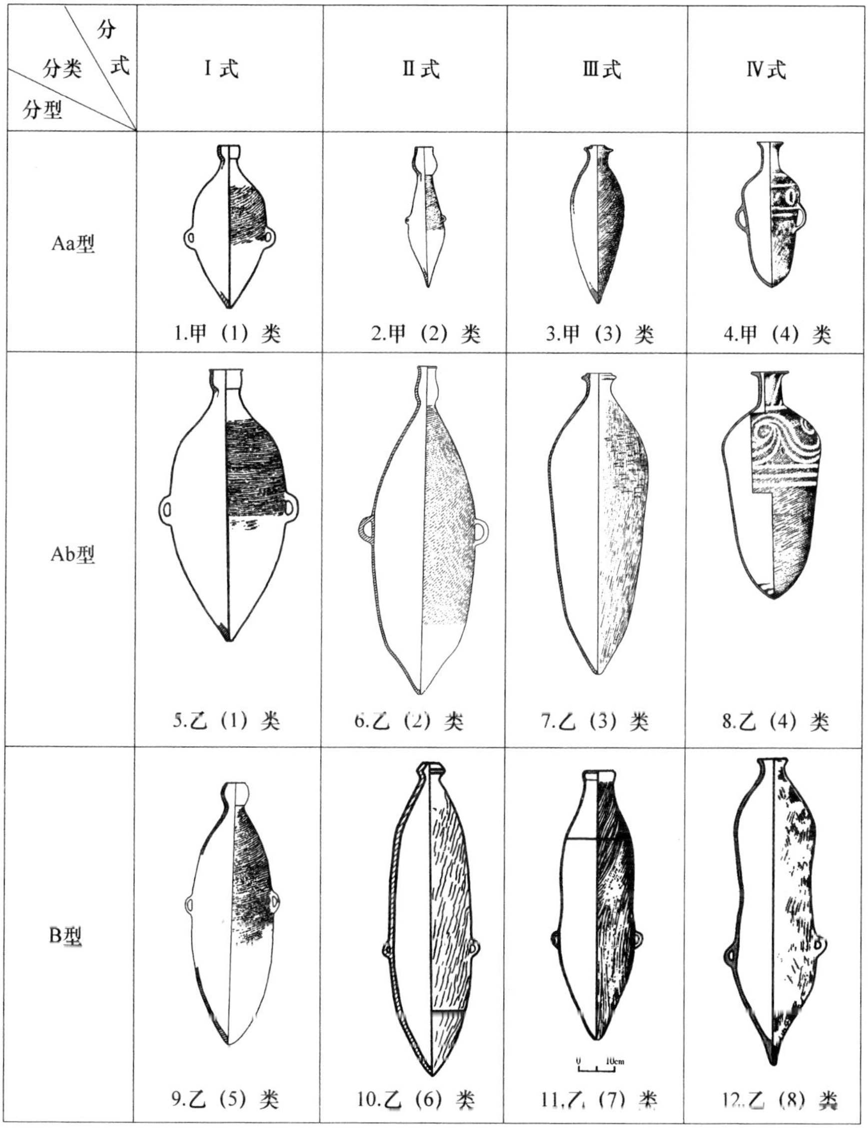

第四章 尖底瓶的时空演变

分类\分式\分型	Ⅰ式	Ⅱ式	Ⅲ式	Ⅳ式
Aa型	1.甲（1）类	2.甲（2）类	3.甲（3）类	4.甲（4）类
Ab型	5.乙（1）类	6.乙（2）类	7.乙（3）类	8.乙（4）类
B型	9.乙（5）类	10.乙（6）类	11.乙（7）类	12.乙（8）类

图 4-1　Aa型、Ab型、B型尖底瓶型式演变图（统一比例）

1. 临潼姜寨 M163：5；2. 临潼姜寨 M350：4；3. 陕县庙底沟 T203：43；4. 宝鸡福临堡 H4：1；5. 临潼姜寨 F46：1；6. 陇县原子头 F22：1；7. 华阴兴乐坊 W1：1；8. 宝鸡福临堡 H123：1；9. 洛阳王湾 F15：6；10. 临汝中山寨调查标本；11. 荥阳点军台 W6；12. 郑州后庄王 M153：1

者。甲（5）类尖底瓶扁杯形口、无颈的特征与同地区同时期的双耳平底壶（瓶）特征相似。[①]虽未发现完整器但是同灰坑发现有标本 H34：5 腹部及底部残片，残高 54 厘米[②]，其体形略大于标本 H34：27，因此不排除该类尖底瓶也存在大小之分的可能性。该类尖底瓶的出现可能是 AaⅠ式的影响下结合本地的双耳平底壶（瓶）而产生的新器形，可将其归为 C 型（图 4-2，1）。甲（6）类尖底瓶主要发现于豫西南地区及湖北郧县一带，数量不多，罕见可复原者。甲（6）类口部虽仍可归入杯形口类，但却偏细长且中部微凸，与 AaⅡ式尖底瓶的口部也有相似之处。除郧县大寺出土的标本外，在河南淅川也发现有一件口部缺失的同类型尖底瓶标本淅川下集 G5：8，残高 54 厘米，腹部贴附对称双耳。与其一同发表的线图中还有一件形态相同的完整标本淅川下集 M45：1，[③]可惜简报中既无文字描述图上也无比例尺，所以无法确知其高度。但若同图发表且为同一比例，标本淅川下集 M45：1 的高度则将近 95 厘米，那么或可推测甲（6）类尖底瓶也有大小之分。当然，就目前的材料不足以进行深入分析讨论，只能是一种可能性的推测。在此情况下暂将甲（6）类确定为 D 型（图 4-2，2）。甲（7）类尖底瓶特征也十分鲜明，直口矮领、圆肩、钝底的特点与其他甲类尖底瓶均不同，双耳位置也略偏下腹部，限于考古资料，目前尚无法对其可能的来源进行探讨。鉴于其形态特殊暂将甲（7）类确定为 E 型（图 4-2，3）。

乙类尖底瓶除已确定的 Aa 型和 B 型之外，还有乙（9）类和乙（10）类两类尖底瓶，数量虽然不多，但是特征鲜明。乙（9）类尖底瓶，主要分布在南阳盆地和鄂北一带，属于下王岗遗址第三期遗

---

① 山西省考古研究所：《山西翼城北橄遗址发掘报告》，《文物季刊》1993 年第 4 期。
② 山西省考古研究所：《山西翼城北橄遗址发掘报告》，《文物季刊》1993 年第 4 期。
③ 原长办考古队河南分队：《淅川下集新石器时代遗址发掘报告》，《中原文物》1989 年第 1 期。

第四章　尖底瓶的时空演变

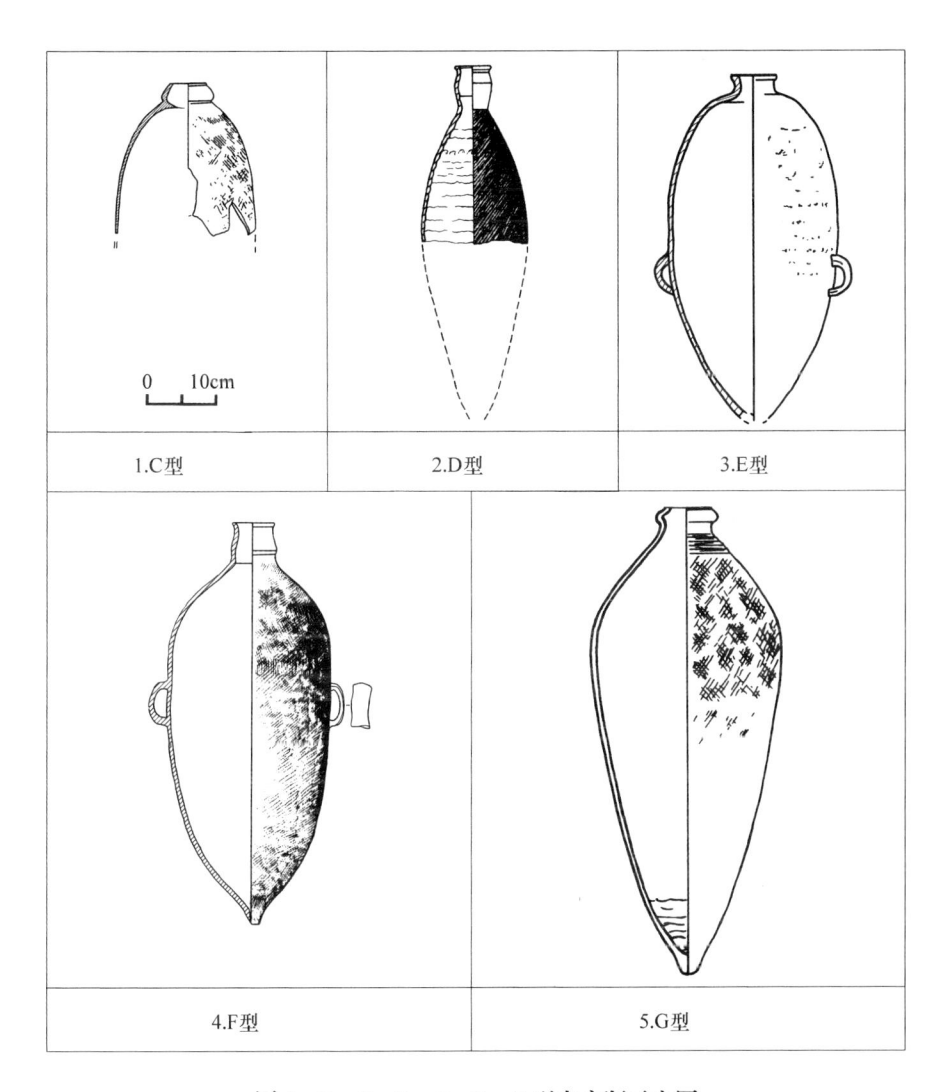

图 4-2　C、D、E、F、G 型尖底瓶示意图

1. 翼城北橄 H34：27；2. 郏县大寺 H32②：2；3. 大同马家小村 F3：10；4. 淅川沟湾 W72：1；5. 凉城王墓山坡下ⅠF5：19

存，地层年代与半坡晚期类型相当，筒杯形小口、短颈、直腹，腹部贴附宽双耳的特点，与 AbⅣ式、BⅣ式尖底瓶差异均较大，直口、短颈的特点与甲（7）类尖底瓶倒有些许相似，但二者体形大小、年

69

代与分布范围均相差甚远。基于其形态特征将其暂定为 F 型（图 4 - 2，4）。乙（10）类尖底瓶主要分布在内蒙古中南部地区，仅从口部特征观察，与 AbⅢ式的重唇口极为相似，但也具备矮颈，肩部微鼓，斜直腹的不同特点，与其共存的罐类器物及彩陶纹饰与渭水流域的庙底沟类型特征相似，因此不排除其是受到 AbⅢ式重唇口尖底瓶的影响而产生的一种新型尖底瓶，可暂将其定为 G 型（图 4 - 2，5）。

第二节　分期研究

以尖底瓶类型学研究为基础，可进一步探讨尖底瓶各型式的出现、演变、衰落及它们之间的共存关系。就现有考古学资料而言，以 Aa 型、Ab 型发现的数量最多且发展序列最为完整，因此在分期研究中以这两型尖底瓶为切入点最为合适；其次 B 型尖底瓶发现的数量虽然不多但序列较为完整，且具有明显的地域特色，在分期上具备一定的参考价值；而其余几类尖底瓶数量少且无完整序列可探究，因此对这些类型的研究将在 Aa 型、Ab 型、B 型分期研究的基础上，结合各自出土遗址所属文化类型及年代确定其所属期别（表 4 - 1）。

表 4 - 1　　关中及其附近地区典型仰韶文化遗址分期对照表

遗址名称	半坡期前段	半坡期后段	庙底沟期	半坡晚期
宝鸡北首岭	Ⅱ			
宝鸡福临堡			Ⅰ、Ⅱ	Ⅲ
扶风案板			Ⅰ	Ⅱ
临潼姜寨	Ⅰ	Ⅱ	Ⅲ	Ⅳ
临潼零口	Ⅱ			Ⅲ
渭南史家		Ⅰ		

第四章　尖底瓶的时空演变

续表

遗址名称	半坡期前段	半坡期后段	庙底沟期	半坡晚期
华县元君庙	II			
华县泉护村			I	
华县横镇	I			
陇县原子头	I	II、III	IV、V	VI
南郑龙岗寺	II		III	
秦安大地湾		II	III	IV

注：罗马数字表示原考古报告或简报中各遗址遗存的序列或分期。

首先，Aa 型和 Ab 型尖底瓶的演变关系密切，不可分割。Aa 型在仰韶文化的研究过程中受到的关注较多，其数量多且延续时间长，跨越了仰韶文化从早到晚的各个阶段。AaI 式在姜寨遗址第一期遗存、北首岭中期遗存、华县元君庙墓地、南郑龙岗寺遗址中均有发现，且数量十分丰富，其相对年代为半坡期前段。AaII 式的发现主要集中于陇县原子头遗址第三期遗存和秦安大地湾遗址第二期遗存，在姜寨遗址第二期遗存和北首岭晚期遗存中也有少量发现，其年代为半坡期后段（或谓史家期）。在姜寨遗址第二期遗存中还发现有 AaI 式与 AaII 式共存的现象，[①] 同时期还流行葫芦瓶，造型独特，但多出土于墓葬中。[②] AaIII 式发现数量相对较少，在陕县庙底沟遗址、高陵杨官寨遗址均有发现，相对年代为庙底沟期确无疑问。AaIV 式在福临堡遗址第三期遗存、案板遗址第二期遗存、蓝田新街遗址仰韶文化第二期遗存中均有发现，年代与半坡晚期一致。基于上述遗址的相对年代及相关的地层证据，仰韶文化遗存的年

[①] 半坡博物馆等：《姜寨——新石器时代遗址发掘报告》，文物出版社1988年版，第235—237页。

[②] 西安半坡博物馆、渭南县文化馆：《陕西渭南史家新石器时代遗址》，《考古》1978年第1期。

代关系甚为明确，反复验证了 Aa Ⅰ 式到 Aa Ⅱ 式的形态演变过程，分别对应半坡期前段和后段（或谓史家期）、庙底沟期和半坡晚期（图 4-3）。

Ab 型尖底瓶过去多与 Aa 型混为一谈，很少受到单独关注。梳理现有的考古学资料，Ab Ⅰ 式集中发现于临潼姜寨遗址第一期遗存，年代与半坡期前段相当。Ab Ⅱ 式集中发现于陇县原子头遗址第二期和第三期遗存、秦安大地湾遗址第二期遗存，在芮城东庄村遗址、翼城北橄遗址也有少量发现，器身均偏瘦长，年代当与半坡期晚段一致。原子头遗址第三期遗存中已具有庙底沟类型的某些文化因素，如彩陶纹饰，但此时期尚未见典型重唇口尖底瓶。Ab Ⅲ 式数量丰富，分布范围也较广，在陕西、山西、河南、河北、甘肃等地各遗址中均有发现，典型遗存包括福临堡遗址第一期、第二期遗存、案板遗址第一期遗存、杨官寨遗址庙底沟类型遗存、彬县水北遗址第二期遗存、夏县西阴村遗址、晋中离石马茂庄遗址、洛阳王湾第一期遗存、淅川西峡老坟岗遗址等，在河北蔚县三关遗址中也有发现，[①] Ab Ⅲ 式的年代为庙底沟期。这一阶段 Ab Ⅱ 式虽然消失，但却延续了数量较多的小型葫芦口平底瓶。Ab Ⅳ 式发现数量也较多，在陕西、山西、甘肃、内蒙古等地均有发现，虽在细节特征方面各地区略有差异，但整体形态特征相似可归入同种类型，年代为半坡晚期。从上述考古资料可见 Aa 型和 Ab 型尖底瓶有明确的共存关系，出土于同一遗址同一遗迹单位屡见不鲜。Ab Ⅰ 式到 Ab Ⅳ 式的形态演变历程与 Aa 型相同，分别对应半坡期前段和后段、庙底沟期和半坡晚期（图 4-3）。

B Ⅰ 式主要发现于洛阳王湾遗址一期遗存，发掘者将洛阳王湾新石器时代的遗存分为三期，其中第一期遗存中的重唇尖底瓶、釜、

[①] 张家口考古队：《一九九七年蔚县新石器时代考古的主要收获》，《考古》1981 年第 2 期。

第四章　尖底瓶的时空演变

灶等器物与庙底沟类型相似，彩陶纹饰也是典型的庙底沟期特征，[①]因此发掘者认为洛阳王湾第一期遗存的年代当与庙底沟期相当。但是ＢⅠ式标本洛阳王湾Ｆ15：6出土于房址中，该房址与同期其他遗存没有叠压打破关系，出土的器物组合为杯形口尖底瓶、窄缘盆、圜底钵、侈口鼓腹罐和椭圆锥形足的圜底鼎，器物表面多素面，尖底瓶表面施线纹，其特征与三里桥仰韶的部分器物或半坡期早段的陶器比较接近，[②]其附近的渑池仰韶遗址也发现有相当于这一阶段的器物组合，因此ＢⅠ式的年代当早于庙底沟期，或与半坡期晚段相近。ＢⅡ式完整器物均为遗址调查采集所得，采集器物中的罐形鼎、豆、缸与郑洛地区的秦王寨类型同类器相似，而盆、大口罐、釜则与豫西南地区外的庙底沟类型相似，同类型的口沿残片在郑州大河村遗址仰韶文化第二期遗存地层中也有发现，在同一地层中还发现有ＡⅢ式尖底瓶瓶口残片，[③]因此，根据共存器物及彩陶纹饰判断ＢⅡ式年代与庙底沟期相当。ＢⅢ式发现的数量也较少，共存器物中彩陶盆、罐、釜均有明显的庙底沟类型的特征，与大河村遗址仰韶文化第二期遗存文化面貌相似，其年代当无疑问。ＢⅣ式数量较多，标本郑州西山Ｗ141：2的年代其发掘者认为与庙底沟期年代相当，[④]但其共存器物中的罐、大口尖底缸与郑州后庄王遗址上层出土的Ⅰ式罐、Ⅰ式尖底罐形制几乎一样，而郑州后庄王上层遗存的年代与大河村遗址第四期遗存相似，该遗址同样出土有ＢⅣ式尖底瓶。因此ＢⅣ式年代应相当于半坡晚期，而非庙底沟期。综上所述，ＢⅠ式至ＢⅣ式年代分别对应半坡期后段、庙底沟期和半坡晚期（图4－3）。

---

① 北京大学考古文博学院：《洛阳王湾》，北京大学出版社2002年版，第94页。
② 严文明：《从王湾看仰韶》，《仰韶文化研究》（增订本），文物出版社2009年版，第3页。
③ 郑州市文物考古研究所：《郑州大河村》，科学出版社2001年版，第154页。
④ 国家文物局考古领队培训班：《郑州西山仰韶时代城址的发掘》，《文物》1999年第7期。

C型扁杯形口尖底瓶主要发现于山西翼城北橄遗址第一期遗存，其共存的器物中饰黑彩宽带纹的圜底钵及部分器物施绳纹、弦纹的现象，与半坡类型同类器物、纹饰有相似之处，同附近芮城东庄村半坡类型遗存特征相近，年代大约相当于半坡期晚段。C型扁杯形口尖底瓶没有延续下来，北橄遗址第二期遗存的尖底瓶的口部为浅杯形口、稍内敛，特征与AaⅠ式更为接近，且颈部明显变长，与C型扁杯形口尖底瓶无明显的发展演变关系，且第二期遗存中浅杯形口与重唇口尖底瓶有共存现象，出土同一灰坑中具有较强的共时性；[①] 该期的彩陶纹饰斜线三角、三角圆点等也是庙底沟类型的特征，说明北橄遗址第二期遗存相当于庙底沟期，北橄遗址第一期遗存前后相继，不存在断代空白。继起的北橄遗址第三期、四期遗存中重唇口尖底瓶成为主流，还发现与葫芦口瓶共存的现象，彩陶纹饰亦为典型的庙底沟类型纹饰。因此，C型扁杯形口尖底瓶仅见于山西北橄遗址第一期遗存，这时渭水流域流行AaⅡ式尖底瓶。到北橄遗址第二期遗存时则出现了渭水流域AaⅢ、AbⅢ式尖底瓶，而未见C型类扁杯形口尖底瓶的发展演变形式。

E型壶形口尖底瓶主要发现于晋北冀南地区，其中大同马家小村遗址由于遭到严重破坏，遗迹的分布情况已经不清晰，通过清理发现互无打破关系的房址四座，地面出土遗物也较少，清理的四座房址中两座均出土有E型壶形口尖底瓶，可见为遗址中的常见器物，共存器物包括宽带纹钵、敛口罐、折沿夹砂罐、叠唇盆等，加之彩陶纹饰均与晋南地区的庙底沟类型纹饰颇为一致。河北蔚县三关遗址中也发现E型壶形口尖底瓶，与之共存的有AbⅢ式尖底瓶和葫芦瓶。[②] 据此推测E型壶形口尖底瓶年代与庙底沟期相当确实无疑。

[①] 山西省考古研究所：《山西翼城北橄遗址发掘报告》，《文物季刊》1993年第4期。
[②] 张家口考古队：《一九九七年蔚县新石器时代考古的主要收获》，《考古》1981年第2期。

第四章　尖底瓶的时空演变

D型近似杯形口尖底瓶数量不多，主要分布在豫南南阳盆地和鄂北一带。湖北郧县大寺遗址、淅川下集遗址（也称沟湾遗址）均有发现，两处遗址均包含仰韶、屈家岭、龙山三个时期的文化遗存，其中仰韶文化遗存有进一步分期的可能，出土釜形鼎、卷沿瓮等与淅川下王岗仰韶文化第二期文化遗存同类器相似，在淅川下集遗址中发现D型近似杯形口尖底瓶与重唇口尖底瓶共存的现象，① 惜无可复原者。据此推测D型近似杯形口尖底瓶其年代与庙底沟期相当。

F型筒杯形口尖底瓶主要发现于河南南阳盆地一带。标本淅川下王岗F39∶1为该遗址第三期遗存的出土物，共出的Ⅰ式鼎与淅川下集遗址出土的鼎相似，敛口曲腹钵、曲腹带握手盆则与陕县庙底沟遗址仰韶文化出土的同类器相似，陶豆与大河村遗址三期房基内出土的陶豆相似，发掘者认为下王岗第三期遗存是丹江流域仰韶文化晚期遗存，其时代与黄河流域仰韶文化晚期的时代相当。② 目前来看这种认识是正确的，即F型筒杯形口尖底瓶的年代当与半坡晚期相当。

G型重唇口尖底瓶与AbⅢ式相比虽然口部特征相似，但颈部、肩部、腹部独具特色，即整体形态差异较大。其共存器物中的宽带彩陶钵与半坡类型相似，罐类器物则与庙底沟类型相似，彩陶纹饰也颇具庙底沟类型的风格。发掘者认为，土墓山坡下所代表的遗存可归属为岱海地区仰韶文化二期遗存，与山西翼城北橄二期、三期、四期遗存文化面貌相似，同类型的遗存在清水河白泥窑子遗址也有发现，③ G型重唇口尖底瓶的年代大致相当于庙底沟期。

---

① 原长办考古队河南分队：《淅川下集新石器时代遗址发掘报告》，《中原文物》1989年第1期。
② 河南省文物研究所、长江流域规划办公室考古队河南分队：《淅川下王岗》，文物出版社1989年版，第355页。
③ 内蒙古文物考古所等：《岱海考古（3）：仰韶文化遗址发掘报告集》，科学出版社2003年版，第244—245页。

综上所述，Aa型、Ab型、B型尖底瓶有各自的发展序列，其中AaⅠ式、AbⅠ式年代最早，BⅠ式年代略晚；甲、乙两类其他小类尖底瓶与AaⅠ式尖底瓶相比，出现的年代均较晚，且未发现有序的发展演变，因此仅考察其与可确定演变序列尖底瓶的共存关系，而不纳入分歧研究考察的范畴。通过对各类型尖底瓶的年代及共存关系的分析，可以将其分为三期四段，分别对应仰韶文化半坡期、庙底沟期、半坡晚期（图4-3）。

第一期即半坡期，又可分为前后相继的两个阶段。第1段即半坡期早段，尖底瓶的种类较少，仅有AaⅠ式、AbⅠ式两种共存类型。均为杯形口、溜肩、细尖底，腹部贴附对称双耳，器表纹饰多施细绳纹。第2段即半坡期晚段（或称史家期），尖底瓶的种类增多。新出现AaⅡ式、AbⅡ式、BⅠ式，其中AaⅡ式、AbⅡ式为葫芦形口、溜肩、细长尖底，腹部贴附对称双耳，器表纹饰多施细密绳纹或线纹，与AaⅠ式、AbⅠ式有明确的发展演变关系；BⅠ式与AbⅠ式、AbⅡ式形态特征均有相似之处，主要见于洛阳地区。

第二期即庙底沟期，尖底瓶种类和数量都空前绝后。继AaⅠ式、AbⅠ式而起的AaⅠ式、AbⅠ式口部变化最显著，腹部斜收略显亚腰特征，底部变得圆钝，器表多施线纹。Aa型与Ab型尖底瓶在此阶段开始出现明显分化，前者保留了腹部双耳，而后者双耳则消失。相较AaⅢ式而言，AbⅢ式在数量和地域分布上占绝对优势。AaⅡ式尖底瓶在本期继续存在且数量不少。B型尖底瓶也有新发展，出现BⅡ式、BⅢ式，与AbⅢ式有共存关系，区别在于前者保留了腹部双耳，并且耳部位置下移明显，器表多施线纹。

第三期即半坡晚期，尖底瓶的种类和数量均有所减少。AaⅣ式、AbⅣ式继起，喇叭口、亚腰、尖底圆钝的特征明显。BⅣ式继BⅡ式、BⅢ式后起亚腰、垂腹的特征进一步发展，仍保留双耳。AaⅡ式尖底瓶在这一阶段仍有少量发现，此期尖底瓶器表的纹饰种类增多，

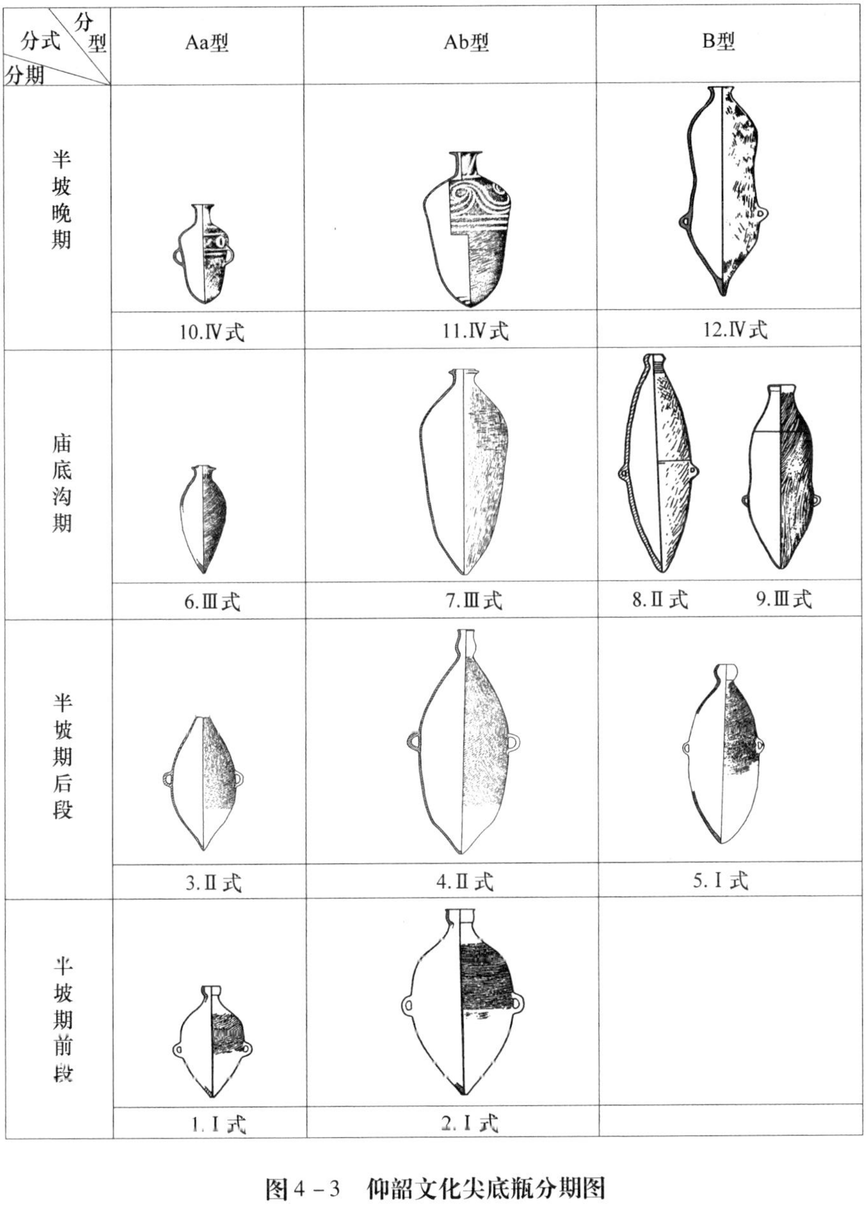

第四章　尖底瓶的时空演变

分期 \ 分型分式	Aa型	Ab型	B型
半坡晚期	10.Ⅳ式	11.Ⅳ式	12.Ⅳ式
庙底沟期	6.Ⅲ式	7.Ⅲ式	8.Ⅱ式　9.Ⅲ式
半坡期后段	3.Ⅱ式	4.Ⅱ式	5.Ⅰ式
半坡期前段	1.Ⅰ式	2.Ⅰ式	

图4-3　仰韶文化尖底瓶分期图

1. 临潼姜寨M163:5; 2. 临潼姜寨F46:11; 3. 陇县原子头F3:2; 4. 陇县原子头F22:1; 5. 洛阳王湾F15:6; 6. 陕县庙底沟T203:43; 7. 华阴兴乐坊W1:1; 8. 临汝中山寨调查标本; 9. 荥阳点车台W6; 10. 宝鸡福临堡H4:1; 11. 宝鸡福临堡H123:1; 12. 郑州后庄王M153:1

除线纹之外还有方格纹、篮纹等，陕西关中地区的部分尖底瓶在肩部还施有彩绘或刻划出漩涡纹，甘肃天水地区则在肩部饰数道平行弦纹。

上述各型式尖底瓶的共存关系参见表4-2。

表4-2　　　　　仰韶文化尖底瓶分期及共存关系表

期段	类别	甲类				乙类			
		A组	B组	C组	D组	A组	B组	C组	D组
三	4	AaⅣ式				AbⅣ式	BⅣ式	F型	
二	3	AaⅢ式		D型	E型	AbⅢ式	BⅢ式 BⅡ式		G型
一	2	AaⅡ式	C型			AbⅡ式	BⅠ式		
	1	AaⅠ式				AbⅠ式			

第三节　分区研究

尖底瓶的分布范围广，延续时间长，不同区域各遗址出土数量有明显差异。渭水流域各遗址中尖底瓶出土数量众多，所占比例较大，应属主要器类；在甘青、豫西、晋西南、郑洛地区，尖底瓶的数量较多，但所占比例偏小；而在内蒙古中南部等地，尖底瓶的数量较少，明显不是主要器类。显然，探讨尖底瓶的分布区域特征，应依据尖底瓶的形态标准和数量标准两个方面。本小节以分期研究中划分的三期四段为基础，以尖底瓶形态特征和数量多寡为线索，探讨尖底瓶的区域特点及各区域之间的关系。关于区域划分标准一般有两种情况：一种依自然地理环境而定，如山系、水系等，这一标准具有相对稳定性；另一种依人文地理区域而定，如行政区划，不同历史时期会有小幅度变化。本书参考已有的研究成果，将自然区域和人文区域相结合，依据尖底瓶的分布范围及特点划分。

第一期1段，AaⅠ式、AbⅠ式尖底瓶主要发现于关中地区各处遗址中，包括西安半坡、西安鱼化寨、临潼姜寨、华县元君庙、华阴横阵、宝鸡北首岭等遗址，自然地理区域主要在渭水流域中游一带（图4-4）。在汉水上游也发现有AaⅠ式尖底瓶，主要遗址包括南郑龙岗寺、西乡何家湾。汉水上游是这一阶段尖底瓶分布的南界。在豫西、晋西南地区的渑池仰韶村遗址、古城东关遗址中，发现有与AⅠ式口部相类的尖底瓶残片，可惜无可复原者不便确定具体型式，但此发现表明此一阶段尖底瓶的影响已达豫西、晋西南地区。至于在陕北、内蒙古中南部地区的相关发现资料过于零散，暂不便展开讨论。这一阶段尖底瓶在部分遗址中所占比例参见表4-3。

表4-3　　　　　　半坡期部分遗址尖底瓶数量统计表

期别	遗址名称	数量（个）	百分比（%）
半坡期	陕西华县元君庙遗址	38	13
	山西垣曲古城东关遗址第二期遗存	3	3.8
	山西翼城北橄遗址第一期遗存（仅统计H34、H38两个灰坑）	7	2.6
	陕西陇县原了头遗址第二期遗存	2	1.7
	陕西陇县原子头遗址第三期遗存	14	2.5
	甘肃秦安大地湾遗址第二期遗存	30	5.49
	山西芮城东庄村遗址（H104）	80	4.26

第一期2段，尖底瓶的分布范围扩大（图4-4）。形态结构在关中地区演变为AaⅡ式和AbⅡ式，主要见于陇县原子头遗址；向西

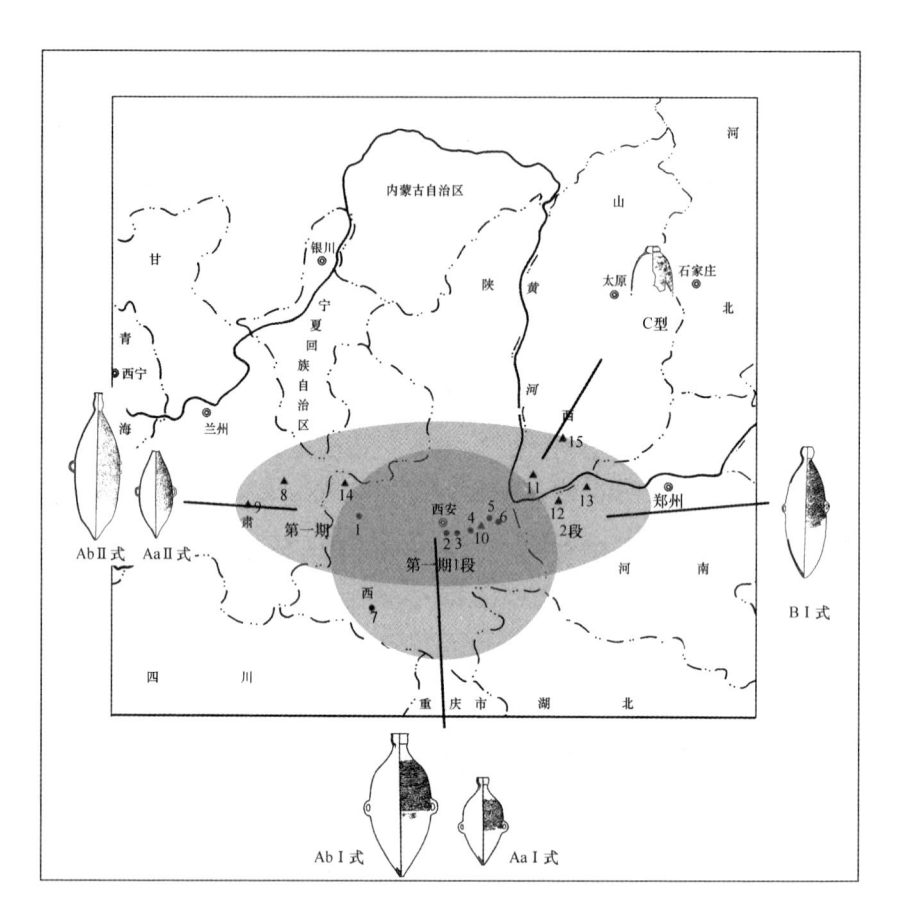

图 4-4　第一期尖底瓶的空间分布范围示意图

1. 宝鸡北首岭；2. 西安鱼化寨；3. 西安半坡；4. 临潼姜寨；5. 华县元君庙；6. 华阴横阵；7. 南郑龙岗寺；8. 秦安大地湾；9. 天水师赵村；10. 渭南史家；11. 芮城东庄村；12. 渑池仰韶村；13. 洛阳王湾；14. 陇县原子头；15. 翼城北橄

扩展到甘肃天水地区，在秦安大地湾遗址、天水师赵村遗址都发现AaⅡ式、AbⅡ式尖底瓶（表4-3）。晋西南地区除在芮城东庄村遗址发现有AbⅡ式尖底瓶外，在翼城北橄遗址还发现有甲（5）类尖底瓶，口部特征与AaⅠ式相似但内敛明显，无颈、口肩部起脊的特征与遗址的小口平底壶相似。可惜豫西南地区这一阶段发现较少，

80

不便展开讨论。但在郑洛地区此阶段出现了 BⅠ式尖底瓶，明显受到 AbⅠ式的影响，但却有敛口明显、体形瘦长的地域特征。共存陶器圜底钵、窄缘盆、侈口鼓腹罐等与半坡类型同类陶器也十分相似，但该地区的陶鼎则不见于渭水流域。

综上所述，尖底瓶最早应起源于渭水流域的关中地区，在半坡期早段便影响了陕南汉水上游地区，甚或已达豫西、晋西南地区。这些区域在这一阶段都有相关发现。在半坡期后段，甘肃天水地区明显受到影响，尖底瓶的形态特征及数量都与关中地区相似。这一时期对晋西南地区的影响也较大，但该地区的 C 型尖底瓶有区域特色，流行时间很短，到北橄遗址二期时便消失了。虽然郑洛地区该阶段发现的尖底瓶数量较少，但证明尖底瓶此阶段已经影响到这一区域了。半坡期尖底瓶以关中地区为中心，包括甘肃天水地区和陕南汉水上游地区，豫西、晋西南地区受关中地区影响也较早。郑洛地区的 BⅠ式尖底瓶与关中地区的 AbⅠ式尖底瓶相似，且洛阳王湾遗址二期发现的重唇口尖底瓶明显与 AbⅢ式有关，但考虑 B 型尖底瓶有自身发展脉络，且诸多考古学研究表明郑洛地区文化遗存相对独立，与渭水流域的文化面貌整体相异，因此郑洛地区应属于这一阶段尖底瓶影响较少的边缘区域。

第二期，尖底瓶的种类和数量繁多，分布范围空前扩大（图4-5，表4-4）。以关中地区为中心的渭水流域仍是尖底瓶的分布中心，汉水上游、泾水上游和豫西、晋西南地区受到关中地区影响最大，尖底瓶数量较多，形态结构与渭水流域十分相似，除豫西地区明确发现有 AaⅢ式尖底瓶外，其余地区均以 AbⅢ式为主。在晋中地区，尖底瓶的形态结构也与关中地区相似，但由于资料较少不便展开讨论。内蒙古中南部地区和陕北地区这一时期也明显受到渭水流域的影响，但尖底瓶仍保留了一定的地域特征，应是这一期尖底瓶影响的北

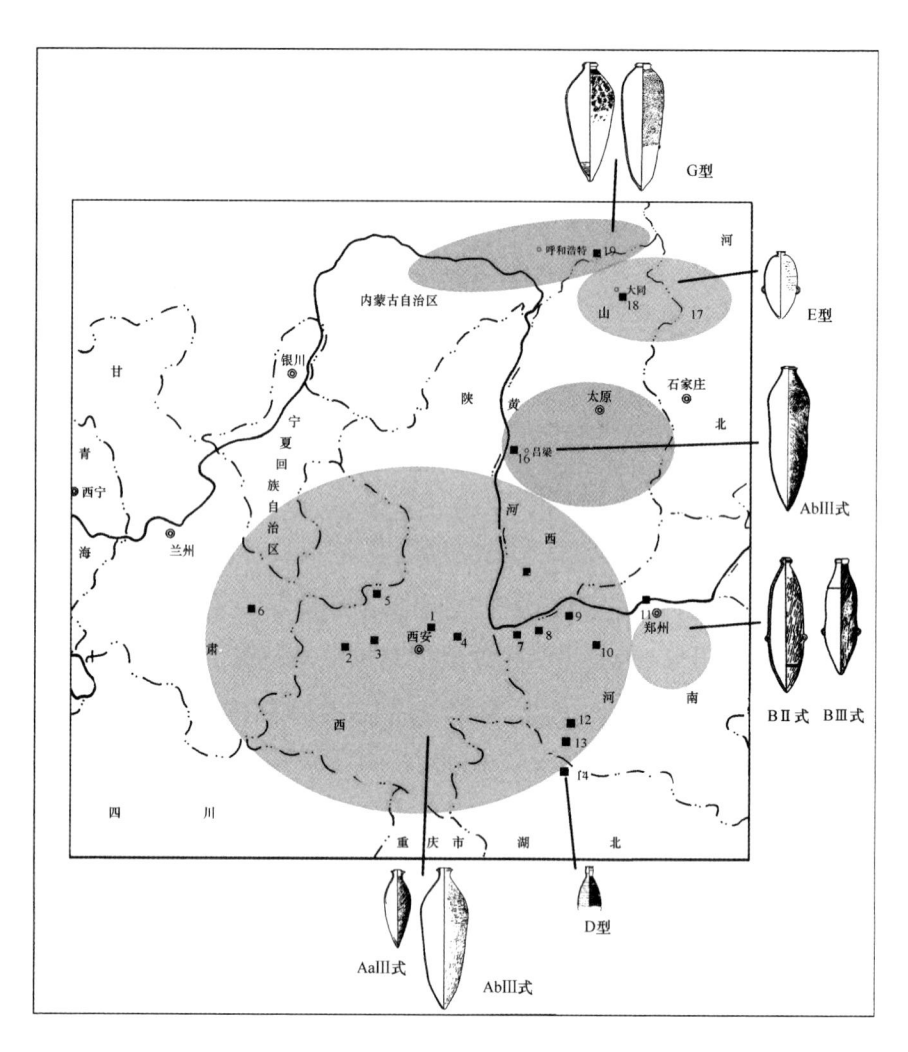

图 4-5　第二期尖底瓶的空间分布范围示意图

1. 高陵杨官寨；2. 宝鸡福临堡；3. 扶风案板；4. 华县泉护村；5. 彬县下孟村；6. 秦安大地湾；7. 陕县庙底沟；8. 渑池仰韶；9. 洛阳王湾；10. 汝州中山寨；11. 荥阳点军台；12. 西峡老坟岗；13. 淅川下王岗；14. 郧县大寺；15. 夏县西阴村；16. 离石马茂庄；17. 蔚县三关；18. 大同马家小村；19. 凉城王墓山坡下

表4-4　　　　　　　庙底沟期部分遗址尖底瓶数量统计表

期别	遗址名称	数量（个）	百分比（%）
庙底沟期	宝鸡福临堡遗址第二期遗存	58	7.15
	宝鸡福临堡遗址第一期遗存（H6）	17	3.84
	彬县水北遗址第二期遗存	307	4.3
	彬县水北遗址第三期遗存	87	6.9
	扶风案板遗址第一期遗存	284	7.56
	陇县原子头遗址第四期遗存	13	4.7
	陇县原子头遗址第五期遗存	13	4.9
	芮城桃花涧遗址	17	6.5
	芮城西王村遗址	14	9.25
	西阴村遗址 H4	7	11
	西阴村遗址 H34	9	5
	西阴村遗址 H39	32	13
	翼城北橄遗址第二期遗存（H32）	3	4.2
	翼城北橄遗址第三期遗存（采H2）	9	10.5
	翼城北橄遗址第四期遗存（H10）	4	3.6
	垣曲古城东关遗址第三期遗存	23	27
	陕县庙底沟遗址	3125	22.48
	秦安大地湾遗址第三期遗存	30	7.66
	凉城王墓山坡下遗址	?	6.4

部边缘地区。此外，在青海地区民和、化隆、循化等县进行了考古调查，[1] 在民和阳洼坡遗址[2]、化隆安达其哈遗址[3]进行了考古发掘。

---

[1] 青海省文物考古研究所：《青海省民和县古文化遗存调查》，《考古》1993年第3期；青海省文物考古研究所：《青海化隆、循化两县考古调查简报》，《考古》1991年第4期。
[2] 青海省文物考古队：《青海民和阳洼坡遗址试掘简报》，《考古》1984年第1期。
[3] 青海省文物考古研究所：《再现文明：青海省基本建设考古重要发现》，文物出版社2013年版，第12—13页。

出土器物组合包括重唇口尖底瓶、曲腹盆、夹砂罐等，均与庙底沟类型同类器特点相近；彩陶纹饰中的连弧纹、三角纹、圆点纹也是典型的庙底沟类型因素。上述发现表明，青海地区在这一阶段受到关中地区的影响虽大，但已处于边缘地带。青海地区民和、化隆一带应是这一期尖底瓶分布的最西边缘。四川地区的茂县营盘山遗址[1]、汶川姜维城遗址[2]、汉源姜家屋基遗址[3]等遗址中，也发现有重唇口瓶口残片。但这一区域考古学文化内涵比较复杂，包含马家窑文化、庙底沟类型及四川盆地土著文化三种文化因素。这些尖底瓶和与之共存的彩陶器物，经过测试分析，其化学成分更接近黄土高原仰韶文化和马家窑文化腹地出土的器物，说明这些彩陶非本地烧制，其器形与纹饰风格也与马家窑文化相似。[4] 据此推测，四川盆地发现的重唇口尖底瓶，非直接受到庙底沟类型的影响，而是后者先融入甘青地区马家窑文化而后再传播到四川盆地的，所以型式上虽与重唇口尖底瓶相似，但年代却比较晚。郑洛地区新出现了BⅡ式、BⅢ式尖底瓶，这应是洛阳以东地区发现的年代最早的尖底瓶，是尖底瓶影响继续东扩的表现。但郑洛地区的文化区系较为独立，尖底瓶也有其自身发展演变序列，应该是这一阶段受尖底瓶影响的东部边缘区域。

在第三期，尖底瓶的类型和数量均减少，分布范围收缩（图4-6，表4-5）。尖底瓶的分布中心仍在渭水流域，包括晋西南、豫西地区。内蒙古中南部和陕北地区这一时期虽然也流行喇叭口尖底瓶，

---

[1] 成都市文物考古研究所：《四川茂县营盘山遗址试掘报告》，《成都考古发现（2000）》，科学出版社2002年版，第20—76页。

[2] 四川省文物考古研究所等：《四川汶川县姜维城新石器时代遗址发掘简报》，《考古》2006年第11期。

[3] 四川省文物考古研究所等：《四川汉源县2001年度的调查与试掘》，《成都考古发现（2001）》，科学出版社2003年版，第306—383页。

[4] 成都文物考古研究院、阿坝藏族羌族自治州文物管理所、茂县羌族博物馆：《茂县营盘山》，文物出版社2018年版，第513—514页。

在分类研究中也将其归入关中地区同类，但在具体细节特征上却仍保留了地域特色，该区域应该是尖底瓶影响的北部边缘地区。郑洛地区仍有自身的发展脉络，继BⅡ、BⅢ式而起的BⅣ式，亚腰、坠腹、下腹部贴附双耳的特征与渭水流域截然不同，同期其他考古学文化因素也与渭水流域相异，此阶段仍为独立的考古学文化区系。值得注意的是，豫西南南阳盆地AbⅢ式消失，但未发现与渭水流域

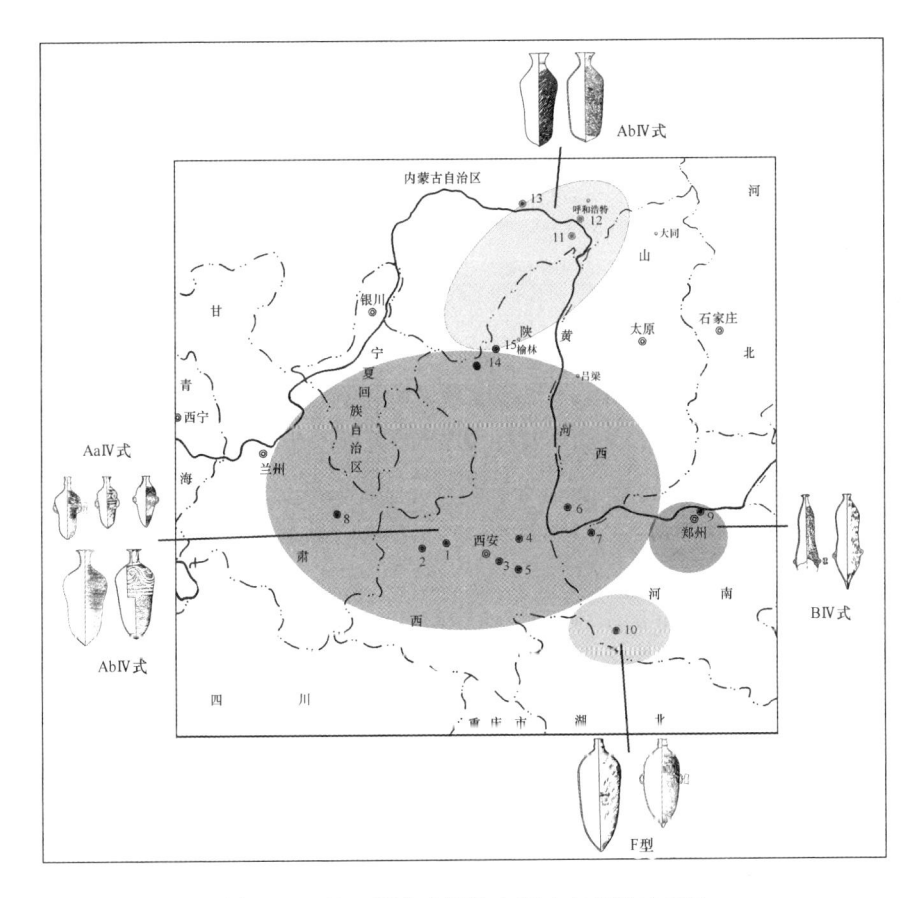

图4-6 第三期尖底瓶的空间分布范围示意图

1. 宝鸡福临堡；2. 扶风案板；3. 西安半坡；4. 华县泉护村；5. 蓝田新街；6. 芮城西王村；7. 渑池仰韶村；8. 奉安大地湾；9. 郑州西山；10. 淅川下王岗；11. 准格尔旗二里半；12. 托克托县海生不浪；13. 包头阿善；14. 靖边五庄果墚；15. 横山杨界沙

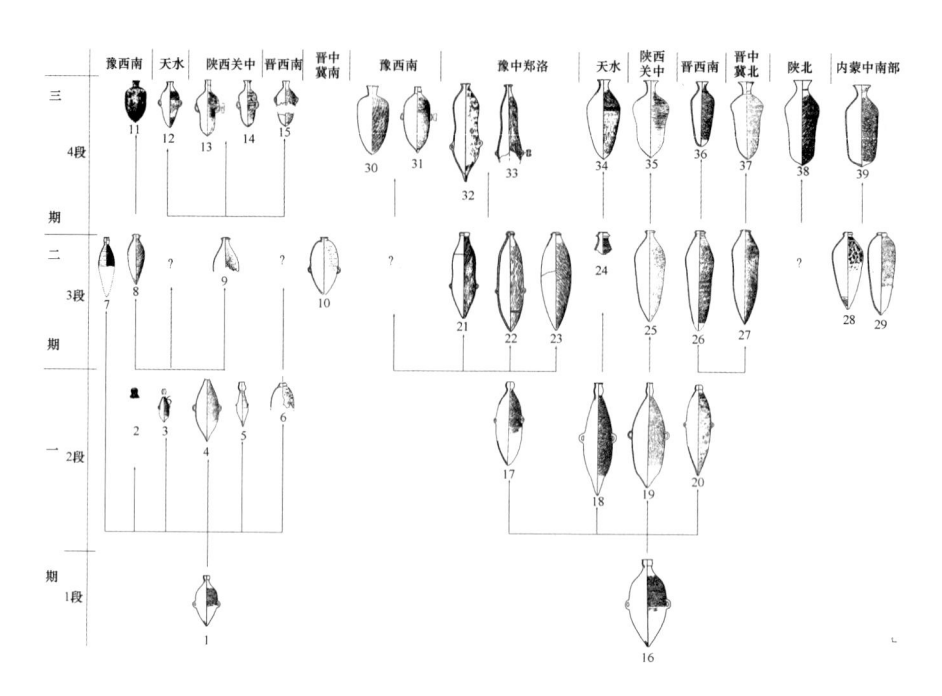

图 4-7 尖底瓶谱系示意图

1—2. Aa Ⅰ 式；3—5. Aa Ⅱ 式；6. C 型；7. D 型；8、9. Aa Ⅲ 式；10. E 型；11—15. Aa Ⅳ 式；16. Ab Ⅰ 式；17. B Ⅰ 式；18—20. Ab Ⅱ 式；21. B Ⅲ 式；22. B Ⅱ 式；23—27. Ab Ⅲ 式；28、29. G 型；31. F 型；32、33. B Ⅳ 式；30、34—39. Ab Ⅳ 式；

相同的 Ab Ⅳ 式，而是出现了一种新型尖底瓶，体形较大、直口、矮颈、双耳特征明显，说明此期渭水流域尖底瓶对该地区的影响减小。

表 4-5　　　　　半坡晚期部分遗址尖底瓶数量统计表

期别	遗址名称	数量（个）	百分比（%）
半坡晚期	宝鸡福临堡遗址第三期遗存	21	6.9
	扶风案板遗址第二期遗存	141	4.3
	芮城西王村遗址	13	3.65
	大地湾遗址第四期遗存	27	7

第四章　尖底瓶的时空演变

第四节　源流探析

尖底瓶的核心分布区域是以关中地区为中心的渭水流域，不仅出现年代早、数量多，而且发展演变最具连续性。其余周边区域多为受关中地区尖底瓶影响较大的区域或边缘区域，所以应排除尖底瓶受其他区域文化的影响而产生的可能性，尖底瓶的起源应从以陕西关中地区为中心的渭水流域去寻找。即从该地区仰韶文化半坡类型本身或其之前的老官台文化（或称白家村文化）中寻找。

根据已有研究，[1] 老官台文化主要分布在渭水流域及其支流、汉水上游和丹江上游地区。这一范围较广泛，在不同区域有时会表现出一些区域特征。但其主要文化因素相似，整体面貌较清晰。老官台文化陶器的总体特征以夹砂陶为主，陶色多不均匀，纹饰主要为绳纹，钵类器口沿上常见红彩宽带纹。主要器形包括三足罐、平底筒形罐、三足钵、圜底钵、圈足碗、平底碗、小口鼓腹罐等。其中的小口鼓腹罐小口、鼓肩、圆腹、小平底的特征与半坡类型尖底瓶有相似之处，值得关注。据相关研究，老官台文化的小口鼓腹罐多素面，并有一定的阶段性差异，早期腹部圆鼓明显，近球形，晚期颈部变长、体形瘦高，腹部略鼓并贴附对称双耳[2]（图4-8，1—2）。华县元君庙墓地中发现有老官台文化遗存叠压于半坡类型遗存之下的地层证据，并在后来的田野发掘中得到反复验证。老官文

---

[1] 陕西省考古研究所：《陕西西乡李家村新石器时代遗址》，《考古》1961年第7期；中国社会科学院考古研究所宝鸡队：《一九七七年宝鸡北首岭遗址发掘简报》，《考古》1979年第2期；甘肃博物馆：《甘肃秦安大地湾新石器时代早期遗存》，《文物》1981年第4期；中国社会科学院考古研究所：《宝鸡北首岭》，文物出版社1983年版；中国社会科学院考古研究所：《临潼白家村》，巴蜀书社1994年版；陕西省考古研究所：《临潼零口村》，三秦出版社2004年版；甘肃省文物考古研究所：《秦安大地湾——新石器时代遗址发掘报告》，文物出版社2006年版。

[2] 张宏彦：《渭水流域老官台文化分期与类型研究》，《考古学报》2007年第2期。

化的小口鼓腹罐出现时尚未见任何形式的尖底瓶，但在小口、鼓腹、双耳等特征上却有相似之处。在南郑龙岗寺墓地老官台文化李家村类型的墓葬中发现的一件壶类器①，小口微折，细颈短直，溜肩鼓腹，下腹内收呈小平底，上腹对称贴附双耳（图4-8，3）。北首岭下层遗存发现的小口平底瓶，形制与其十分相似。

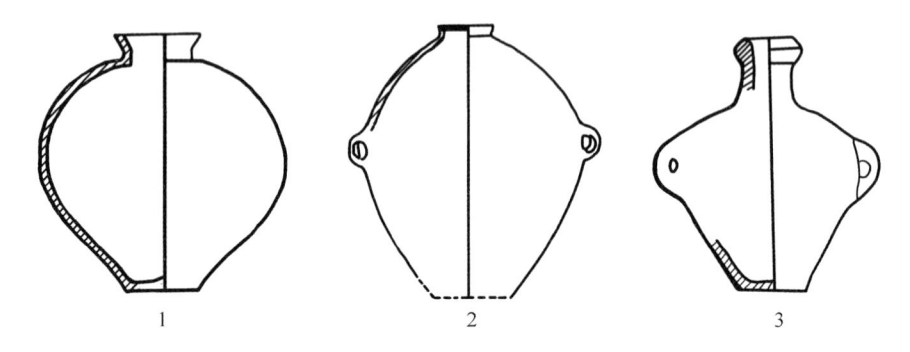

图4-8 老官台文化小口鼓腹罐及小口双耳壶

1. 渭南北刘遗址 H16：4；2. 宝鸡北首岭 T26：1；3. 南郑龙岗寺 M406：4

半坡类型的尖底瓶虽与老官台文化的小口鼓腹罐有着千丝万缕的联系，但仍存在不小的差别。两者的口部特征不同，前者口部低矮、无颈、腹部圆鼓且为小平底，而后者口部略高、长颈、鼓腹，最核心的差别在于尖底突出，因此这两种器物之间可能没有直接的发展承袭关系。当然，因为老官台文化与仰韶文化早期半坡类型之间也不是直接承袭关系，两种文化类型之间尚有缺环。继老官台文化之后，与半坡类型遗存关系密切的是北首岭下层遗存②（或称零口二期遗存③、枣园文化④），这一类遗存在临潼零口、华县老官台、

---

① 陕西省考古研究所：《龙岗寺》，文物出版社1990年版，第56页。
② 中国社会科学院考古研究所：《宝鸡北首岭》，文物出版社1983年版，第122—131页；魏继印：《北首岭遗址仰韶文化早期遗存研究》，《考古》2012年第12期。
③ 周茂春、阎毓民：《零口文化的发现及其意义》，《文博》1997年第2期。
④ 陕西省考古研究所：《翼城枣园》，科学技术文献出版社2004年版，第190—195页。

华县元君庙、山西垣曲古城东关、翼城枣园、河南渑池任村等地区都有发现,以双耳平底瓶、刮划纹罐、弦纹罐、折腹盆等基本陶器组合为代表。临潼零口遗址和宝鸡北首岭遗址的地层关系都表明这一类遗存叠压于仰韶文化半坡类型之下,虽然目前关于这一类遗存的命名没有统一认识,但其作为一支独立的考古学文化已经为越来越多的研究者所承认。它与老官台文化和仰韶文化之间既存在明显区别又有着千丝万缕的联系,在老官台文化与仰韶文化半坡类型之间起到了承前启后的作用。北首岭下层遗存中常见的典型陶器之一小口平底瓶的主要特征是小口、细颈、鼓腹,腹部贴附对称双耳,器表素面或施绳纹、彩绘。北首岭遗址发现的小口平底瓶自身也有发展演变,口部由浅及深、器身宽高比由大变小、底部由大变小等,与半坡类型 Aa I 式尖底瓶明显有别,但与南郑龙岗寺李家村类型的壶十分相似(图4-9)。在零口遗址的第⑤层及其以下层位绝对不出标准的尖底瓶,到了第⑤层开始出现了接近尖底瓶的小平底瓶。[①]

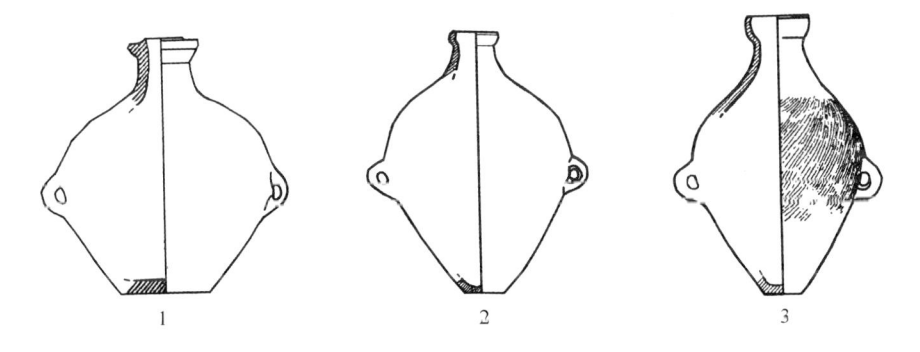

图4-9 北首岭下层遗存小口平底瓶

1.78M3:4; 2.77M7:11; 3.77M6甲:7

从上述三种文化遗存相对年代和层位关系上看,老官台文化遗

---

① 陕西省考古研究所:《临潼零口村》,三秦出版社2004年版,第72—94页。

存、北首岭下层遗存和仰韶文化半坡类型遗存中的小口鼓腹罐、小口平底瓶、尖底瓶三种器物之间早晚有序存在，有连续的形态演变关系，口部由低矮逐渐变高，颈部从无到有再到修长，肩部由圆鼓变成略鼓或溜肩，底部由平底变为小平底再发展为尖底，双耳部从无到有，器表装饰从素面到拍印绳纹或施彩绘。三类器物各部位的变化循序渐进，并有中间形态，符合器物发展的逻辑序列，在北首岭遗址、零口遗址又发现有早晚叠压的地层学证据，尖底瓶来源于北首岭下层遗存的小口平底瓶，小口平底瓶与老官台文化的小口鼓腹罐关系密切（图4-10）。

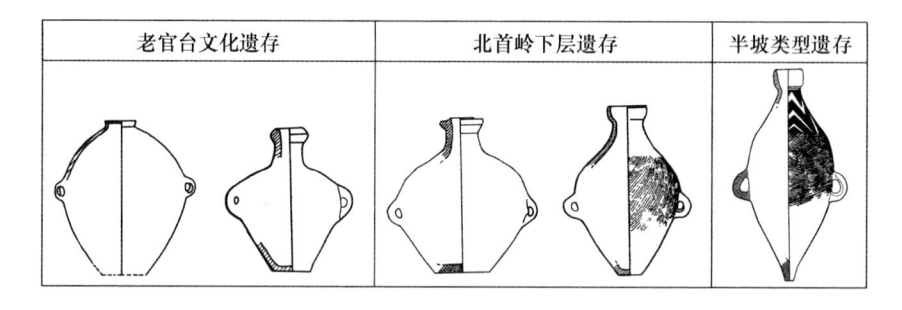

图4-10 小口鼓腹罐、小口平底瓶与尖底瓶

尖底瓶随着仰韶文化的衰落也逐渐走向消亡，最终消失在史前的时间长河中。由于考古学文化的发展演变存在区域性差异，因此不同区域尖底瓶的流向和消失时间不尽相同。渭水流域及陕晋豫交界地区，仰韶文化与龙山文化前后相继，这一地区继仰韶晚期而起的主要包括案板三期、庙底沟二期和常山下层三类文化遗存，三种文化遗存的名称与关系目前学术界尚无统一认识，但均认为是该区域仰韶文化后继者，因此尖底瓶的流向当从这三种文化遗存中寻找。其中案板三期遗存主要分布在渭水流域中游，庙底沟二期遗存和常山下层遗存分别分布在陕晋豫交界地区、泾渭上游一带。陕西扶风案板

第四章　尖底瓶的时空演变

遗址经过数次发掘，地层堆积清晰显示在仰韶文化层之上叠压有龙山时代早期堆积层，是为案板三期文化遗存。按案板一期遗存和案板二期遗存分别代表了仰韶文化庙底沟类型和半坡晚期类型，陕西地区渭水流域尖底瓶的流向或从这里可以找到一些端倪。案板三期遗存中有数量很多的瓶，占到统计总数的11.2%，喇叭口、竖颈圆肩、小平底，多为泥质灰陶，器表施篮纹，少数施绳纹（图4-11，2）。可复原的几件器物高度在51.5—55.5厘米之间，[①] 均为中型器物，若只观察器物的口部与颈肩部，则很难将其与案板二期遗存的喇叭口尖底瓶区别开来。在陕晋豫交界地区也发现有喇叭口平底瓶（图4-11，1）。常山下层文化还可见喇叭口尖底瓶的残片，但无可复原者。

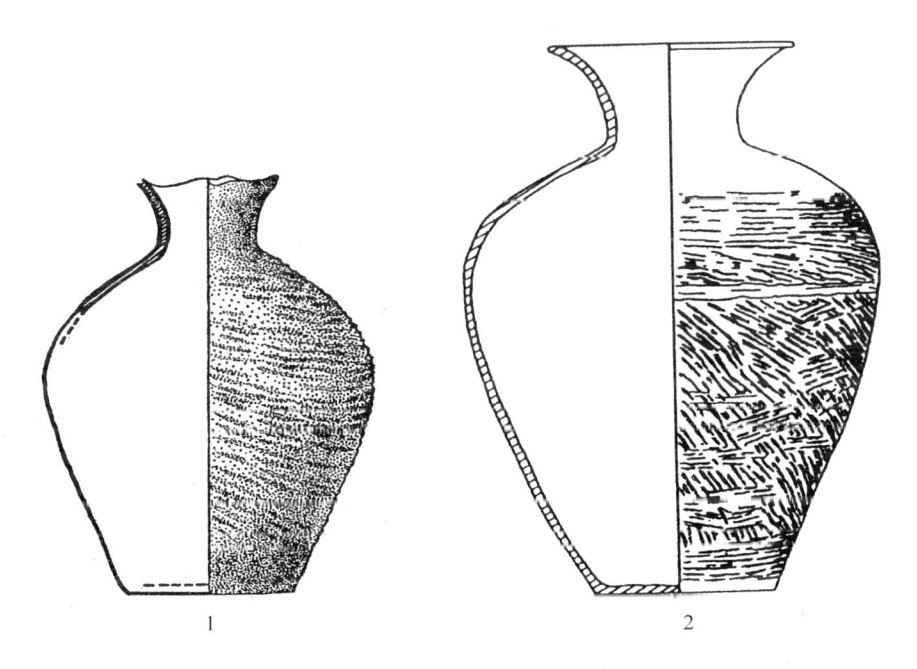

图4-11　渭水流域及其附近区域尖底瓶的流向

1. 陕县庙底沟B7bH563∶74；2. 扶风案板GBH7∶12

[①] 西北大学文博学院：《扶风案板遗址发掘报告》，科学出版社2000年版，第191页。

甘青地区处于东西两大文化系统的交界地带，仰韶文化晚期开始与关中地区仰韶文化面貌有较大的差异，特别是彩陶的数量远较渭水中游丰富并有鲜明的地方特色。马家窑文化的马家窑类型中仍见绘彩的喇叭口尖底瓶①（图4-12，1），并与绘彩的喇叭口平底瓶共存。在天水师赵村遗址龙山时代早期遗存中还发现有平唇口尖底瓶。该地区齐家文化时期常见的双耳罐（图4-12，2），大喇叭口、竖颈、腹部对称双耳及小平底的特征，或与小型尖底瓶有千丝万缕的联系。

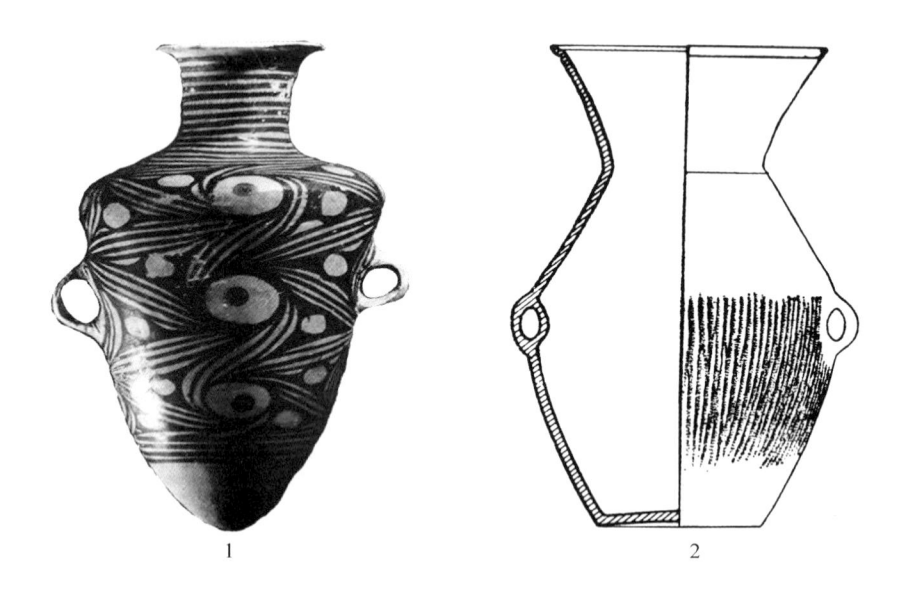

图4-12 甘青地区尖底瓶的流向

1. 陇西吕家坪；2. 永靖大何庄 M9∶40

内蒙古中南部和陕北地区的广大范围内，尖底瓶主要见于河套东部地区黄河两岸的诸文化遗址中。以海生不浪类型为代表，均为喇叭口无耳篮纹尖底瓶。继其后发展起来的是阿善文化，该文化出土的尖

---

① 甘肃博物馆编：《甘肃彩陶》，科学出版社2008年版，第41页。

底瓶虽仍保留了喇叭口及器表施篮纹的特征，但底部变化却十分明显，底部有瘤状或柱状凸起，底内部非尖底而为圜底①（图4-13，1—2），这一类型的尖底瓶延续时间很长，在府谷郑则峁遗址中发现有与斝式鬲共存的现象，②同时并存的还有一种小口平底瓶，喇叭口矮领、器身粗矮、小平底，同期尖底瓶若截去底部瘤状凸起则与平底瓶无异，二者可能存在一定的亲缘关系（图4-13，3）。岱海地区继起的庙子沟类型中则不见尖底瓶或与之相似的小口平底瓶，换言之，该地区的尖底瓶在这一时期彻底走向湮灭了。

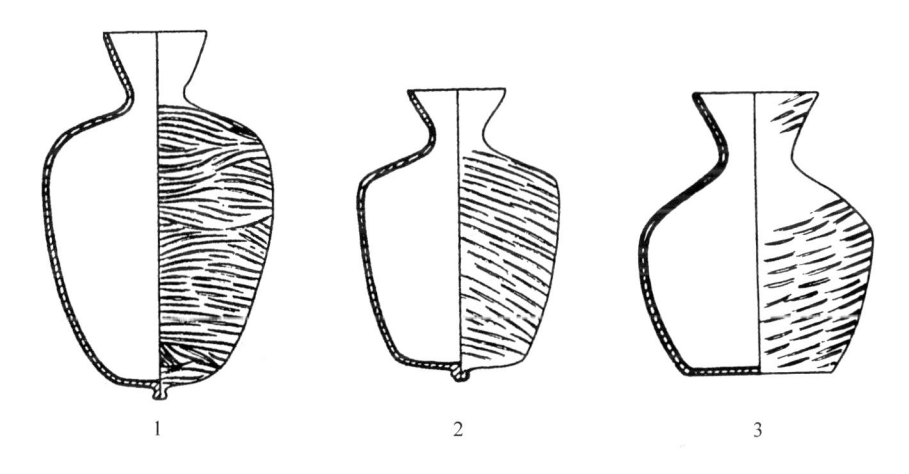

图4-13　陕北及内蒙古中南部尖底瓶流向

1. 准格尔旗小沙湾 F4∶8；2. 准格尔旗小沙湾 F4∶1；3. 准格尔旗白草塔 902b 采∶3

晋中冀北地区，仰韶文化晚期以义井类型为代表，发现有喇叭口尖底瓶。继义井类型之后为白燕一期类型，此阶段已不见尖底瓶的踪影，继起的白燕二期遗存陶器组合为空三足器、鼎、罐、瓮、壶等，已经完全进入龙山时代。

---

① 内蒙古文物考古研究所：《准格尔旗小沙湾遗址及其石棺墓地》，《内蒙古文物考古文集》，中国大百科全书出版社1994年版，第228页。
② 陕西省考古研究所陕北考古队、榆林地区文管会：《陕西府谷县郑则峁遗址发掘简报》，《考古与文物》2006年第2期。

郑洛地区的尖底瓶自有其发展演变序列，仰韶文化晚期郑洛地区的文化类型为秦王寨类型，尖底瓶是秦王寨文化类型典型陶器。洛阳王湾遗址新石器时代遗存分为三期，根据严文明先生的分期第一期遗存又可分为前后两段，一期一段的典型陶器杯形口尖底瓶、窄缘盆、圜底钵、侈口鼓腹罐等与半坡类型陶器比较接近，年代相当于半坡期后段，一期二段遗存的典型陶器包括重唇口尖底瓶、敛口碗、卷沿曲腹盆、侈口夹砂罐、敛口瓮、折腹盆等，相当于庙底沟类型。第二期遗存相当于秦王寨类型，仰韶文化因素逐渐消失，第三期文化因素开始出现，第三期文化遗存已经进入龙山时代。在郑州及其附近地区晚于秦王寨类型的是大河村龙山文化早期遗存。郑洛地区在仰韶文化晚期到龙山时代早期遗存过渡的阶段中，受到来自东部地区考古学文化的影响，尖底瓶在晚于秦王寨类型的这些遗存中已经不见踪迹了，最终该地区的尖底瓶也没能免于消失的命运。

综上所述，尖底瓶的流向有以下几种：在以渭水流域中游为中心的陕晋豫交界地区，中型和大型尖底瓶逐渐演变为喇叭口平底瓶，一直延续到龙山时代，小型尖底瓶消失。在渭水上游地区，在马家窑类型中以彩绘双耳尖底瓶的形式继续留存了一段时间，但数量不多，体形中等。到齐家文化时期，可能演变为常见的双耳罐，体形中等。在陕西北部和内蒙古中南部地区延续时间较长，尖底底部实际上变为圜底并有瘤状凸起，这类尖底瓶体形偏小，待进入龙山时代后也逐渐消失了。在郑洛地区，尖底瓶本就不是典型陶器，进入仰韶文化晚期后尖底瓶在这一地区便逐渐消失了。

第五章 尖底瓶的成型工艺

有关史前时期制陶工艺的相关研究，普遍立足于制坯技术本身，极少针对特定器类的成型工艺。即便考古报告中有所涉及，也多为总体性论述，[①]针对性不强。有关制陶工艺的专题性研究，也鲜少有针对尖底瓶的具体讨论。[②]客观而言，泥条盘（圈）筑、分段制作、粘接成型的尖底瓶制作工艺似乎有一定的合理性。但尖底瓶复杂的形态结构，泥条盘筑或圈筑之法不能一蹴而就，且小口、尖底、双耳等结构对于制作顺序也有影响。制作小口尖底瓶时，分段的数量如何，是否每段都采用泥条盘（圈）筑法，粘接先后顺序以及每段之间粘接效果如何，凡此种种，依然疑问重重，还需要进行深入研究。进而，分段制作是否会影响到尖底瓶的形态结构及其使用特点，

[①] 中国科学院考古研究所、陕西西安半坡博物馆：《西安半坡》，文物出版社1963年版，第152—156页；中国社会科学院考古研究所：《宝鸡北首岭》，文物出版社1983年版，第31页；北京大学历史系考古教研室：《元君庙仰韶墓地》，文物出版社1983年版，第28页；宝鸡市考古工作队、陕西考古研究所宝鸡工作站：《宝鸡福临堡：新石器时代遗址发掘报告》，文物出版社1993年版，第17页；西北大学文博学院考古专业：《扶风案板遗址发掘报告》，科学出版社2000年版，第36页；北京大学考古文博学院：《洛阳王湾》，北京大学出版社2002年版，第19页。

[②] 李仰松：《从佤族制陶探讨古代陶器制作上的几个问题》，《考古》1959年第5期；李仰松：《仰韶文化慢轮制陶技术的研究》，《考古》1990年第12期；俞伟超：《中国早期的模制法制陶术》，《文物与考古论文集》，文物出版社1986年版，第228—238页；李文杰：《中国古代制陶工艺研究》，科学出版社1996年版，第70—75页；张智尚：《淅川沟湾遗址制陶工艺观察》，硕士学位论文，郑州大学，2012年。

也是值得关注的问题之一。

第一节 尖底瓶成型工艺考察

尖底瓶结构复杂，以泥条盘（圈）筑、分段制作、粘接成型的制作工艺，具备一定的合理性。观察尖底瓶出土标本可知，残片标本多在口部、颈部、腹部、底部等相接处断裂，这种现象具备一定的普遍性。在特定部位易断裂说明其紧密度与陶器其余部位不一致，若采用泥条盘筑或圈筑法一次整体成型，各部位的紧密度应当均匀一致，在废弃及埋藏过程中造成断裂，其断裂部位则不会如此有规律。而若采用分段制作、延时粘接的成型工艺，则会造成每段陶坯的干湿度有差异，很难保证粘接处的紧密度均匀一致，因此在粘接部位处易发生断裂现象。在《宝鸡北首岭》与《元君庙仰韶墓地》两本报告中，虽对尖底瓶的具体制作方式有不同看法，但都指明了分段制作、然后接合的成型特点。特别是《元君庙仰韶墓地》报告中，明确表述尖底瓶标本 M420∶8、M417∶4、M455∶7 的口部与颈肩部、颈肩部与器身有明显的接合痕迹。[①] 观察仰韶文化遗址出土的标本，则能明显看到尖底瓶断裂的部位及接合痕迹（图5-1，1—6）。尖底瓶有大小之分，但其复杂形制结构几乎相同，成型均采用分段制作、接合成型的工艺，大致可分为口部、颈肩部、腹部、底部等几段，其中腹部特别是大型尖底瓶的腹部视具体情况，可能不止分一段成型。

理论上，大型尖底瓶的分段数量应多于小型。同时器壁厚度及腹壁倾斜度等因素，也会影响每段的制作高度及分段数量。半坡类

[①] 北京大学历史系考古教研室：《元君庙仰韶墓地》，文物出版社1983年版，第28页。

第五章　尖底瓶的成型工艺

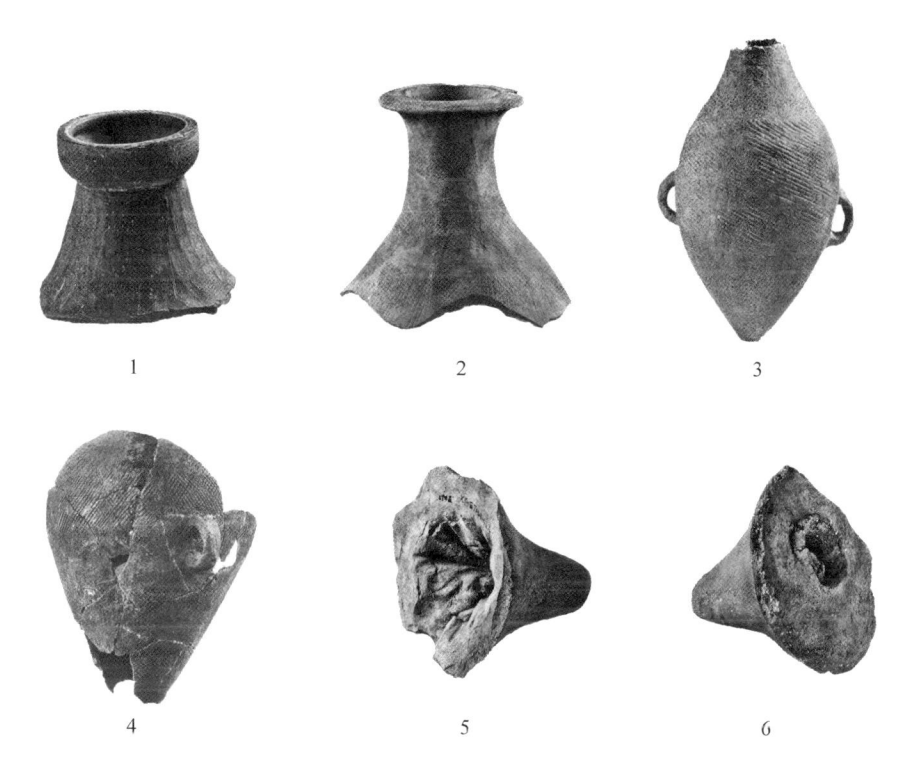

图 5-1　尖底瓶易断裂部位图示

1. 西安鱼化寨 H200∶15；2. 西安鱼化寨 H211∶12；3. 西安鱼化寨 W40∶4；4. 西安鱼化寨 W93∶6；5. 西安鱼化寨 H15∶3；6. 西安鱼化寨 H135∶4

型尖底瓶的器壁厚度多在 0.5—1 厘米之间。如华县元君庙墓地尖底瓶的壁厚在 0.5—1 厘米之间。[①] 西安鱼化寨遗址带比例尺的标本照片也显示，瓶类器壁厚度多在 0.6—0.8 厘米之间，如 H235∶14、H187∶16 等。[②] 而陕南龙岗寺遗址半坡类型的瓶类器壁厚度在 0.6—1.5 厘米之间，多为 0.8—1.2 厘米，[③] 制作水平不及关中地区。半坡期后段以来，瓶类腹壁厚度普遍在 0.3—0.4 厘米之间。

[①] 北京大学历史系考古教研室：《元君庙仰韶墓地》，文物出版社 1983 年版，第 37 页。
[②] 西安市文物保护考古研究院：《西安鱼化寨》，科学出版社 2017 年版，第 147、1169 页。
[③] 陕西省考古研究所：《龙岗寺》，文物出版社 1990 年版，第 125—132 页。

般来讲形体越大、器壁越薄则分段的数量就越多,结构复杂者尤甚。显然,不同时期、不同类别的尖底瓶分段制作的数量也不一样,不能一概而论。

虽尚不能确定尖底瓶的具体分段数量,但显然不是分上下两段制作的。尤其是仰韶文化晚期,尖底瓶凹腰、圆(鼓)肩或垂腹的结构特征使得下半段难以通过模制技术一次成型。但无论具体制法如何,分段制作都需特别关注粘接的紧密度,因此胎体均需拍打修整,尤其是两段相接合之处。拍实处理需要以支撑内壁为前提,否则就会凹陷变形。除了模制技术,支撑内壁往往需要手持垫具,其内部空间必须保证手臂的自由活动。若以一般成人手掌宽度9厘米为标准,则手臂伸入陶坯内部并自由活动则至少需要直径15厘米以上的有效空间。而半坡类型、庙底沟期的瓶口直径一般在4—8厘米之间,以5—6厘米居多,即便半坡晚期,喇叭口的口部最大直径也仅在10厘米左右,颈部直径一般小于10厘米。如此看来,成人手掌尚难以完全进入尖底瓶的口部,更遑论连同手臂一起进入内部了。所以,尖底瓶不可从肩、腹部连接处分上下两段制作,否则便无法保证肩腹部粘接的紧密度。由于尖底不便放置,分段制作应始于腹壁,其次制作、粘接尖底及器耳,再次分段制作、粘接肩颈部,最后粘接口部。一些尖底瓶颈壁保留的泥条凸棱,当是最后粘接口部的重要证据。因为口部直径过小,粘接时只能以食指和中指支垫内壁,所及高度一般不超过7厘米。若口部胎体高度超过7厘米时,其下部边缘便为手指所不及,因此在一些尖底瓶的口部与颈肩部可见粗糙的接合边缘(图5-2,1—3)。

尖底瓶的核心结构在于底部。根据目前的发现,修整抹光尖底内壁是半坡期前段的突出特点之一(图5-3,1),[①] 但未必就是模

[①] 陕西省考古研究院:《陕西潼关南寨子遗址发掘简报》,《考古与文物》2011年第6期。

第五章 尖底瓶的成型工艺

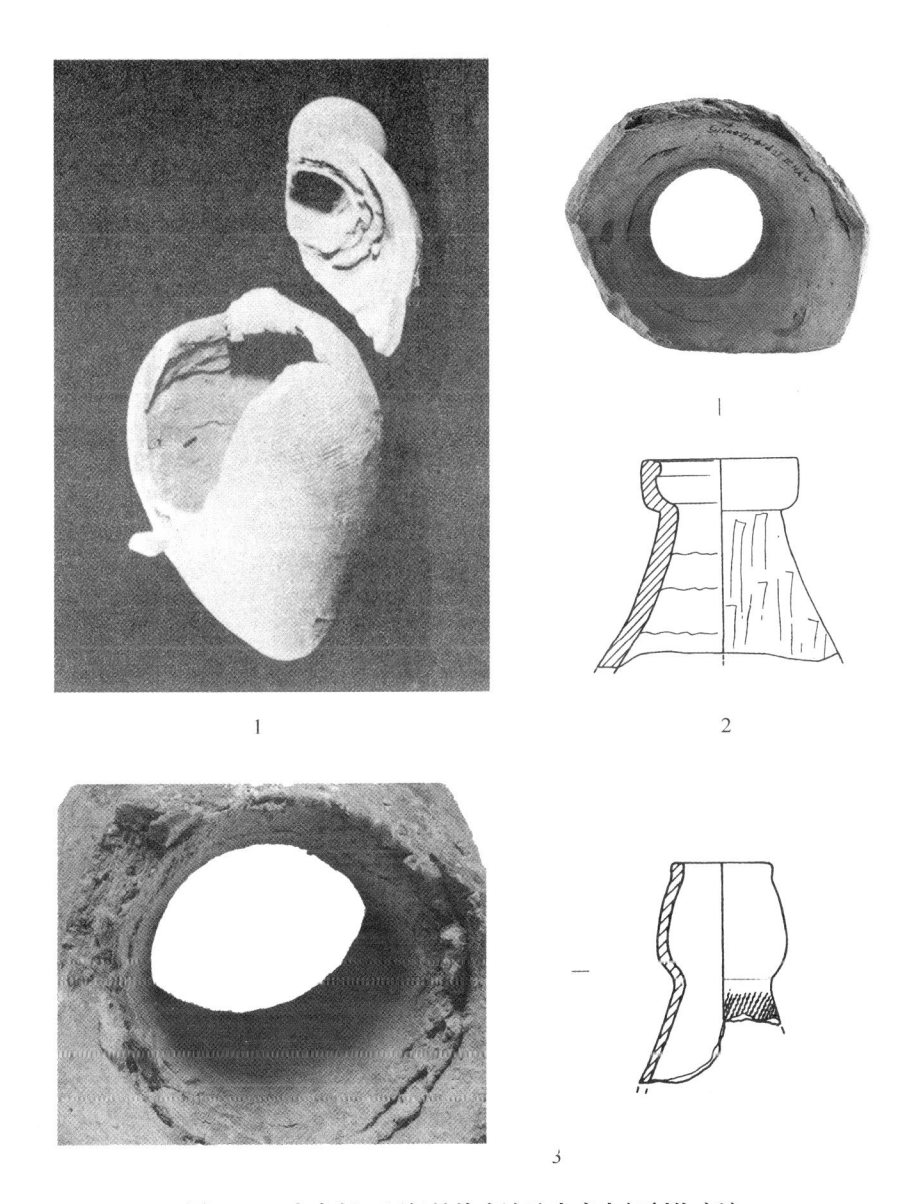

图 5-2 尖底瓶口颈部粘接痕迹及尖底内部制作痕迹
1. 龙岗寺 M215：7；2. 鱼化寨 H200：15；3. 鱼化寨 H98：5

制而成，也可能是彻底抹去泥条盘（圈）筑痕迹所致。在临潼零口遗址发现的尖底瓶前身小平底瓶数量多，口内径一般在 4.8—6.4 厘米之间，器壁厚度在0.5—1.3厘米之间，底部直径大多在6—12厘米之间，最小者4.3厘米，复原高度在44—47厘米之间，均为小型。器表主要为磨光，绝大多数器表打磨得比较精细，器物内壁一般采用器具进行横向刮抹，也存在以手抹平的现象，有相当一些器里抹得很平。① 半坡期前段尖底瓶内壁抹光的现象很可能是其前身小平底瓶制作工艺的遗留痕迹。

西安鱼化寨遗址半坡期后段的标本显示，尖底可单独制作，且系捏塑而成，甚或可分泥块和泥片捏塑。其中，鱼化寨H135∶4尖底应是先捏塑成圆锥体再掏出凹窝所致，即中心凹窝应系食指和中指按顺时针方向旋转掏制而成，致使周围留有较宽的平面（图5-3，2）；鱼化寨H15∶3尖底内壁的竖向凹槽，应系以泥片捏出尖底所致（图5-3，4）。② 陶寺遗址庙底沟二期尖底内壁类似"卜"的竖向扭曲凹痕，应是逆时针旋拧尖底的结果，③ 其前提条件当是泥片捏塑而非泥条盘（圈）筑。尤其仰韶文化中期以来，尖底内壁多见泥条盘（圈）筑痕迹（图5-3，3），④ 部分底部标本甚至可见刻意按压的指窝痕，如山西河津固镇（图5-3，6）⑤、陕北靖边五庄果墚（图5-3，5）⑥ 及陕西高陵杨官寨遗址⑦均有发现。

器耳与瓶身的接合方式多样，有些直接贴附在器壁外表之上，有些是在器壁上挖两个小洞，将耳的两端插入再从内壁缝合抹平。⑧

---

① 陕西省考古研究所：《临潼零口村》，三秦出版社2004年版，第72—73页。
② 西安市文物保护考古研究院：《西安鱼化寨》，科学出版社2017年版，第725页。
③ 李文杰：《山西襄汾陶寺遗址制陶工艺研究》，《中国古代制陶工艺研究》，科学出版社1996年版，第69—118页。
④ 西北大学文博学院：《扶风案板遗址发掘报告》，科学出版社2000年版，第36页。
⑤ 山西省考古研究所：《山西河津固镇遗址发掘报告》，《三晋考古》（第二辑），山西人民出版社1996年版，第63—126页。
⑥ 陕西省考古研究院：《陕西靖边五庄果墚遗址发掘简报》，《考古与文物》2011年第6期。
⑦ 陕西历史博物馆馆长、原陕西省考古研究院院长王炜林先生告知。
⑧ 中国科学院考古研究所、陕西西安半坡博物馆：《西安半坡》，文物出版社1963年版，第155页。

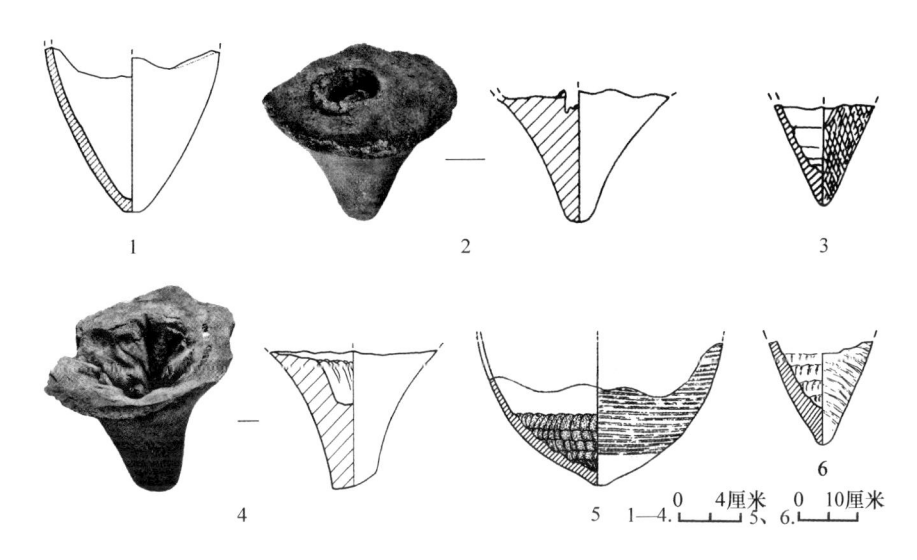

图5-3 尖底底部的制作痕迹

1. 潼关南寨子 M4：2；2. 西安鱼化寨 H135：4；3. 扶风案板 CNDH30：60；4. 西安鱼化寨 H15：3；5. 靖边五庄果墚 CF1：20；6. 河津固镇 T105③a：4

若以后一种方式制作器耳，则必须从内壁着力以保证粘接紧实，因此该类器耳的接合应当在封口之前，粘接腹部和底部之时。而器耳若直接贴附于器壁外表，则既可在粘接腹部和底部之时完成，也可在器身整体制作完成后再行安装。

第二节 传统制陶工艺的启示

在现存的传统制陶工艺中，大中型陶器或结构复杂者依然采用分段制作、粘接成型的技术。体形中等的陶缸、陶罐至少分两段制作，在两段均修整完成的情况下再进行接合工序，具体成型方式因器形或地区不同而有所差异。

福建晋江安海镇的窑厂至今仍使用泥条盘筑、分段接合的工艺制作大油罐。① 先制作圆饼形器底，将其放在制作台上，然后搓一根粗泥条，按顺时针方向在器底上盘筑泥条，连续数条后便可做出油罐的下半部分。做好的下半部分经过刮抹、拍打等工序修整成型，然后放置晾干至一定的强度，再以同样的手法制作上半部分。图前左侧为刚刚盘筑、修整好的油罐下半部分，图前右侧为倒扣过来晾晒底部的罐坯，图片后方为制作好的油罐主体（图 5-4）。在安徽泾县陶窑村，制作 300 斤的水缸时采用的工艺与安海镇窑厂相似，同样先做底部，在做好的底上用泥条盘筑法做缸壁，大概每做 12 厘米便要晾晒至一定的硬度，然后再继续盘筑下一部分，整个缸壁大致分三段制作，最后加筑口沿。② 这种分段制作技术，充分利用制作

图 5-4　福建晋江安海镇——分段制作油罐

---

① 路甬祥、杨永善编：《陶瓷：中国传统工艺全集》，大象出版社 2005 年版，第 279 页。
② 沙玲：《安徽泾县陶窑村传统制陶工艺研究与调查》，硕士学位论文，南京艺术学院，2004 年。

第五章 尖底瓶的成型工艺

时间差异，在寻求坯体稳定性的基础上保持可塑性，即减少坯体承受的压力，防止器身形变情况的发生。同时，由于坯体晾晒时间的需求，可同时制作多个提高效率，同时满足批量生产的需求。

云南地区的佤族，在20世纪五六十年代仍保留有手工制陶传统。在制作体积较大的酒坛时，采用分段制作、接合成型的工艺。把所需陶泥分块后，先做成一段段的筒子，与泥条盘（圈）筑法不同，佤族地区做这样的筒子是将陶泥拍打成圆柱形，然后将木拍子的陶柄插入泥柱中间，最后再拍打、捏制呈筒状，再将其接合起来。制作顺序为先做底部，再做腹部或口颈，做成之后要在太阳下阴干几分钟方可接合，其中中型酒坛分两段制作，大型的则分三段制作。[①] 在福建永春制作泡菜坛子是分两段接合，上、下两部分分别拉坯成型，然后对接成型，将修整好的上部分移过来，与修整好的下部分对接在一起，然后围绕坯体边转边用手垫在坯体两段的接缝处，用陶拍在外侧拍打使两部分接合紧密[②]（图5-5）。

图5-5 福建永春地区——分段制作工艺

---

① 李仰松：《云南省佤族制陶概况》，《考古通讯》1958年第2期。
② 路甬祥、杨永善编：《陶瓷：中国传统工艺全集》，大象出版社2005年版，第325页。

台湾排湾族人也采用分段成型的方法制作陶器，但具体成型方法与上述地区均不相同。排湾族人制作小口罐，采用模制下半部分与泥片盘筑上半部分相结合的工艺。首先取一块适量的黏土，先拍成一个圆饼形泥片，以烧坏不能用的圜底罐底部为模具，底部向上放置，将拍好的圆饼形泥片放置其上，拍打贴合圜底罐底部使之成型（图5-6，1），然后用小铁刀沿腹部切割整齐，晾置一定时间定型后脱模，下半部制作完成；将下半部分正放，再用弯形泥片继续向上，逐段筑出上半部分[①]（图5-6，2）。在新疆库车喀什和英吉沙地区，也采用模制法分段制作陶器。该地区有一种小口小底的陶

图5-6 台湾和新疆地区——分段制作工艺

[①] 路甬祥、杨永善编：《陶瓷：中国传统工艺全集》，大象出版社2005年版，第295—298页。

缸，形似两个圈足碗对扣相接的形状，利用固定在室外院落中的实心泥质模具（图5-6，3），分别制作上、下两部分（图5-6，4），再对接而成完整的陶缸。①

综上所述，分段制作的成型工艺，是解决陶泥可塑性与形态稳定性之间矛盾关系的最好方法。尖底瓶复杂的结构形态，决定其成型必须采取复杂的分段制作工艺。兼具可塑性和稳定性的初始湿度（软硬度）是制作陶坯的重要条件，但其形态结构的稳定性却是十分有限的，并不能消除重力作用影响而满足大尺度定型的实际需要。因此，唯有采取分段制作的方法，充分利用制作时间差异即暴露状态下的干湿度（软硬度）梯次变化，在保持可塑性的基础上逐次增强形态结构的稳定性，最终完成大尺度的陶坯定型工作。显然，基于逐段降低湿度、扩大定型尺度、并保证粘接时仍具可塑性之需，同时制作数件效果最为理想。

第三节　成型工艺的模拟实验

为了验证尖底瓶分段制作、粘接成型工艺的合理性和可行性，尖底瓶成型工艺的模拟实验必不可少。笔者曾采集西安附近地区常见的普通黄土，经过粉碎、过筛、浸泡、陈腐、晾晒成泥等步骤制成陶泥，未添加其他成分，经成型模拟实验表明单由普通黄土陈腐而成的陶泥，其黏性和可塑性较差，且陶坯坯体在干燥过程中易出现细小的裂缝，若经过烧制坯体上裂缝会进一步扩大。为保证模拟实验的顺利进行，选取西安附近已加工好的陶泥，该类陶泥质地细腻，具备良好的黏性和可塑性。

关中地区是仰韶文化尖底瓶发现数量较多、序列较为完整的区

---

① 路甬祥、杨永善编：《陶瓷：中国传统工艺全集》，大象出版社2005年版，第310页。

域。根据西安鱼化寨遗址的制陶原料分析,[①] 研究者选取了鱼化寨遗址发掘出土的仰韶文化早期陶片和遗址附近土样为对照标本,取土位置距离鱼化寨遗址约10千米处,所取更新世晚期古土壤和黄土普遍见于皂河流域一带。经过对出土陶片和采集土样所含的微量元素和稀土元素含量的比较分析表明,二者之间不存在明显的化学成分上的差异。因此,鱼化寨遗址仰韶文化早期的陶器取土应来源于遗址附近。鉴于该类土样在西安及其附近地区较为常见,实验选取西安附近地区出产的陶土所制作及烧制的尖底瓶,当与仰韶文化出土的尖底瓶标本品质上无较大差异,因此仅就关中地区而言,实验结果应具备科学性及可靠性。

一 尖底瓶主体成型工艺

实验用陶泥的含水量约在20%—25%之间,含水量在这一区间内的陶泥可塑性良好,最适宜在慢轮上进行泥条盘(圈)筑坯体。模拟实验表明,分段制作、粘接成型可以通过两种方式实现。

第一种方式以器身各部位为界,分段制作。先制作底部,取一块陶泥,揉搓成细长的泥条。泥条直径粗细视所筑尖底瓶器壁厚度而定,一般为器壁厚度的一倍左右。揉搓好泥条之后,旋转慢轮自腹壁开始盘(圈)筑底部,一般盘(圈)筑一至两圈,便需进行修整(图5-7,1—3),通过捏压、刮抹等方法弥合泥条与泥条之间的缝隙(图5-7,4),还可使用陶拍(或者类似顺手的工具)拍打坯体,以确保相接泥条之间粘接紧密。通过修整工序,可使器壁达到预期的厚度。泥条之间缝隙的弥合程度,不仅会直接影响器物的成型,而且会影响坯体在干燥、烧制过程中是否会产生裂缝,所以

---

① 翟扶文:《西安鱼化寨遗址仰韶早期制陶工艺的观察与分析》,硕士学位论文,西北大学,2015年。

这一过程十分重要，需要耐心完成。继续向上盘（圈）筑泥条，重复上述修整过程，直至完成底部（图 5-7）。盘筑至尖底最上部分，可供手指活动的空间越来越小，因此无法修整内壁，此时这部分内壁会留下明显的泥条盘筑痕迹，若要弥合抹平，需待坯体具备稳定性后，将底部翻转放正从内壁修整。

图 5-7 尖底瓶底部成型过程

底部完成之时，陶泥含水量仍较多，此时底部坯体可塑性好但稳定性差，极易变形，因此需先放置一旁，等待坯体阴干至具备稳定性（图5-8）。在底部干燥定型期间，便可制作腹部，制作方式与底部相同。需注意盘（圈）筑腹部时，直径应与底部相接处的直径一致，以避免两部分相接时出现过大的缝隙（图5-9，1—4）。

图5-8 刚完成时底部坯体易变形

图5-9 尖底瓶腹部成型过程

腹部完成后同样需放置一段时间，静待坯体阴干。待底部与腹部坯体兼具可塑性与稳定性时，方可进行两部分的接合。根据多次模拟实验数据，在室内温度23—28摄氏度、湿度在30—40度的条件下，泥坯阴干至稳定形态需1—2小时。此时坯体形态稳定，但仍具备一定的可塑性，既可以进行接合工作，又不会在接合过程中轻易产生形变。

在接合底部与腹部之前，还需进行一些准备工序。首先将底部坯体正放，将接合处的器壁内侧削去一周泥条，露出泥坯内部仍较为湿润的部分（图5-10，1）。然后在接合处捏塑一周，用尖锐（或带刃部）的木质工具在器壁内侧刻一周斜线（图5-10，2）。同样，将腹部接合处的器壁外侧削去一周泥条（图5-10，3），捏塑一周使其规整，并刻一周斜线（图5-10，4）。底部与腹部接合处刻划的斜向短线，是为增加两部分泥坯接合处的粘合力，使底部与腹部粘接得更为紧密。然后在刻划斜线的部位分别刷一层清水，以增加粘接部位的黏性（图5-10，5—6）。

底部与腹部的接合方式为套合，前文所述的准备工序中，底部内侧与腹部外侧分别削去一周泥条，使得两部分恰好可以套合在一起，而又无明显接痕（图5-11，1）。将两部分套合好之后，需借助木质工具在接合处外侧按压、刻划一周，刻划痕迹可较深些，以使底部与腹部接口处的陶泥充分粘接在一起（图5-11，2），而后通过刮抹、拍打等修整工序弥合外侧痕迹（图5-11，3—4）。

其实，相较于坯体外侧的接合缝隙，坯体内侧的缝隙更明显，因此在弥合完坯体外侧接合缝隙后，还需修整内侧（5-12，1）。内侧的缝隙弥合方式与外侧基本相同，借助工具通过按、压、刮、抹等方式完成（5-12，2—3）。若是经验丰富且有耐心的陶工，通过对接合处内外侧缝隙的弥合工序，基本上可消除两部分的接合痕迹（图5-12，4）。无论坯体外侧还是内侧缝隙的弥合，均需通过按压、刮抹、拍打等方式修整,而这些修整方式均需要以相应的支撑为前提,否则就会凹陷变形。特别是内侧的修整,需要足够的有效空间,所以尖底瓶的分段制作自底部和腹部开始,以便为两部分的粘接提供足够的内部活动空间。模拟实验表明,分段粘接的痕迹比较容易消除,只需注意两段接合处保持较好的可塑性和黏性,并进行细致的修整即可。

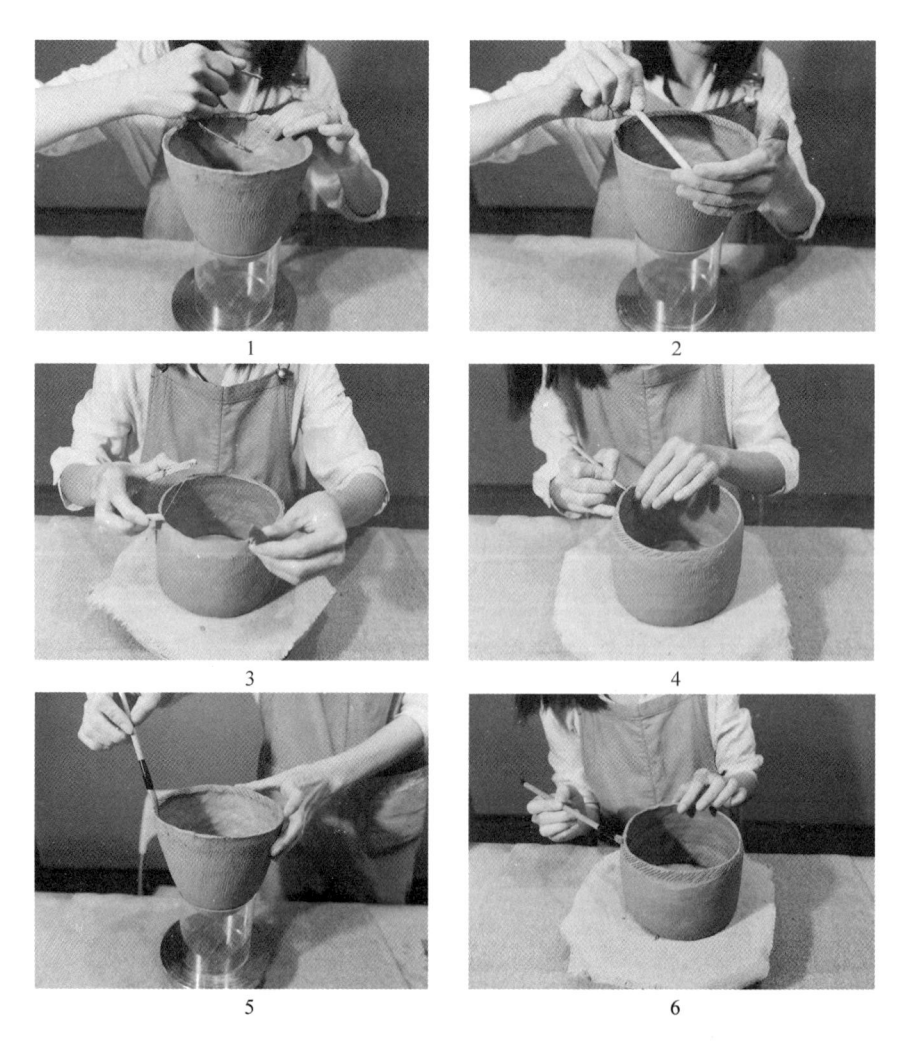

图 5-10 底部与腹部接合前的准备工作

第五章 尖底瓶的成型工艺

图 5-11 弥合底腹部外壁缝隙

图 5-12 弥合底腹部内壁缝隙

底部与腹部的接合工序完成后，需放置约十分钟，等接合部位具备稳定性后方可继续向上盘筑。在等待期间可先制作尖底瓶的器耳，器耳的制作较为简单，取一块陶泥将其揉搓至合适的粗细，从中截取两段相同的泥条，将其弯曲至合适的弧度即可。尖底瓶的器耳虽小，但在贴附时也需其具备相当的稳定性，因此需提前制作好放置一旁阴干备用。待坯体稳定后，便可继续向上盘（圈）筑尖底瓶的肩腹部，盘（圈）筑过程同底腹部相同，一般盘（圈）筑一至两圈，便需进行修整（图5-13，1—2）。盘筑高度视所做尖底瓶的大小而定，若要在接合口部之前安装双耳，则需注意应当留有适当的直径，以便双手可在坯体内部自由活动（图5-13，3—4）。

图 5-13 盘（圈）筑肩腹部

在等待肩颈部具备稳定性的过程中，可制作口部。口部可采用泥条盘筑法（图5-14，1—2），也可采用泥片围合法，虽然在具体工艺上存在差异，但制作难度均不大。需注意的是，尖底瓶的口部直径一般在4—8厘米，晚期喇叭口尖底瓶的口部直径也不过10厘米，因此与肩颈部粘接时只能以食指和中指支垫内壁，而成人食指和中指的长度一般不超过7厘米，因此所筑口部胎体高度不宜超过7厘米（图5-14，4）。口部筑成后同样需阴干至坯体具备稳定性。

图5-14 盘（圈）筑口部

在粘接口部之前，可先完成双耳的贴附工序，具体贴附过程后文详述。安装好双耳后，参考所筑口部高度和直径大小，先继续向上盘（圈）筑尖底瓶的颈部（图5-15，1）。盘筑至合适的直径，待坯体阴干至具备相对的稳定状态后，粘接口部（图5-15，2—3）。口部与颈部粘接的准备工作、接合工序，与底、腹部的粘接工序相同。完成口部与颈部的粘接工序，整个尖底瓶的制作便全部完成了（图5-15，4）。

图5-15 粘接口部

第二种方式以时间为梯次，逐段接替制作尖底瓶各部位。首先制作底部，制作方式同第一种相同，此处不再赘述。底部完成之后，坯体需放置阴干至稳定状态，然后将其放置在锥形杯托（或放置尖底器的物体之上）之上，方可继续制作尖底瓶的腹部。尖底瓶的腹部直径一般均较底部直径大，因此在修整泥条的同时要有意识地将坯体向外扩张，以制作腹部的弧线（图5-16，1—8）。当然，这种扩张要循序渐进，速度不能过快，否则容易造成底部与腹部变形。而盘（圈）筑至肩腹部时，直径渐渐缩小，坯体向内收拢，这一过程也需注意内收的弧度跨度不宜过大（图5-17，1—4）。盘（圈）

第五章 尖底瓶的成型工艺

图 5-16 尖底瓶底、腹部成型过程

115

图 5-17 尖底瓶肩、口部成型过程

筑至口颈部，制作就略简单，只需注意口、颈部高度与直径同器身整体协调即可（图5-17，5—8）。以这种方式制作尖底瓶，每向上盘（圈）筑一定的高度，都需等待晾晒一定的时间，待该段坯体具备稳定性但又不失可塑性时，方可继续向上盘（圈）筑。即自底部至口部并非不间断盘（圈）筑泥条而成，而是以时间为间隔，梯次制作完成。

二 器耳及底部的安装与修整

尖底瓶的器耳是单独制作的。根据安装工序可分为粘接口部前安装和粘接口部后安装两种，粘接口部前安装的根据安装方式又可分为贴附和插接两种。

粘接口部前贴附双耳。由于尖底瓶的口部系单独制作，因此在等待口部阴干具备稳定性时，可先完成器耳的贴附工作。首先确定器耳的贴附位置（图5-18，2），然后圈出耳部与器壁接触的位置并刻划出斜槽（图5-18，3），耳部与器壁粘接的位置同样刻划出斜槽（图5-18，4），粘接前在刻划部位先刷一遍清水，目的是增加粘接处的黏性（图5-18，5）。器耳的贴附工序，与器身的分段接合方式异曲同工，通过尖锐的木质工具将器耳边缘刻压入器身坯体，而后抹平粘接部位即可（图5-18，6）。若想器耳贴附得更为结实，可在器耳与器身相接处粘附一圈细泥条（图5-18，7），然后将泥条边缘刻压入坯体，修整抹平（图5-18，8—9）。

粘接口部前插接双耳。将完成定型的器耳取出，确定安装位置，在确定好的位置上掏挖两个小洞（图5-19，1—2），将器耳插入小洞中（图5-19，3），为确保器耳与器身粘接紧密，可在洞口附近再贴附一圈细泥条，然后弥合、抹平接合处的缝隙（图5-19，4—6），最后处理好内壁的缝隙。通过先掏挖小洞、后将器耳的两端插入洞中的方式接合，必须从内壁着力，所以必须在粘接口部前完成。理论上，以插接方式安装的器耳，相较于直接贴附于器表者要更结实牢固。

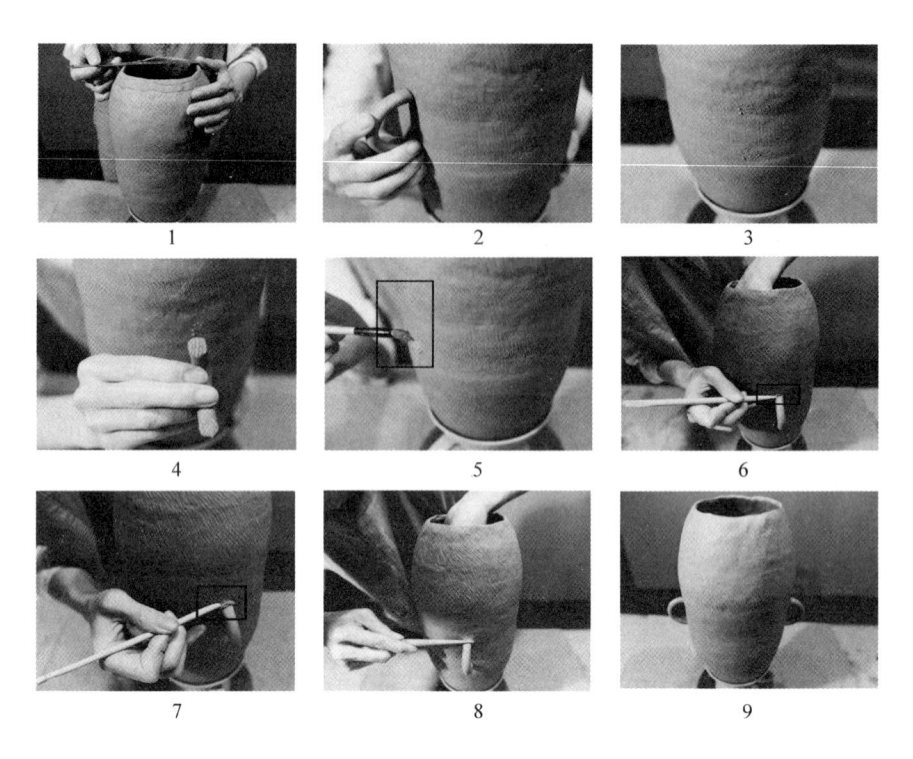

图 5-18　粘接口部前贴附器耳

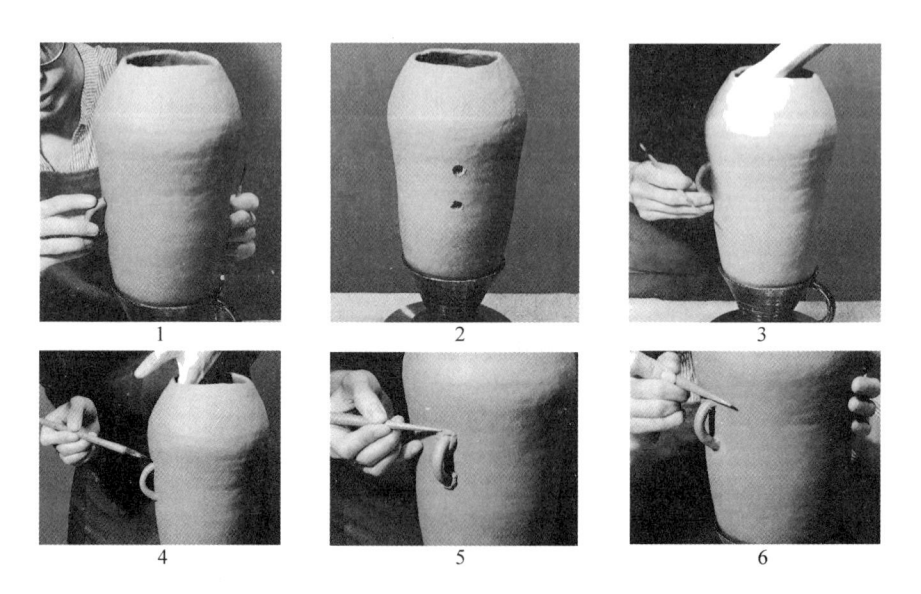

图 5-19　粘接口部前插接器耳

第五章 尖底瓶的成型工艺

无论哪种方式，均需从内壁着力，并保证手臂有可自由活动的空间。在模拟实验中，以笔者的手掌宽度7厘米为标准，因此肩腹部直径需10厘米及以上手掌即可在内壁自由活动（图5-20，1）。若以男性成人手掌宽度约9厘米为标准，手臂伸入陶坯内部并自由活动则至少需要直径15厘米以上的有效空间。所以安装尖底瓶腹部双耳时，肩颈部预留直径应视制作者情况而定，保持手臂具备足够的活动空间。

粘接口部后，贴附双耳。因尖底瓶的口部直径较小，若在粘接口部之后进行双耳的安装工序，则无法从内壁着力，因此对瓶身坯体的稳定性要求更高。除无法从内壁着力之外，具体的粘接方式同第一种贴附器耳方式相同（图5-20，3）。理论上，粘接口部前安装器耳，因可从内壁着力，双耳与器身粘接的紧密程度上要高于在粘接口部后安装的器耳。当然，具体的使用效果还有待使用模拟实验的验证。

图5-20 贴附接合器耳的两种方式

从多次模拟实验中可知，由于器耳的制作、贴附工序是在器身制作中或完成后进行的，因此器耳与器身泥坯的干湿度存在一定差异。虽然经过修整，器耳与器身可粘接紧密，但在尖底瓶成坯晾晒或阴干过程中，器耳与器身泥坯由于干湿度的差异而收缩速率不同，因此器耳与器身粘接处易出现裂缝，所以尖底瓶制作完成后，需先放置在阴凉的环境中，减慢坯体的干燥速度以避免器耳粘接处出现裂缝。如若亟待烧制，待到坯体干燥至一定的程度后可再放置到通风处加快坯体的干燥速度。

底部的制作方式也多样，除可通过泥条盘（圈）筑尖底外，还可采用捏塑法制作尖底。下腹壁仍采用泥条盘（圈）筑至近尖底处，然后取大小适中的陶泥一块，将其捏成锥形（图5-21，1），在锥形底部用手指掏挖出凹窝（若泥块较硬可借助木质工具进行这一步骤，图5-21，2）。将掏挖出凹窝的锥形底部套接在下腹部预留的尖底处，然后将外侧的接缝抹平，用陶拍拍打使其粘接紧实（图5-21，3—4）。由于尖底是手捏而成、掏出凹窝的锥形，形制必不如泥条盘筑来得规整适宜，因此可通过刮削等方式将尖底外侧修整至合适的弧度和大小（图5-21，5—6）。修整完成后需静置阴干一段时间，然后再进行尖底内壁泥缝的弥合修整，修整方式与底、腹部接合时弥合内侧泥缝相同。除用泥块捏塑之外，尖底也可用泥片捏塑制作。但这一方法对陶泥干湿度及制作者的技术要求更高，陶泥过软稳定性差不易成型，过硬则坯体易出现裂缝；且由于泥片捏塑的尖底器壁较薄，在接合时易变形，因此更需仔细小心对待。

尖底瓶的核心结构在于底部。半坡期前段尖底内壁多修整抹光，而此阶段之后尖底内壁则多保留泥条盘筑痕迹，甚或有按压指窝者。根据观察，内壁抹光未必是模制而成，可能是彻底抹去泥条盘（圈）筑痕迹所致。为验证这一推测，特进行了底部内壁抹光的模拟实验。尖底瓶底部制作完成后，内壁的泥条盘筑痕迹明显（图5-22，1），借助木质工具（也可仅用手指，多耗费些时力）通过竖向压抹、横向刮抹等工序（图5-22，2—3），可将内壁的泥条盘筑痕迹完全抹光（图5-22，4）。尖底瓶分段制作的成型工艺，表明半坡期后段及其以后尖底瓶内壁保留泥条盘筑痕迹非制作时手臂不及所致，而应该承担了一定的使用功能。

三 小结

上述模拟实验表明，尖底瓶分段制作、粘接成型的工艺具备合理性和可行性。具体成型方式分为两种：第一种方式将尖底瓶分为

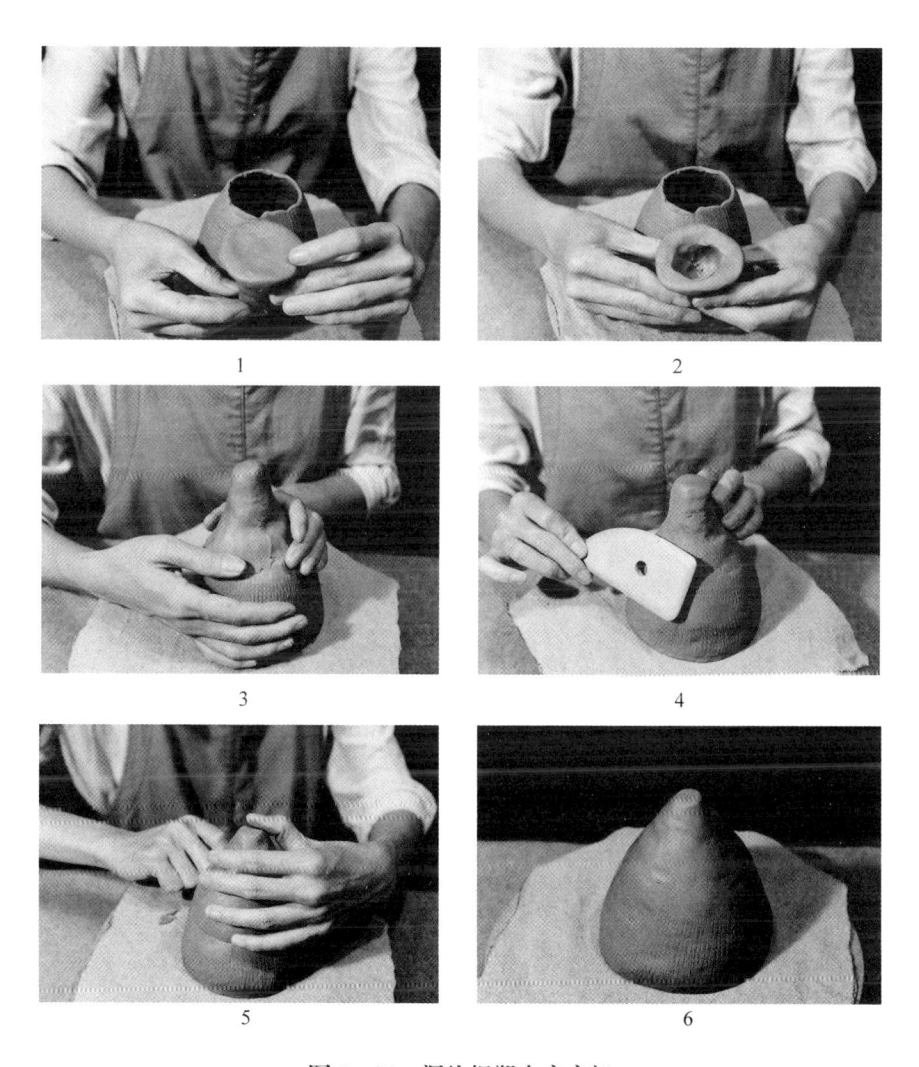

图 5-21 泥块捏塑尖底底部

图 5-22　抹平尖底内壁泥条盘筑痕迹

底部、腹部、肩颈部和口部等几段，分制各段并阴干至具备稳定性，然后再将各部位接合成一完整的尖底瓶；分制各段而后接合的工序致使尖底瓶的整体形态较难把握，各段之间接合处缝隙的处理亦是如此，因此对制作者的制陶经验和技术均有较高要求。第二种方式除底部自腹壁始筑，其余各段以时间为梯次，自下而上、逐段制作完成尖底瓶；此种方式相较前者而言较易把握尖底瓶的整体形态，坯体成型率较高。根据模拟实验时间统计（包括晾晒阴干时间），第一种方式完成一个中小型尖底瓶需4—6小时，第二种方式需6—8小时。若制作大型尖底瓶（特别是体长近1米者）则所需时间更长。根据制作过程，前种方式一次制作两个较为合适，后种方式一次制作3—4个最为适宜。总而言之，从制陶技术、成坯率和工作效率几方面综合考量，第二种方式可能是尖底瓶的主要成型方式。

鉴于尖底瓶复杂的结构形态，分段制作是其成型工艺的核心特征。分段制作工艺也是解决陶泥可塑性与形态稳定性之间矛盾的最佳方式。陶泥具备可塑性是制作陶坯的重要条件，但可塑性好的陶泥其形态结构的稳定性却是十分有限的。根据模拟实验，当器壁厚度在0.5—1厘米，直径不超过20厘米时，每段连续盘（圈）筑的高度不宜超过15厘米，以10厘米左右的高度为最佳。底部泥条盘（圈）筑自下腹部至底部逐渐收缩为尖底，整体呈圆锥形，器身成"/\"形，泥条向下的力会被一定程度地分散，因此底部一次所筑高度虽可适度增加，但考虑到接合时便于操作，这一部分的高度也不宜超过15厘米。而若器壁厚度仅为0.3—0.4厘米时（以庙底沟期的尖底瓶腹部最薄之处为参考），每段连续盘（圈）筑的高度不宜超过10厘米。综上所述，尖底瓶成型采取分段制作的方法，可充分利用制作时间差异即暴露状态下的干湿度（软硬度）梯次变化，在保持可塑性的基础上逐次增强形态结构的稳定性，最终完成大尺度的陶坯定型工作。

第四节 成型工艺的时空差异

尖底瓶虽然在局部形态特征上有连续的发展演变，但整体结构始终保留了小口、尖底等特征。因此，分段制作、接合成器的制作工艺贯穿尖底瓶自出现到消亡的始终。虽然尖底瓶的成型工艺整体上没有根本性的变革，但在局部结构的制作工艺上可能存在阶段性的变化。

尖底瓶的核心结构在于底部，其阶段性特征也最为突出。半坡期，尖底的制作方法多样。虽也采用泥条盘（圈）筑法成型，但在制作完成后多抹去泥条痕迹，如潼关南寨子标本M4∶2，尖底内壁光滑平整;①《宝鸡北首岭》报告中指出陶瓶的下半部系模制,也说明底部内壁比较光滑;②此阶段尖底也有单独用泥片或泥块捏塑而成的,即虽外表为尖底实则内部并无太大空间,如西安鱼化寨标本H135:4和H15:3,③分别以泥块和泥片捏塑而成。庙底沟期,底部则多为泥条盘（圈）筑而成,且均保留明显的泥条痕迹,更有甚者可见刻意按压的指窝痕迹,④这样的制作工艺一直延续到仰韶文化晚期。及至仰韶文化晚期及以后,在陕北、内蒙古中南部地区仍发现有尖底瓶类器物,⑤尖底底部表现为钮状,其底部已经不是典型意义的尖底,内部结构接近圜底（图5-23,1—2）,观其制作工艺应为用泥片捏塑而后旋钮而成,在陶寺遗址属庙底沟二期遗存的尖底瓶底部也发现有类似"卐"的竖向扭曲凹痕,⑥制作方法与陕北、内蒙古中南部地区相似（图5-23,3）。半坡类型、庙底沟类型及其以后的尖底瓶底部迥然的差异,既有特定阶段成型技术的原因,也是其功能结构的表现之一。特别是庙底沟期,尖底内部保留的泥条盘（圈）筑痕迹并非手臂不及所致,而是有意为之,应与尖底瓶底部功能有密切关系。

纹饰作为制陶过程的附属表现,也具有时空特征。由于尖底瓶是采用分段接合的成型技术,为保证粘接部位的紧密度,拍打修整胎体必不可少。拍打工序的目的是排出陶坯内部的多余水分和空气,

---

① 陕西省考古研究院:《陕西潼关南寨子遗址发掘简报》,《考古与文物》2011年第6期。
② 中国社会科学院考古研究所:《宝鸡北首岭》,文物出版社1983年版,第31页。
③ 西安市文物保护考古研究院:《西安鱼化寨》,科学出版社2017年版,第725页。
④ 西北大学文博学院:《扶风案板遗址发掘报告》,科学出版社2000年版,第36页;山西省考古研究所:《山西河津固镇遗址发掘报告》,《三晋考古》（第二辑）,山西人民出版社1996年版,第63—126页;陕西省考古研究院:《陕西靖边五庄果墚遗址发掘简报》,《考古与文物》2011年第6期。
⑤ 内蒙古考古研究所:《准格尔寨子塔遗址》,《内蒙古文物考古文集》（第二辑）,中国大百科全书出版社1997年版,第288页。
⑥ 李文杰:《山西襄汾陶寺遗址制陶工艺研究》,《中国古代制陶工艺研究》,科学出版社1996年版,第109页。

第五章 尖底瓶的成型工艺

图5-23 仰韶文化晚期及其后尖底瓶底部捏塑旋钮痕迹
1. 准格尔寨子塔T5④∶1；2. 准格尔寨子塔H98∶16；3. 襄汾陶寺F332∶4

以使坯体更加紧密坚实。除此之外，还有刮、削等修整工序，以便更好地弥合泥条盘（圈）筑及粘接部位的缝隙。因为器壁厚度会影响陶拍所缠绳子的粗细，所以不同时期尖底瓶器表纹饰也不尽相同（图5-24）。仰韶文化早期尖底瓶的器壁普遍较厚，多在0.5—1厘米之间，因此半坡期前段尖底瓶器表多见绳纹，半坡期后段器壁开始变薄，器壁施线纹者多；而到仰韶文化中晚期器壁普遍较薄，多在0.3—0.4厘米之间，此阶段的尖底瓶器表多见细线纹，少数施绳纹者纹饰也极为细密。到仰韶晚期器壁厚度略有增加，除线纹之外

125

还新出现篮纹、方格纹等。庙底沟期，器壁厚度不及半厘米，但大型尖底瓶的高度却可达1米左右，是前后两个阶段均所不及的，表明庙底沟阶段尖底瓶成型工艺达到顶峰。

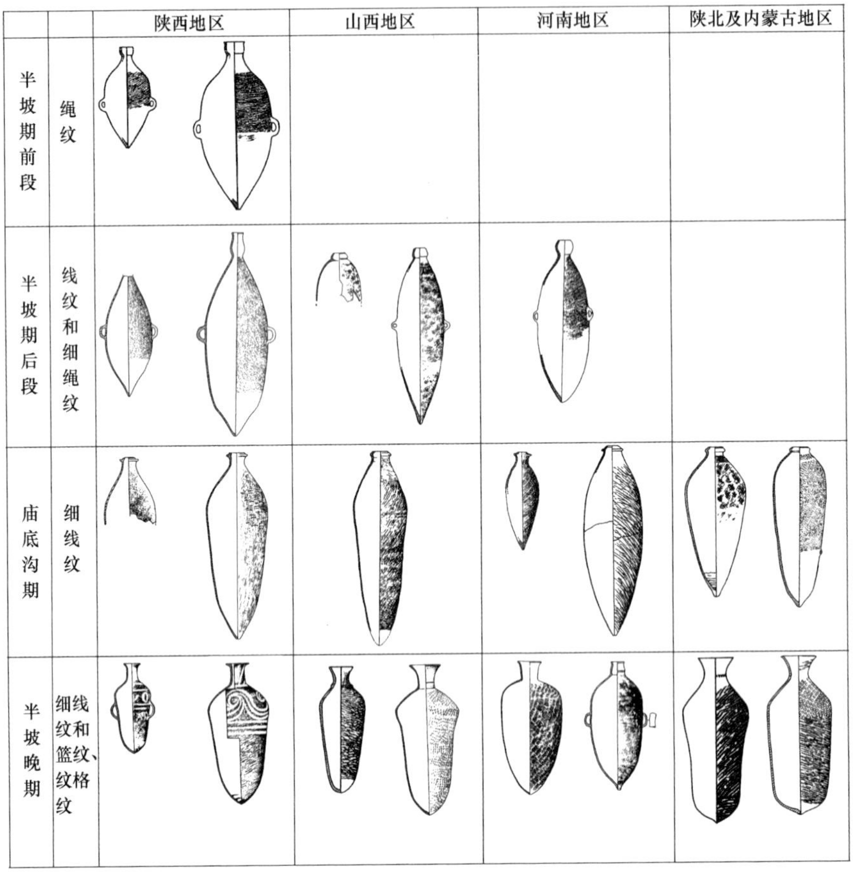

		陕西地区	山西地区	河南地区	陕北及内蒙古地区
半坡期前段	绳纹				
半坡期后段	线纹和细绳纹				
庙底沟期	细线纹				
半坡晚期	细线纹和篮纹、纹格纹				

图 5-24 不同阶段尖底瓶纹饰演变示意图

一般来说，陶器制作技术最成熟、工艺最完善的当是该器物的起源地和中心区域。半坡期前段，关中地区尖底瓶多细泥红陶和泥质红陶。西安半坡、宝鸡北首岭、临潼姜寨等遗址出土的尖底瓶均陶色纯正、质地坚固、线条流畅，总体制作精美，甚至于宝鸡北首岭遗址墓葬出土的尖底瓶陶质都以细泥红陶为主,[1] 还有少量器表绘有黑彩,[2] 器壁厚度多在0.5—1厘米之间。陕南南郑龙岗寺遗址中居址和墓葬均出土尖底瓶,陶质虽也以泥质红陶和细泥红陶为主,但器壁厚度多在0.8—1.2厘米之间,[3] 器表施绳纹但略显凌乱,制作工艺不及关中地区。到半坡类型晚段,在天水、晋西南、豫西地区也发现尖底瓶,但制作工艺水平均不及关中地区。其中甘肃天水地区的尖底瓶水平较高,以甘肃秦安大地湾遗址为代表,陶质均为细泥红陶,器形相对规整,且有少数施彩者,[4] 器壁厚度均匀。晋西南地区最早的尖底瓶见于翼城北橄遗址,系本地的敛口壶与尖底瓶相结合的产物,虽也为泥质陶,但陶色不纯,多红、灰色相间,器表施杂乱的线纹,[5] 器形整体也不及关中地区的美观。豫西地区及洛阳地区此阶段发现的尖底瓶也以泥质红陶为主,器表多施线纹,[6] 器形相对规整,但整体造型不及关中地区的规范和美观,器身线条略显生硬,大抵因为成型工艺不及关中地区熟练和发达。周边地区尖底瓶的形态虽然不及关中地区精美,但成型工艺均为泥条盘(圈)筑、分段成型,各地区的差异主要是由于制作技术的熟练与精细程度造成的。上述现象表明,无论陶器数量、质量、类别,半坡期关中地区都是尖底瓶的核心区域。

庙底沟期,尖底瓶的形式与数量均增多,分布范围扩大,制作工艺更加精湛,器壁最薄仅在0.3—0.4厘米之间。这一阶段的尖底瓶仍以泥质红陶为主,另外有少量黄褐陶和灰褐陶;纹饰以线纹为

---

[1] 中国社会科学院考古研究所:《宝鸡北首岭》,文物出版社1983年版,第100页。
[2] 中国社会科学院考古研究所:《宝鸡北首岭》,文物出版社1983年版,第101页。
[3] 陕西省考古研究所:《龙岗寺》,文物出版社1990年版,第125—132页。
[4] 甘肃省文物考古研究所:《秦安大地湾——新石器时代遗址发掘报告》,文物出版社2006年版,第151—152页。
[5] 山西省考古研究所:《山西翼城北橄遗址发掘报告》,《文物季刊》1993年第4期。
[6] 北京大学考古文博学院:《洛阳王湾》,北京大学出版社2002年版,第31、36、40页。

主，少数为细绳纹；成型工艺仍为泥条盘（圈）筑、分段制作，各地区的尖底瓶内壁均可见明显的泥条盘（圈）筑痕迹。从各地区已经发表的资料可知，以关中地区为主的渭水流域，在制作工艺上仍占主导地位，该地区的大型尖底瓶高度近1米，器壁极薄但器身线条流畅，器表纹饰规整清晰；晋西南、豫西、晋中地区尖底瓶虽然整体形制与关中地区相似，但不及关中地区精致，器表纹饰特别是靠近口部和底部处多杂乱无章。而在豫西南、郑洛地区及内蒙古中南部地区，尖底瓶的形制与关中地区差别较大，特别是豫中郑洛地区，大型尖底瓶仍保留了双耳的特征。制作工艺虽然仍为泥条盘（圈）筑、分段粘接成型，但技术略差。

半坡晚期，以关中地区为中心的渭水流域，尖底瓶陶质仍以泥质红陶、红褐陶为主，并开始出现少量泥质灰陶。制法仍以手制为主，器壁内泥条盘（圈）筑痕迹明显，口部多经慢轮修整。这一阶段尖底瓶的肩部普遍较大，无疑增加了制作的难度。器表装饰除常见线纹之外，部分尖底瓶肩部另有白彩勾画的漩涡纹，[①] 或用硬质棍状器具直接刻划的漩涡纹，[②] 在甘肃天水地区则在肩部刻划数道弦纹做装饰。[③] 在晋西南、晋中、陕北、内蒙古中南部地区尖底瓶的形制与关中地区近似，但肩部线条棱角较为分明，体形较关中地区要小一些，器表多施篮纹，少量施方格纹。郑洛地区的尖底瓶有着自身的发展演变，这一阶段尖底瓶的外部形态已经与关中地区大相径庭，垂腹、双耳的特征显著，多为细砂红黄陶或红陶，器表

---

① 宝鸡市考古工作队、陕西考古研究所宝鸡工作站：《宝鸡福临堡：新石器时代遗址发掘报告》，文物出版社1993年版，第107—108页。
② 陕西省考古研究院：《陕西高陵杨官寨遗址发掘简报》，《考古与文物》2011年第6期。
③ 甘肃省文物考古研究所：《秦安大地湾——新石器时代遗址发掘报告》，文物出版社2006年版，第504—506页。

第五章　尖底瓶的成型工艺

施细线纹，器壁较薄，①陶质及器身整体造型均不及关中地区。

　　成型工艺决定陶器造型是否优美，而陶器质量则与烧制技术密切相关。根据陶窑的空间结构将中原地区的史前陶窑分为单体结构和复合结构两大类，单体结构陶窑指没有独立火膛和窑室等功能性空间分隔，复合结构陶窑指火膛和窑室两个功能空间相对独立，并有火门、火道、窑箅、火眼、烟囱等辅助结构，仰韶文化以来发现的陶窑基本均为复合结构。②复合结构陶窑又可进一步细分为水平式和倾斜式两类，前者出现于裴李岗文化时期，流行于仰韶文化早期，后者则在仰韶文化中期以后成为主流形式。自老官台文化晚期至仰韶文化半坡类型，渭水流域史前陶窑已经形成了复合空间环形火道结构的传统，如宝鸡北首岭遗址老官台文化晚期78Y1③、西安鱼化寨遗址仰韶文化早期Y1④等窑址，已具备准倾斜式的结构特征，有别于豫西、晋南地区的水平式复合结构。从水平式向倾斜式复合结构陶窑的演变，应是基于渭水流域文化因素东渐的影响而发生的。仰韶文化中期则由准倾斜式进一步演化为典型的倾斜式环形火道结构陶窑，并影响到豫西、晋南及其附近地区。⑤从陶窑结构看，渭水流域中游的关中地区陶窑形态结构始终处于先进地位，相对于水平式复合结构陶窑，准倾斜式和倾斜式复合结构陶窑更有利于木材充分燃烧，窑室内的热能积聚更易达到均衡状态，更符合陶器烧制的基本需求。因此，以关中地区为中心的渭水流域不仅在尖底瓶成型工艺上较其他区域成熟，且陶窑结构始终处于先进地位，从而能制作更为精致美观、结实耐用的尖底瓶。

---

① 河南省文物研究所：《郑州后庄王遗址的发掘》，《华夏考古》1988年第1期。
② 钱耀鹏：《中原地区史前陶窑演变研究》，《文物》待刊。
③ 中国社会科学院考古研究所：《宝鸡北首岭》，文物出版社1983年版，第29页。
④ 西安市文物考古保护研究院：《西安鱼化寨遗址发掘简报》，《考古与文物》2012年第5期。
⑤ 钱耀鹏：《中原地区史前陶窑演变研究》，《考古学报》2021年第1期。

第六章　尖底瓶功能结构与使用特点分析

相关民族考古学的研究表明，陶器器形与功能直接相关。以储存液体的陶器为例，根据其储存时间的长短，不同陶器大小有所差别，长期储存液体的器物一般都会制作得尽可能大，临时储存液体的器物则会小巧玲珑，方便搬运和倾倒。[1] 尖底瓶既有大小之分，也有共同小口、尖底的核心特征，分段制作的成型工艺又使尖底瓶具有在粘接处易于断裂的隐性特征，且尖底内壁结构特点的变化也表明其背后可能隐含特殊的功能。

面对时过境迁、种类繁多的尖底瓶遗存，考古学者既非实际使用者，亦非原始设计制作者。尖底瓶内外壁的使用痕迹虽是判断其功能的有效方法之一，但其功能的指向未必具有单一性。特定仪器支持下的残留物分析，也难以判明特定形态结构的奥秘。因此，在分析尖底瓶功能结构和使用特点时，设计学的意义就显得特别重要，"设计的第一要义是功能，各种功能价值是设计追求的第一目标"[2]。即便史前时期的设计与制作融为一体，亦需遵循功能至上的设计原则。唯有从设计制作者的角度关注形态结构的功能意义，才能有效

---

[1] Henrichson, Elizabeth F. and Mary M. Mc Donald, "Ceramic form and Function: An Ethnographic Search and an Archeological Application", *American Anthropologist*, No. 85, 1983, pp. 630–643.
[2] 李砚祖：《艺术设计概论》，湖北美术出版社 2002 年版，第 96 页。

克服"知其然而不知其所以然"的认知缺陷。

第一节 成型工艺所致的隐性特征

以往研究中，多关注尖底瓶的显性特征，即小口、双耳、尖底等易直接观察到的外部特征，而对于分段制作的成型工艺所致的隐性特征关注极少。尖底瓶的成型工艺在时间上具有延续性，在区域特征上主要表现为技术的成熟与否。因此，在讨论成型工艺所致的隐性特征时，不涉及阶段和地域的差异。

分段制作的成型工艺至少使尖底瓶存在两个方面的隐性特征。一为分段制作、延时粘接的干湿度差异，很难保证粘接处的紧密度均匀一致。在承重状态下，如果搬运移动时的发力点与紧密度较差处重合，则极易发生断裂现象。考古发现的尖底瓶的残片多在口部、颈肩部、腹部、底部断裂的现象，就是由于分段制作的成型工艺所致。鉴于这一特点，无论尖底瓶如何放置，在使用时都不宜随意提取搬运，体形较大的尖底瓶在满重状态下器耳以及器身所承受的重量较大，明显更不宜频繁移动。若尖底瓶为汲水器或背水器，在盛满液体后必定十分沉重，单靠个人的臂力来回搬运恐怕不太现实。而且，由于承重较大，在提、拉及搬运等过程中连接部位极容易出现裂痕或者直接断裂损坏，若以尖底瓶为水器则费时费力且搬运不易，很难想象史前人类会选用这种耗时费力的器物去打水盛水。体形较小的尖底瓶虽承重较少，但容积有限也不实用。

尖底瓶有些耳部是直接贴附在器表的，在考古发现中也常见双耳脱落的现象，这都说明尖底瓶的双耳承重有限，直接用绳索提拉极易导致双耳损坏或脱落。大小两类尖底瓶在仰韶文化早期均有双耳，但大型尖底瓶的双耳在庙底沟阶段消失，说明其在这一时期失去了功能性；而小型尖底瓶的双耳一直有所保留，延续时间长，说明大小两类尖底瓶的双耳功用当有所不同。根据埃及地区壁画中搬运尖底瓶的图像可知（图6-1），大型无耳尖底瓶用绳编网兜兜住器身由两人抬运，中型有耳尖底瓶一人搬运，双耳可起到辅助的抓握作用。中小型尖底瓶承重虽小，但分段制作导致口颈肩部易断裂，无论如何放置，在搬运时都会尽量避免器身断裂损坏，而利用腹部的双耳系绳，提取搬运时一手握取颈部一手提绳，分散施加在瓶身上的着力，提取之后再用手托住底部保证瓶身的安全。尽管在郑洛地区大型尖底瓶的双耳延续到了仰韶文化晚期，但双耳多较小，且位于尖底瓶的下腹部，既不便于直接用绳索提拉，也不便于抓握双耳搬运，根据双耳位置推测极有可能是穿绕固定绳索的，以便提拉或二人抬运。由此看来，尽管两类尖底瓶都有粘接部位易断裂的隐性特征，但双耳的功能及使用方式却不大相同。

图6-1 埃及壁画中不同尖底瓶的搬运方式[1]

---

[1] Maarten J. Raven, Olaf E. Kaper, *Prisse d'AvennesAtlas of Egyptian Art*, The American University in Cairo Press, 2000, p.122.

分段制作的第二个隐性特征，尖底内壁保留凹凸不平的泥条盘（圈）筑痕迹。完整或可复原的尖底瓶，尖底内壁凹凸不平的痕迹往往因为不易观察而被忽略，不予图示。半坡期后段以来的尖底内壁不仅不做抹光处理，甚至还刻意按压出凹凸不平的指窝等痕迹，显然是刻意保留或专门制作而成，却始终没有引起研究者的关注。考虑到分段制作的成型工艺方便对器物的不同部位进行修整处理，且尖底瓶的器壁内多经修整抹平处理，唯底部在半坡期后段以来则常见明显的泥条盘（圈）筑痕迹；分段制作底部时大型尖底瓶的尖底内壁也绝非手臂不能及，泥条盘（圈）筑痕迹完全可以通过手指抹平接缝，或者内部加垫小工具兼在外壁加以拍打的方法抹除，所以保留这样的痕迹必定有其特殊的功能作用。尖底瓶底部从光滑到凹凸不平的变化，与当时人们的生活经验及需求应有极大关系，当然，与尖底瓶的使用功能更是密不可分了，但这一现象却常常被研究者忽视了。

综上所述，分段制作的成型工艺致使尖底瓶在承重使用时粘接处易于断裂，且尖底内壁结构在半坡期后段以来有意保留凹凸不平的痕迹。这两个隐性特征表明尖底瓶形态结构背后隐藏的是特殊的功能结构，而这些特殊的功能结构对于认识尖底瓶的功能和使用方法有着重要的意义，值得关注和认真分析。

第二节　功能结构与使用特点

工业设计的人化原则包括实用性、易用性、经济性、审美性、认知性、社会性等几个方面。[1] 仅从易用性原则来看，尖底瓶的形态结构就不符合汲水器的基本要求。姑且不论现代生活中汲水用的水

---

[1] 程能林主编：《工业设计概论》（第三版），机械工业出版社2013年版，第102—110页。

桶结构，两汉时期水井模型中的汲水器多为大口小底罐，也不乏类似当代水桶者。古埃及墓葬壁画中桔槔所用汲水器虽为尖底，但最大径则在口部。[①] 尖底瓶的形态结构与汲水器相去甚远，如果系绳于腹部双耳，则承重状态下的稳定性极差，稍有晃动便可导致翻转现象，根本无法提行。所谓宥卮之说亦难成立，因为业已成名的孔子在参访鲁桓公庙之前，尚不知"宥坐之器"为何物（《荀子·宥坐》），说明劝诫用敧器仅见于最高统治者的庙堂，不及仰韶文化时期普遍，委实令人匪夷所思，故而难以为证。虽然西安米家崖、高陵杨官寨、蓝田新街等遗址的陶器残留物分析结果，反复验证了仰韶文化时期谷物酿酒的事实。然而，谷物酿酒涉及制曲、蒸饭、拌曲、发酵（糖化、醇化）、分离、存储等。[②] 尖底瓶在谷物酿酒的过程中究竟用于哪个步骤，如何使用，还需结合尖底瓶的形态结构特征和成型工艺所致的隐性特征，并结合设计学的相关理论和原则进行分析研究。

毋庸置疑，平底较之尖底更易放置，那么选择不易放置的尖底结构，当是基于某种特殊的功能需求，因此尖底应是尖底瓶功能结构的核心所在。尖底的功能确如包启安所言：可有效集中沉淀物、利于澄清酒液。进而，尖底内壁结构的演变特点说明，最初人们仅仅意识到尖底结构利于沉淀的功能特性，其后又以凹凸不平的内壁结构强化了沉淀物的稳定性。此外，尖底瓶高宽比即由粗矮到细高的演变特点，可能也是基于沉淀分离的功能需求，当如包氏所言"细长的瓮（瓶）体可以促进渣滓沉降"。即随着沉降现象的发生，下部微粒密度就会渐次增大，相互碰撞、吸附的概率随之提高，有助于加快悬浮物的沉降进程。还需指出，沉淀分离并不限于酿酒工

---

① 陈星灿：《再论尖底瓶的用法》，《万象》2008 年第 6 期。
② 何伏娟等：《黄酒生产工艺与技术》，化学工业出版社 2015 年版，第 1—16 页。

艺，无论具体对象如何，凡需沉淀分离者皆可利用尖底或圜底的功能结构，例如日常生活中暖水瓶内胆的圜底结构等。

分离技术又可分为机械分离和物化分离两大类，机械分离又包括初步分离（普通过滤、压榨过滤）和精细分离（沉淀），物化分离也有凝固分离（添加活性炭、石膏等凝固剂）和加热分离（煮馏和水蒸气蒸馏）之分。沉淀分离技术明显属于精细分离的范畴，有别于过滤等初步分离。葡萄酒和谷物酒的分离工艺都有粗分和细分之别，但前者的粗分工序是在发酵之前进行的，而后者则完成于发酵之后。如古埃及的葡萄酒酿造就是将踩出的葡萄汁液（粗分）装入尖底瓶中，发酵与精细分离同步进行（图6-2）。[①] 而谷物酒的汁液产生于发酵过程，分离工序只能在发酵之后进行。而且，无论固态或半固态即粥状发酵，小口结构均不便盛入或倒出酒饭，从设计学的易用性原则看不适合谷物酿酒的发酵过程，也与初步分离工序无关，应是主要用于粗分之后的精细分离工序。这一事实似也可获得考古发现的初步验证。

图6-2 古埃及贵族墓葬壁画采摘及踩取葡萄汁场面

---

① 布莱恩·费根：《地球人·世界史前史导论》，山东画报出版社2014年版，第22页。

陕西宝鸡北首岭遗址 F23 门外发现的陶缸主体埋于地下，仅露出口部，其旁置一大型尖底瓶；① 大口地缸不仅利于营造恒湿恒温的发酵环境，也利于酒饭的盛入或倒出，暗示尖底瓶或与发酵无关（图 6-3）。山西垣曲小赵遗址仰韶中期的袋状灰坑 H11，底部两侧各有一平底或尖底小坑，平底坑内置一彩陶平底罐，而适于放置尖底瓶的尖底坑却空空如也（图 6-4）。② 这一埋藏现象也符合先发酵后分离的工艺流程，彩陶罐可能用于发酵，分离工序尚待展开而未见尖底瓶踪影，该窖穴很有可能毁于酿酒发酵阶段。

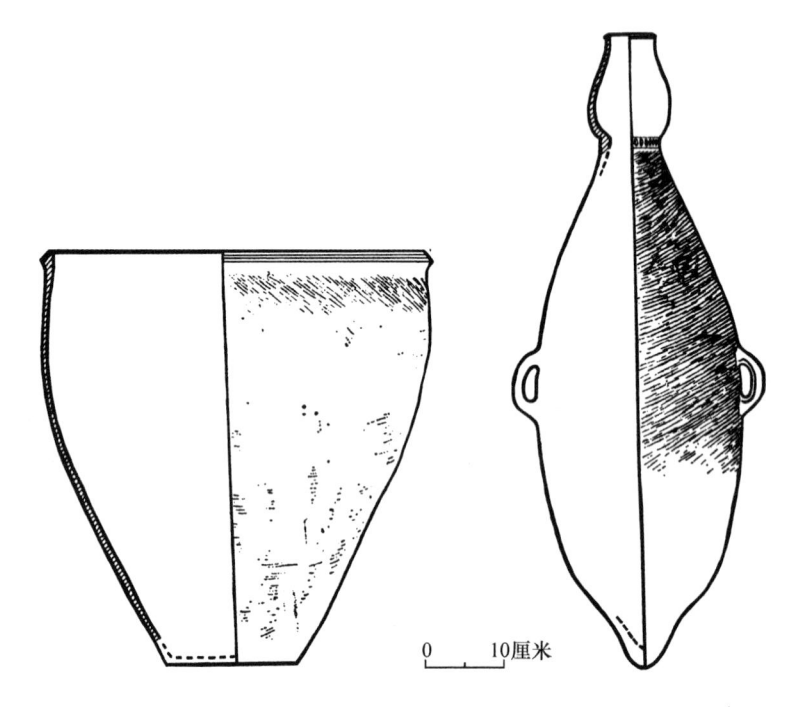

图 6-3 宝鸡北首岭 F23 门外出土陶器组合

---

① 中国社会科学院考古研究所：《宝鸡北首岭》，文物出版社 1983 年版，第 16 页。
② 中国社会科学院考古研究所：《山西垣曲小赵遗址 1996 年发掘报告》，《考古学报》2001 年第 2 期。

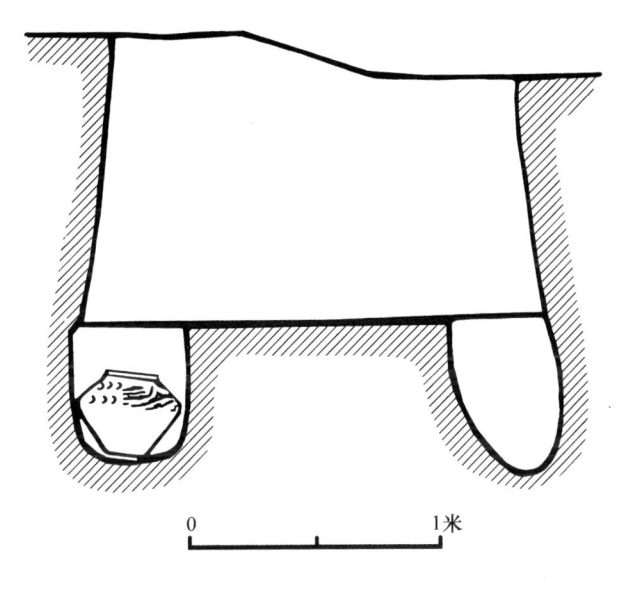

第六章　尖底瓶功能结构与使用特点分析

图6-4　垣曲小赵遗址 H11 剖视图

虽说如此，但使用功能不是使用方式，更不能忽略器物制作材料和成型技术的影响。规格大小及渗漏性势必影响存放环境的选择，尖底结构则直接影响放置方式，因而尖底瓶的使用特点不能一概而论。大型的使用重量明显不宜频繁搬动，适于长时间存储，对环境的湿热条件要求较高。这样一来，恒湿恒温便是大型尖底瓶最佳的存放环境，而黄土地带三四米深的袋状或子母窖穴完全可以满足这一要求。至于放置方式则可选择支架、支座、草垫乃至相应规格的小型坑穴等（图6-5，1-6）。搬运时可利用藤篾编制的网格状框架，或用绳索缠绕绑缚，以便提拉或穿杠肩抬。无论贴附于中腹或下腹，大型尖底瓶的双耳承重有限，应主要用于固定绳索而非承重。亦即大型尖底瓶主要用于澄滤及长时间存储，通常与宴饮、祭祀等活动无关。

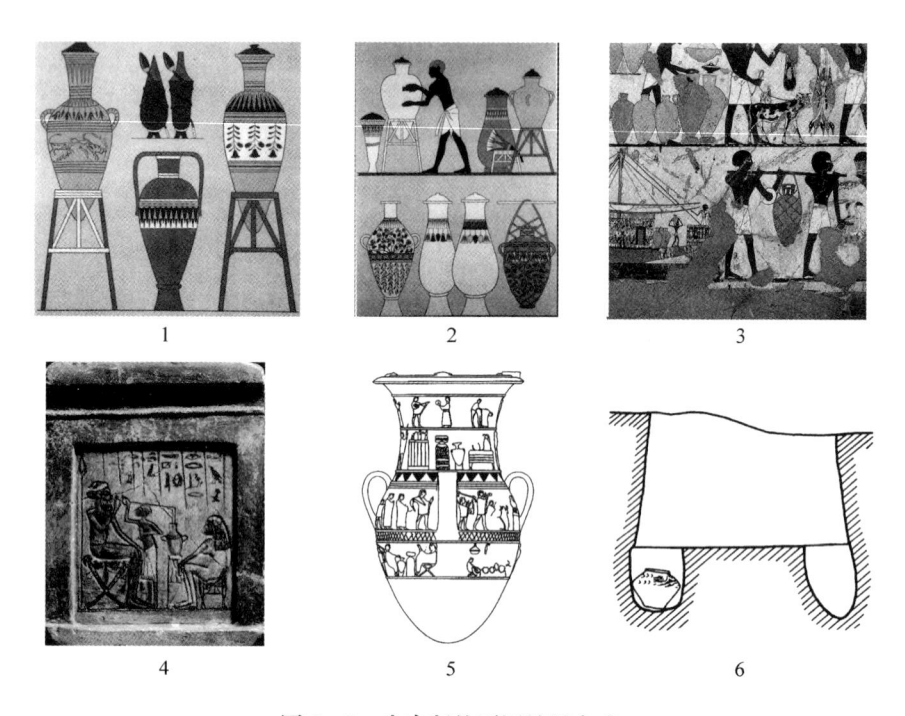

图 6-5　尖底瓶的不同放置方式

1—2. 埃及底比斯十八和十九王朝墓葬壁画中的尖底瓶[①]；3. 埃及底比斯卡伊姆怀斯墓穴壁画中的尖底瓶[②]；4. 埃及十八王朝时期石碑上描绘的尖底瓶[③]；5. 土耳其地区出土双耳瓶上描绘的尖底瓶[④]；6. 垣曲小赵遗址 H11 尖底坑[⑤]

中小型尖底瓶承重相对较小，容易搬运移动。除了恒湿恒温环

[①] Maarten J. Raven, Olaf E. Kaper, *Prisse d'Avennes Atlas of Egyptian Art*, The American University in Cairo Press, 2000, pp. 145–146.

[②] 图片来源于网络。

[③] Michael M. Homan, "Beer and Its Drinkers: An Ancient Near Eastern Love Story", *Near Eastern Archaeology*, Vol. 67, No. 2, 2004, p. 93.

[④] Patrick E. McGovern, *Wine and the Great Empires of the Ancient Near East*, Princeton UnIVersity Press, 2003, p. 175.

[⑤] 中国社会科学院考古研究所：《山西垣曲小赵遗址 1996 年发掘报告》，《考古学报》2001 年第 2 期。

第六章　尖底瓶功能结构与使用特点分析

境之外，也可短时间存放于地表居室。即便短时间储存于通风、干燥的居室，也应尽量避免渗漏及挥发现象。最便捷、有效的存放方式就是半埋于小型坑穴内，或以有机物填充坑穴并洒水保湿，从而致使少数尖底外壁附有腐殖质痕迹（图6-6,1）。半坡遗址形体较大的尖底瓶，下半部分多附着泥土，地面之上又有不同于柱洞的大口尖底坑。[①] 喇家遗址齐家文化遗迹，其居室地面所发现的"器座坑"[②]，也有内置腹耳罐者。[③] 若非防渗保湿，则平底结构的腹耳罐无须置于"器座坑"内。

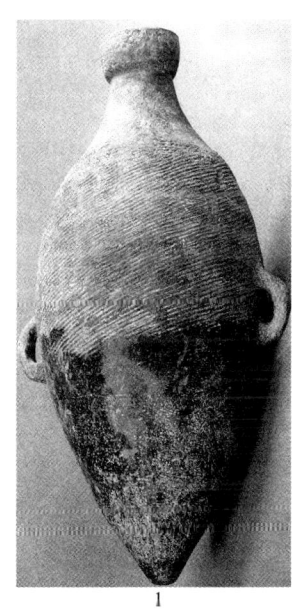

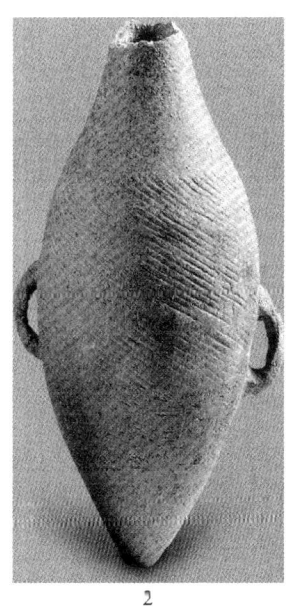

图6-6 尖底瓶的不同使用痕迹

1. 腐殖质痕迹（半坡，编号不明）；2. 颈部断裂痕迹（鱼化寨W40:4）；3. 颈部彩陶纹饰显现的手握磨痕（北首岭M187:1）

---

① 李仰松：《从佤族制陶探讨古代陶器制作上的几个问题》，《考古》1959年第5期。
② 杜玮等：《青海民和喇家遗址考古发掘再获重要发现》，《中国文物报》2017年第8期。
③ 青海民和喇家遗址2014年发掘资料，据青海省文物考古研究所任晓燕先生在"西北五省一校联席会"发言，青海西宁，2015年。

显然，若尖底瓶承重并置于防渗坑内，便不宜随意提取，因为口颈部及颈肩部接茬处极易断裂（图6-6，2）。而解决这一问题的方法，当是利用腹部双耳系绳以分散着力点，即一手持握颈部（图6-6，3）、一手提绳，双手同时用力提取之，然后提绳之手更换为托底姿态。也许正因为如此，其双耳的使用功能有别于大型尖底瓶，并一直延续到仰韶文化晚期。便于移动的使用特点，使得小型尖底瓶可直接用于宴饮及祭祀活动，但饮用方式未必仅以吸管插入尖底瓶而直接吸吮。

由此看来，尖底瓶规格大小的背后，实际隐含着功能及使用特点的差异。仰韶早期中小型尖底瓶居多，或与墓葬发掘数量有关，即作为随葬品的出土数量较多。那么，大型和中小型尖底瓶究竟有无关联，何以中小型尖底瓶始终与形体相当的小口平底瓶共存呢？无疑，从存储、澄滤的恒湿恒温环境到最终的宴饮、祭祀活动，既要完成便于移动使用的转化过程，还需保证澄滤作用不致失效。在转换过程中，大部分酒液完全可以保持澄滤后的纯洁度，只有最后流出的一部分酒液可能再次浑浊。尖底的功能在于沉淀澄滤，无须再次澄滤者便可置于平底瓶中。由于大型与中小型的容积差异为2—4倍

图6-7　福临堡尖底瓶容积对比图

第六章 尖底瓶功能结构与使用特点分析

（图6-7），转换时一个大型尖底瓶大概需要1—3个平底瓶和1个中小型尖底瓶，后者用于再次沉淀澄滤。这可能就是仰韶中晚期平底瓶的发现概率大于中小型尖底瓶的重要原因。

尖底瓶的小口结构便于封盖和开启，当代日常生活中也不乏类似的功能结构。而小口结构的变化，当与具体的封盖方式直接相关，只是考古发现的实例较为罕见，无法展开具体讨论。但在地中海沿岸及其附近地区，与尖底瓶相关的实物遗存发现甚多，虽然与仰韶文化存在较大的时空差距，但相关发现仍可对推测尖底瓶封盖方式提供参考证据。在埃及底比斯卡姆威塞特（Khaemweset，公元前15世纪）墓葬发现的壁画中，一名埃及人正在用黏土一类的物质封存尖底瓶的口部（图6-8），[①] 但在开启时若不注意，干燥后的黏土易落入瓶中，据此推测在用黏土封存之前瓶口应还塞有树叶、麻布一类的物体。公元前9—10世纪的近东地区发现有数量非常多的圆饼形、中间有穿孔的陶器（图6-9，左），研究者过去一直将其认为是用于立式织机上，保持纱线垂直的重物（即纺锤）。但后来的考古发掘中，在一个破碎的陶罐中发现塞有穿孔圆饼（图6-9，右），而陶罐中的残留物分析表明其是用于储酒的器物，因此推测这类穿孔圆饼应是用于堵塞罐口或瓶口的发酵塞。[②] 使用方式为先将发酵塞塞住瓶口或罐口，再用布将中间的小孔塞住，以便让瓶内或罐内发酵过程产生的气体可以散出，同时又防止微生物进入破坏发酵过程。此外，在意大利西西里Plemmirio一艘AD200年的罗马沉船上，发现有用圆形片状陶饼封盖双耳罐的证据（图6-10）。[③]

[①] Patrick E. McGovern, *Wine of Egypt's Golden age. Ancient Wine*, Princeton University Press, 2003, p.133.

[②] Michael M. Homan, "Beer and its Drinkers: An Ancient Near Eastern Love Story", *Near Eastern Archaeology*, Vol.67, No.2, 2004, p.90.

[③] David Gibbins, "A Roman Shipwreck of c. AD 200 at Plemmirio, Sicily: Evidence for North African Amphora Production During the Severan Period", *World Archaeology*, Vol.32, No.3, p.318.

图 6-8　埃及底比斯卡姆威塞特墓葬壁画中尖底瓶口的封盖方式

图 6-9　近东地区发现的 Fermentation Stopper（发酵塞）

图 6-10　罗马沉船中发现的喇叭口双耳瓶及其瓶盖

第六章 尖底瓶功能结构与使用特点分析

参考地中海沿岸及其附近地区的相关发现，可知尖底瓶的封盖方式多种多样。既可使用黏土封存，也可用穿孔陶饼或圆形陶片封盖。在仰韶文化时期发现有许多经过修整的圆陶片，边缘圆钝或有刃缘（图6-11，1—9）。关于其功用国内学者观点不一，包括收割工具说[1]、计数工具说、玩具说[2]等，但这些观点也都缺乏有力证据。若作为收割工具，则打制或磨制石刀在硬度、刃部锋利度及耐

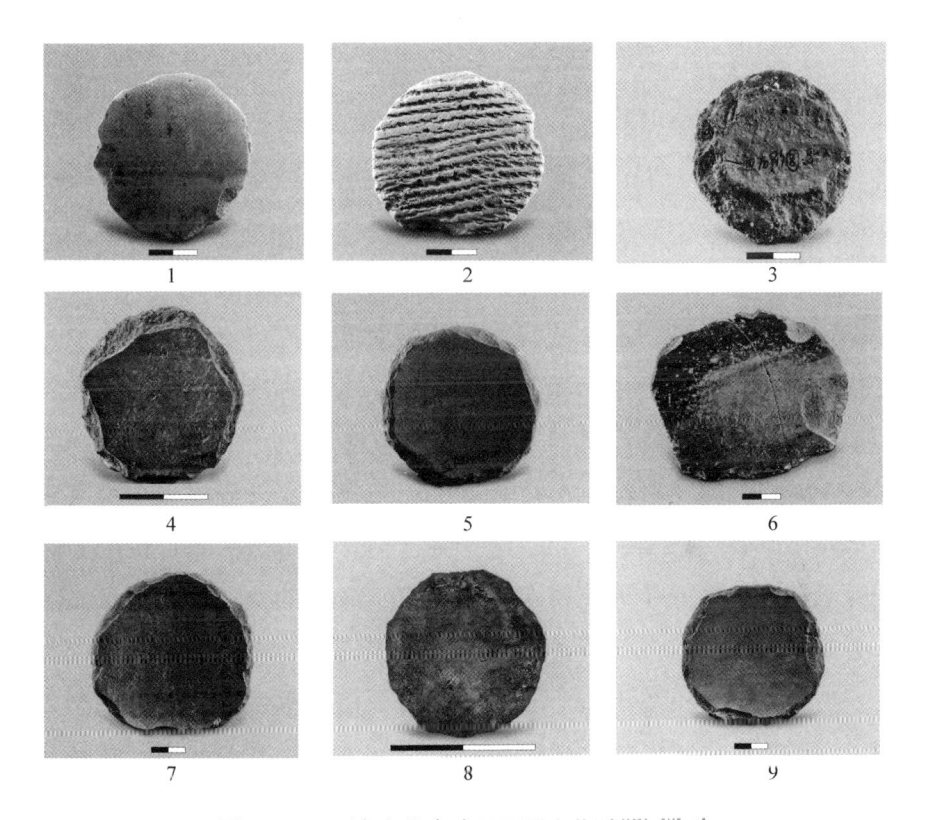

图6-11 西安鱼化寨遗址仰韶文化时期圆陶片
1. T0916G111:14；2. T0809G28:16；3. T09178:8；4. T02054:8；5. T05144:17；6. T06203:19；7. H155:19；8. H163:4；9. M10:5

---

[1] 王炜林、王占奎：《论半坡文化圆陶片之功用》，《考古》1999年第12期。
[2] 赵艺蓬：《临潼零口遗址新石器时代"圆陶片"的功用浅析》，《西安文理学院学报》（社会科学版）2014年第4期。

用度上远胜圆陶片。而作为计数工具或玩具的观点也很难得到验证。圆陶片在北首岭下层遗存中就已经出现，半坡期数量最多，一直延续到半坡晚期，与尖底瓶的发展始终相伴，其直径多在4—6厘米之间，与多数尖底瓶的口径相近，若以地中海沿岸及其附近地区的发现为参考，则这些圆陶片很可能是用来封盖尖底瓶口的。

第三节　残留物分析结果的验证

时至今日，酿酒都是一个十分复杂且耗时费力的过程。尤其传统谷物酿酒，涉及制曲、蒸饭、拌曲、发酵（糖化、醇化）、分离、存储等数道工序，每道工序涉及的技术及使用的器物各有不同。尖底瓶在数千年前就已消失，若要证明尖底瓶是储酒器和饮酒器，还需弄清酿酒的原理、工序及其可能使用的器物方可。只有将酿酒的每道工序与其可能使用的器具相对应，才能更科学地认识尖底瓶的功能和使用方法。

含酒的物质天然存在于自然界中，成熟的水果或兽乳中的某些含糖物质受到酵母菌的作用就会生成乙醇，在适当的条件下经过自然发酵就可以变成美酒。对于酿酒而言，原料的选择十分重要。或许人们很早就掌握了水果或兽乳原料中因含糖而直接发酵变酒的技术，但是受限于水果产量、品种及地域气候的限制，以水果酿酒原料少、产量低，不能满足相应的需求。以兽乳为原料酿酒的传统则一直局限于游牧地区，也未能形成气候。谷物酿酒则是一个相对复杂的过程，掌握该种技术应需要经历漫长的时间。谷物中的淀粉在酵母菌的作用下虽然不能直接醇化成酒，但在合适的条件下先糖化（如谷物发芽或熟谷蒸饭都有糖化的条件）后醇化成酒的现象也偶有发生，即酒之所兴，可能始于自然。古代人类观察到自然成酒的现象，并有意识地进行模仿，就有可能掌握谷物酿酒技术。综考史籍记载，在三皇五帝的传说时代就已经有谷物酿酒了。虽然这些记载多出于推测和对传说典故的加工，不可尽信，但足以说明中国谷物酿酒的历史十分悠久。古代人类在生产实践的过程中，逐渐掌握了谷物先糖化而后酒化的原理，稳定的农业生产又能够提供相对充足的酿酒原料，因此谷物便成为传统酿酒原料延续下来。

关于谷物酿酒的起源时间，学术界存在不同观点。有研究者认为起源于仰韶文化时期，[①] 也有研究者主张起源于龙山时代。[②] 近年来，随着相关科技分析技术的发展，关于谷物酿酒的起源取得了新的进展。中国科技大学张居中教授与美国宾夕法尼亚大学 Mc Govern 教授合作，对河南舞阳贾湖遗址出土陶壶中的残留物进行了气相色谱、液相色谱、稳定同位素等科技分析，发现残留物中含有酒类挥发后的酒石酸，这些陶器可能曾经用来盛放大米酒，其中还含有与蜂蜡、葡萄丹宁酸及一些草药相似的化学成分，可能掺杂了蜂蜜和山楂（图6-12）。[③] 贾湖遗址中还出土有处于早期驯化阶段的稻米遗存，[④] 出土的陶器除陶壶外还有深腹罐、鼎等器物，还发现有石刀、石镰等农业工具及磨盘、磨棒等加工工具。[⑤] 上述发现均可证明，至少在距今8600—8200多年前，人们就已经可以酿造谷物酒了。根据酿酒的原料及陶器种类，可大致推测当时的谷物酿酒技术已经十分成熟了。最近，斯坦福大学刘莉教授带领的团队对大地湾、

[①] 李仰松：《对我国酿酒起源的探讨》，《考古》1962年第1期；方心芳：《对我国古代的酿酒发酵一文的商榷》，《化学通报》1979年第3期；包启安：《史前文化时期的酿酒（一）——谷芽酒的酿造及演进》，《酿酒科技》2003年第7期。

[②] 张子高：《论我国酿酒起源的时代问题》，《清华大学学报》1960年第2期；方杨：《我国酿酒当始于龙山文化》，《考古》1964年第2期；罗志腾：《我国古代的酿酒发酵》，《化学通报》1978年第5期。

[③] Mc Govern, P. E., J. Zhang, J. Tangetc, "Fermented Beverages of Pre-and proto-historic China", *PNAS*, Vol. 101, No. 51 (Dec 2004), pp. 17593-17598.

[④] 赵志军、张居中：《贾湖遗址2001年度浮选结果分析报告》，《考古》2009年第8期。

[⑤] 中国社会科学院考古研究所河南一队：《1979年裴李岗遗址发掘报告》，《考古学报》1984年第1期。

关桃园、白家、零口、贾湖等多处遗址的数件陶器进行了残留物分析，分析结果表明在距今9000—7000年左右，以谷物为原料的酒精饮料就已经出现了，谷物种类包括黍、小麦、薏米和稻米。①

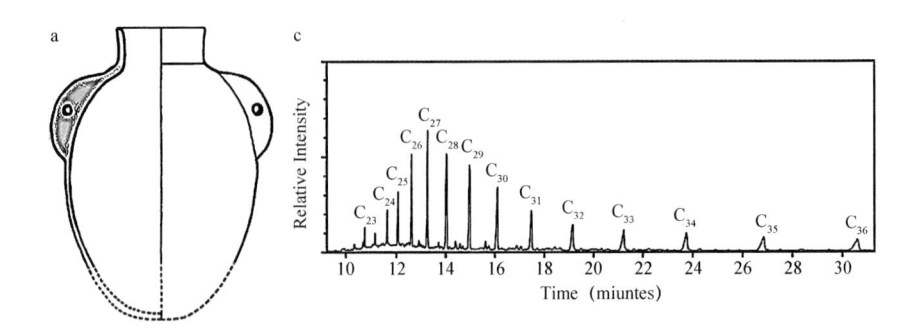

图6-12 河南舞阳贾湖遗址出土陶壶及残留物分析

随后，对西安鱼化寨、高陵杨官寨、蓝田新街等遗址的陶器残留物分析表明，谷物酿酒的传统延续至仰韶文化时期，且基本证实尖底瓶与酿酒有着密切的关系。根据对西安米家崖遗址出土的尖底瓶、漏斗、大口盆、灶等陶器残留物的分析（图6-13,1），表明酿酒原料包括黍、大麦、薏苡及块茎类植物，其中部分淀粉粒具有经过发芽和酿造产生的形态损伤，证明这些陶器与酿造谷芽酒有关。②高陵杨官寨遗址选取了尖底瓶、平底瓶和漏斗等标本（图6-13,2），分析提取的残留物表明酿酒原料以黍、薏苡为主，另外还发现栝楼根、山药等块茎类植物和百合的淀粉粒，③基本可以肯定这三种

---

① Li Liua, Jiajing Wanga ect, "The Origins of Specialized Pottery and Diverse Alcohol Fermentation Techniques in Early Neolithic China", *Proceedings of the National Academy of Sciences*, Vol. 116, No. 26, 2019, pp. 12767-12774.

② Wang Jiajing, Li Liu, Terry Ball, Linjie Yu, Yuanqing Li, and Fulai Xing, "Revealing a 5000-y-old beer recipe in China", *Proceedings of the NationalAcademy of Sciences*, Vol. 113, No. 23, 2016, pp. 6444-6448.

③ 刘莉、王佳静等：《仰韶文化的谷芽酒：解密杨官寨遗址的陶器功能》，《农业考古》2017年第6期。

第六章　尖底瓶功能结构与使用特点分析

陶器与酿酒有着密切的关系。蓝田新街遗址选取了尖底瓶、漏斗、带流盆等五件器物（图6-13，3），残留物中可鉴定的植物类型包括黍亚科、小麦族、稻等谷物，以及栝楼根、芡实等块茎类植物和百合等；其中植硅体绝大多数出自尖底瓶和漏斗，大部分属于黍亚科和稻，根据淀粉粒形态及每件器物残留的数量和种类，研究者推测尖底瓶和漏斗与酿酒的关系最为密切。[1]除上述几处仰韶文化中、晚期遗址外，在西安半坡、洛阳诸葛水库等遗址的仰韶文化早、中期的尖底瓶内壁，都发现有类似于米家崖遗址的黄色残留物（图6-14）。[2]由此推测，尖底瓶自出现之始就与酿酒有着密切的关系。

谷物发芽、蒸煮或加热、发酵（糖化、醇化）等工序都会对淀粉粒造成不同程度的破坏，每道工序造成的淀粉粒损伤特征也不

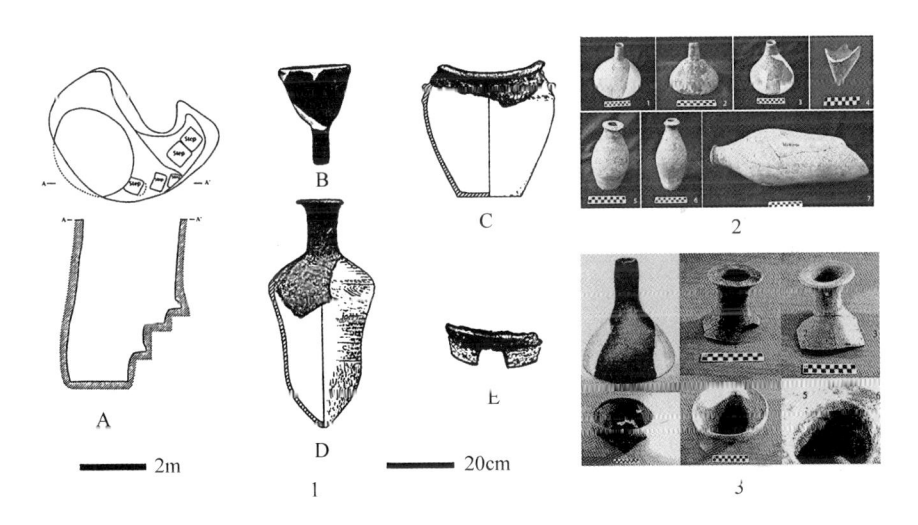

图6-13　仰韶文化遗址出土酿酒器物组合

1. 西安米家崖遗址；2. 高陵杨官寨遗址；3. 蓝田新街遗址

---

[1] 刘莉、王佳静等：《陕西蓝田新街遗址仰韶文化晚期陶器残留物分析：酿造谷芽酒的新证据》，《农业考古》2018年第1期。
[2] 刘莉：《早期陶器、煮粥、酿酒与社会复杂化的发展进程》，《中原文物》2017年第2期。

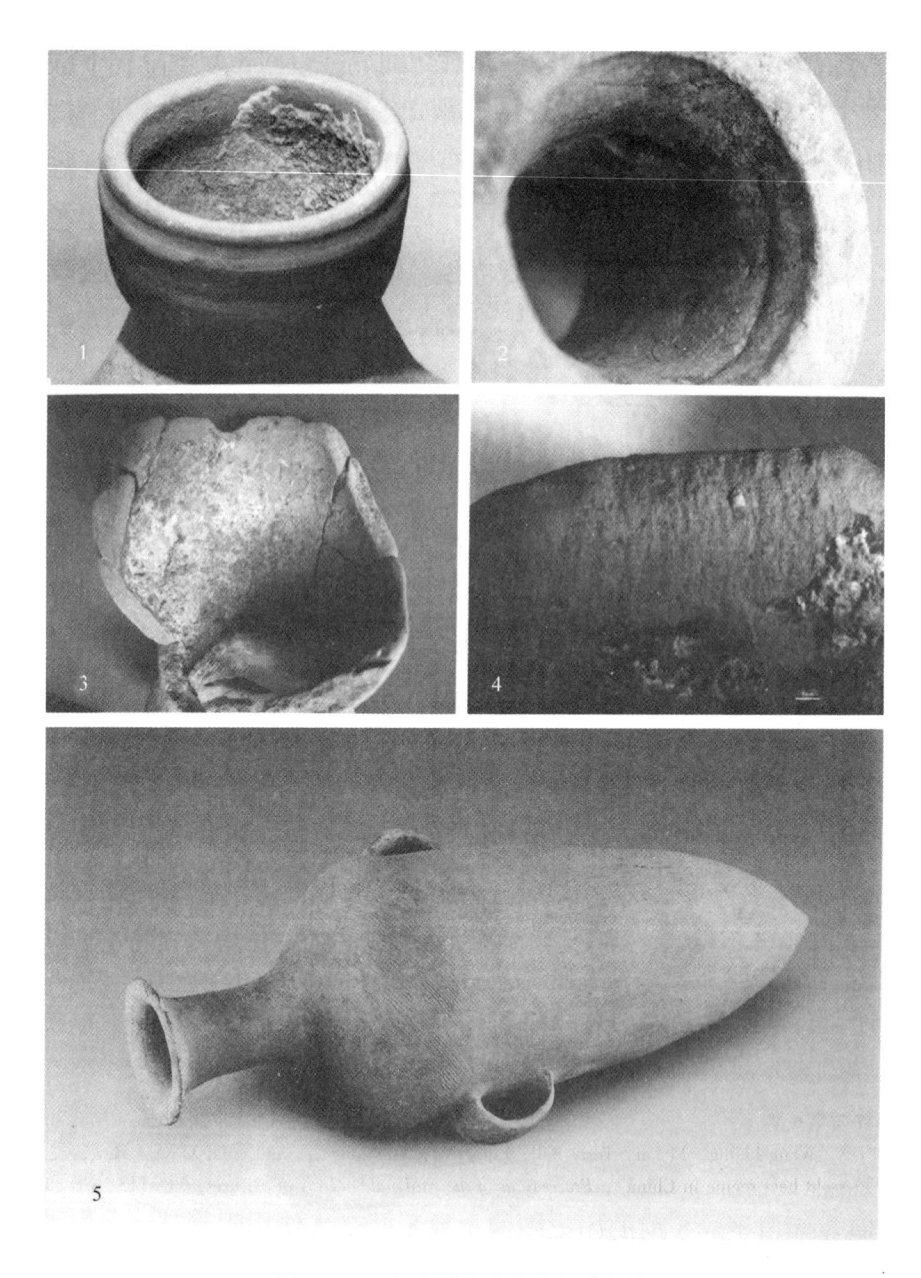

图 6-14 尖底瓶内壁的黄色残留物

（引自《早期陶器、煮粥、酿酒与社会复杂化的发展进程》一文）

1. 半坡遗址出土尖底瓶口部残留物；2. 西安米家崖尖底瓶口部的残留物；3—4. 洛阳诸葛水库仰韶文化早中期尖底瓶口部内壁残留物；5. 大地湾出土仰韶晚期喇叭口尖底瓶

同。① 淀粉粒在谷物发芽时开始分解，并在表面留下一定损伤痕迹，在糖化、醇化过程中，由于捣磨、加热以及酵母菌等微生物的活动，淀粉粒进一步被破坏，并出现与第一阶段不同的损伤痕迹。通过对西安米家崖、高陵杨官寨、蓝田新街等遗址陶器残留物中淀粉粒的对比分析，谷物淀粉粒的损伤形态分别对应发芽—磨碎、加热—发酵等工序。② 但需要注意的是，谷物酿酒工序复杂，谷物淀粉粒的损伤形态对器物的功能并不具备单一指向性。

在中国有些地区特别是西南地区，仍保留传统谷物酿酒的工艺。③ 不同的是，这些地区酿酒采用的是制备酒药，当地人依据季节或植物生长特点，将采摘的草药晒干、剁碎，在土陶罐中文火煮沸三到四个小时，滤出汁液加入红糖、蜂蜜等后与淀粉（小麦、荞面、玉米面）混合，捏成鸡蛋大小的药饼，阴干备用。酒药制成后，再进行蒸饭、拌曲、发酵等工序（图6-15，1—6）。这些地区使用的酒药即酒曲，与制备的谷芽作用相同，在发酵过程中起到催化作用。在陕西北部地区，人们则保留了制备麦芽酿酒的传统，先将小麦发芽后磨成粉备用，然后将黍磨成粉蒸成黍糕备用；以1∶5的比例将二者混合，搅拌均匀后装入密封的坛子中进行发酵，24小时即可成酒。饮用时需加水煮开，呈淡黄色、粥状，味道微酸甜。④ 这种方法

---

① 刘莉、王佳静等：《仰韶文化的谷芽酒：解密杨官寨遗址的陶器功能》，《农业考古》2017年第6期。

② Wang Jiajing, Li Liu, Terry Ball, Linjie Yu, Yuanqing Li, and Fulai Xing, "Revealing a 5000-y-old beer recipe in China", *Proceedings of the NationalAcademy of Sciences*, Vol. 113, No. 23, 2016, pp. 6444-6448；刘莉、王佳静等：《仰韶文化的古芽酒：解密杨官寨遗址的陶器功能》，《农业考古》2017年第6期；刘莉、王佳静等：《陕西蓝田新街遗址仰韶文化晚期陶器残留物分析：酿造谷芽酒的新证据》，《农业考古》2018年第1期。

③ 汤启香：《锦屏县桥问村侗族传统酿酒工艺及其传承因素调查》，《中国民族博览》2016年第3期；李相兴、李炳芳：《云南哀牢山区岩村彝族传统酿酒工艺调查与研究》，《安徽农业科学》2014年第3期。

④ 刘莉、王佳静等：《仰韶文化的谷芽酒：解密杨官寨遗址的陶器功能》，《农业考古》2017年第6期。

制成的酒与仰韶文化的谷芽酒应该更为接近。

根据上述分析，尖底瓶的使用与酒确实有着密不可分的关系。在仰韶文化时期人们已经掌握制芽、糖化、发酵的酿酒技术，以黍为主要原料，酿造一种混合谷芽酒。[①]酿酒原料以黍为主，大麦、稻米、薏苡为辅，此外还包含栝楼根、山药、芡实及其他块茎类植物。

图6-15　传统酿酒工序（以吉安冬酒为例）

1. 浸泡；2. 蒸饭；3. 冷却；4. 拌曲；5. 发酵；6. 出酒

第四节　使用功能模拟实验

有关尖底瓶的功能结构与使用方法的论述，虽然符合设计学的诸多原则，但理论也需经过实践的检验。因此，为了验证尖底瓶的底部具备有效集中沉淀物、利于澄清酒液的优点，尖底结构相较于平底更能稳定沉淀物，可进行一系列的模拟实验，以检验前文的分

[①] 王佳静、刘莉、Terry Ball 等：《揭示中国5000年前酿造谷芽酒的配方》，《考古与文物》2017年第6期。

析论述是否合理。

1. 静置沉淀实验

由于陶质尖底瓶不具备透明性，不便于直接观察，所以静置沉淀实验选用可直接观察的器具，即经过改制透明的聚酯塑料瓶。将两个聚酯塑料瓶分别在中部截断，然后对接成为形似尖底瓶的小口、尖底容器，对照组为未经改制的平底聚酯塑料瓶，两个器具的容量均约为1.5升。为保证模拟实验结果具有最大的科学性和可靠性，实验用酒为经过二次过滤的稠酒（为便于观察，在酒中加入了适量清水，以便沉淀物与酒液更加分明），未经沉淀的酒液浑浊。实验过程为将酒液分别倒入两个实验器具内静置，观察并记录沉淀过程。

尖底瓶与平底瓶内酒液在静止后呈现较为稳定的液体状态，酒液内的杂质开始均匀沉降，沉淀速率基本相同（图6-16，1）。静置半小时后，肉眼可见的颗粒状杂质基本沉淀于器具的底部。其中尖底瓶中的沉淀物集中于尖底，仅有少量沉淀物依附于尖底瓶下部收窄的内壁部位，平底瓶中的沉淀物则均匀分布在底部，两瓶内的酒液仍较浑浊且酒液表面漂浮一层泡沫状杂质（图6-16，2）。静置一小时后，两瓶中的酒液进一步澄清，细小粉状的沉淀物基本沉淀完成。尖底瓶中沉淀物集中分布在尖底底部，平底瓶中沉淀物均匀分布，酒液表面泡沫状杂质仍较多（图6-16，3）。静置两小时后，酒液内的杂质沉淀基本完成，表面漂浮的泡沫状杂质开始消散（图6-16，4）。静置四小时后，酒液表面漂浮的杂质基本消散，酒液呈半透明状，基本达到适宜饮用的程度（图6-16，5）。静置八小时，酒液所呈状态同静置四小时并无明显差别（图6-16，6），沉淀过程完成。实验结果表明，尖底瓶和平底瓶在静置时的沉淀速率和沉淀杂质效果基本相近，尖底瓶在这一方面并无明显的优势。

2. 沉淀后取用实验

为保证取用实验结果具备最大可靠性，沉淀用的酒液为经过二

1. 初倒入　　　　　2. 半小时后　　　　　3. 一小时后

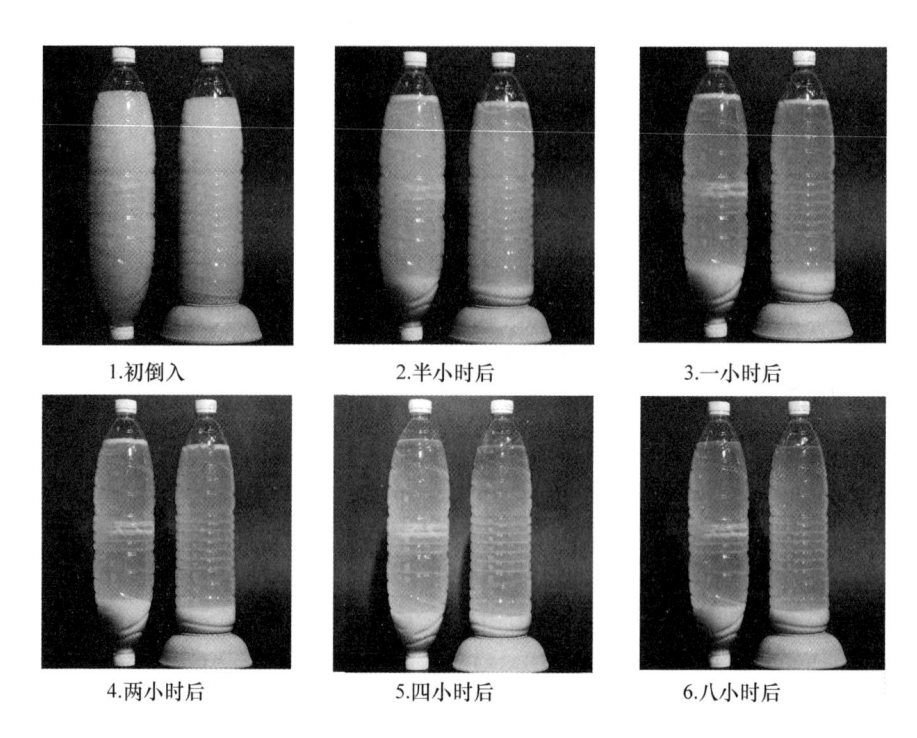

4. 两小时后　　　　5. 四小时后　　　　　6. 八小时后

图 6-16　尖底瓶与平底瓶静置沉淀速率对比图

次过滤的稠酒，未经沉淀的酒液浑浊（为便于观察，在酒中加入了适量清水，以便沉淀物与酒液更加分明）。实验用器具为自制尖底瓶与平底瓶，细泥制红陶，烧制温度900摄氏度。将沉淀好的酒液分别作一次性取用和分次连续取用，以对比尖底瓶和平底瓶的使用效果。

A 组：瓶中酒液一次性取用实验

分别将2500毫升的酒液倒入尖底瓶与平底瓶中，静置12小时以上，再进行取用实验。将沉淀好的酒液一次倒入放置好的量杯内，酒液的清澈度可参考静置沉淀八小时的清澈度。除因陶器自身吸水性和渗漏性流失的酒液外，实验结果表明，尖底瓶中可倒出的适宜饮用的酒液约1900毫升，不宜饮用酒液约300毫升（图6-17）；平

第六章　尖底瓶功能结构与使用特点分析

底瓶内可倒出的适宜饮用的酒液约1600毫升，不宜饮用酒液约550毫升（图6-17）。尖底瓶与平底瓶的一次性取用率分别为86%和74%。经过重复验证，尖底瓶的一次性取用率均可达80%以上，一般较平底瓶多约10%—15%的取用率。

尖底瓶　　　　　　　　　　　　平底瓶

图6-17　尖底瓶与平底瓶沉淀酒液一次性取用率对比图

B组：瓶中酒液分次连续取用实验

分别将2000毫升的酒液倒入尖底瓶与平底瓶中，静置12小时以上，再进行取用实验。将沉淀好的酒液分次连续倒入放置好的透明塑料杯内（图6-18），酒液的清澈度可参考静置沉淀八小时的清澈度。

图6-18　分次连续取用

实验结果表明，尖底瓶和平底瓶在分次连续取用的前六杯均无明显的沉淀物，酒液较为清澈（图6-19；图6-20）。但到第七杯时两种器物就存在明显差别，尖底瓶倒出的酒液较为清澈，而平底瓶倒出的酒液透明度明显下降且底部开始出现细小的白色沉淀（图6-21）。待到第八杯，尖底瓶倒出的酒液清澈度较差且有少许白色沉淀，而平底瓶倒出的酒液则已经十分浑浊（图6-22）。而对比两种器物连续分次取用，最后的浑浊酒液体量，平底瓶明显多于尖底瓶（图6-23）。根据多次实验结果对比，尖底瓶较平底瓶多次连续取用率高出约10%。

上述实验结果表明，虽然在静置沉淀时，尖底瓶的沉淀速率和效果与平底瓶基本相近，但在倒出取用率上尖底瓶却占据优势。无论是一次性倒出取用还是多次连续取用，尖底瓶的取用率均较平底瓶高。

图6-19 尖底瓶分次连续取用结果

图6-20 平底瓶分次连续取用结果

第六章 尖底瓶功能结构与使用特点分析

图 6-21 尖底瓶与平底瓶分次取用第七杯对比图

图 6-22 尖底瓶与平底瓶分次取用第八杯对比图

155

图6-23 尖底瓶与平底瓶浑浊酒液体量对比图

3. 渗漏性实验

陶土原料的亲水性和陶器胎体中毛细孔的渗漏性,是陶器使用过程中发生渗漏的主要原因。[①] 尖底瓶作为储酒器和饮酒器,胎体的渗漏性会直接影响其使用效果。中小型尖底瓶承重相对较小,容易搬运移动,可在通风干燥的居室内短时间存放,为尽量避免渗漏及挥发现象,应半埋于小型坑穴内,或以有机物填充坑穴并洒水保湿。大型尖底瓶不宜频繁搬动,适于放置在恒湿恒温的地下窖穴中长时间存储。为验证上述推测的可行性和合理性,笔者设计并进行了一系列模拟实验了解尖底瓶渗漏性。

A组:不同环境中尖底瓶的渗漏性对比试验

实验器具尖底瓶编号NO.1,泥质红陶,烧成温度800摄氏度,

---

① 贾耀祺:《古代陶器物理属性研究方法初探》,硕士学位论文,郑州大学,2012年。

第六章 尖底瓶功能结构与使用特点分析

不做任何防渗处理。将3000毫升的水装入瓶中,放置在通风、干燥的室内,室温25摄氏度左右。仅约五分钟后,水便以肉眼可见的速度浸湿瓶身。静置八小时后,尖底瓶瓶身处于饱水状态,此时瓶中剩余水量为2700毫升,且尖底部分有明显的水珠渗出(图6-24,1)。根据记录,NO.1尖底瓶每24小时的渗水率约为10%。

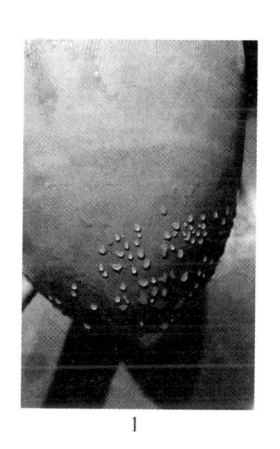

图6-24 通风、干燥条件下尖底瓶的渗漏性

1. 编号NO.1,泥质红陶未做防渗处理;2—3. 编号NO2, 2. 编号NO.2,泥质红陶米浆灌洗防渗处理;3. 编号NO.2,泥质红陶米浆灌洗防渗处理

实验器具尖底瓶编号NO.2,泥质红陶,烧成温度800摄氏度,用米浆灌洗瓶身内侧,静置12小时。将3000毫升的水装入瓶中,将其放置在通风、干燥的室内(室温25摄氏度左右)。约五分钟后,仅尖底瓶底部有被浸透迹象,瓶身仍较干燥。静置两小时后,瓶身方被水完全浸湿,但尖底底部仍仅为湿润状态(图6-24,2)。静置八小时后,瓶中剩余2750毫升,尖底部分有较为明显的水珠渗出,与NO.1尖底瓶相比,水珠明显较少(图6-24,3)。根据记录,NO.2尖底瓶每24小时的渗水率约为6.7%。

实验器具尖底瓶编号NO.3,泥质红陶,烧成温度800摄氏度,不做任何防渗处理。将3000毫升的水装入瓶中，放置在阴凉、潮湿的环境中，并半埋于小型坑穴内，室外温度25度左右（图6-25）。NO.3瓶身被浸湿的速度与NO.1尖底瓶相近，但根据记录，NO.3尖底瓶每24小时的渗水率约为4.5%。

图6-25 阴凉、潮湿条件下尖底瓶的渗漏性

编号NO.3，泥质红陶未做防渗处理

上述实验表明，通过对尖底瓶做防渗处理和改变存储环境，能减少渗漏及水分挥发现象，特别将其存放在阴凉、潮湿的室外，并半埋于小型坑穴内，有十分显著的防渗漏效果。由此可见，对尖底瓶存放环境的推测具备相当的可靠性。

B组：尖底瓶与平底瓶的渗漏性比较试验

选取体积大小相似的尖底瓶与平底瓶各一个，均为泥质红陶，烧成温度900摄氏度，均不做任何防渗处理。将2500毫升的水分别装入尖底瓶和平底瓶中，放置在通风、干燥的室内，室温25摄氏度左右（图6-26）。最开始两瓶的渗水速率相当，均以肉眼可见的速度在五分钟内浸湿瓶体；静置12小时后，尖底瓶中水量剩余2200毫升，平底瓶中水量剩余2150毫升。两瓶的渗水率分别为10%和12%，平底瓶大于尖底瓶。在接连几次的重复实验中，所得数据表明容积相近时，平底瓶的渗水率一般较尖底瓶高出约2%—5%。

图6-26 尖底瓶与平底瓶渗漏性对比

第四节 小结

以工业设计人化原则中的实用性为指导，上述模拟实验表明不便放置的尖底确是尖底瓶的核心结构。静置沉淀实验说明，因尖底瓶与平底瓶均具备细长的瓶身，二者在沉淀速率上并无明显差别，但尖底瓶的优势在于尖底可有效集中沉淀物，使沉渣不易泛起。在沉淀后的取用实验中，这一优势更表现得淋漓尽致。据取用实验结果，一般情况下尖底瓶的一次性取用率可达80%以上，较平底瓶多出约10%—15%。即在沉淀澄滤后，大部分酒液可以在转换时保持清澈度，仅最后流出来的酒液会再次浑浊需二次沉淀。而考古发现的大型尖底瓶与中小型尖底瓶的容积差异为2—4倍，即转换时一个大型尖底瓶大概需要1—3个平底瓶和1个中小型尖底瓶，后者用于再次沉淀澄滤。小型尖底瓶可直接用于宴饮及祭祀活动，但饮用方式未必仅以吸管插入尖底瓶而直接吸吮。即便不用吸管直接吸吮，尖底瓶多次连续取用率也要较平底瓶高出约10%。

尖底瓶的结构、大小及渗漏性对其存放环境的选择有必然的影响。其中陶器的渗漏性对存放环境有直接影响。烧成温度800—900摄氏度、容积3000毫升的中小型尖底瓶，在不做任何防渗漏措施的情况下，放置在干燥、通风的室内，每24小时的渗水率为10%；若采用以米浆灌洗等方式减少渗漏，每24小时的渗水率约为6.7%。同样规格的尖底瓶，若放置在阴凉、潮湿的环境中，并半埋于小型坑穴内，在不做任何防渗处理的情况下每24小时的渗水率仅为4.5%，而若再采取一些防渗漏的措施渗水率还会降低。因此，中小型尖底瓶若短时间内存放于干燥、通风的地表居室，只要将其半埋于小型坑穴内，并做些利用有机物填充坑穴并洒水保湿的措施，加之对尖底瓶本身再做一些防渗漏措施，是完全合理可行的。而大型尖底瓶容积更大，器身所承受的压力也更大，渗漏性也会更高，并且大型尖底瓶是用于长期存储的器物，因此对其存放环境要求更高。渗漏性实验证明放置于小型坑穴可有效降低渗水率，考古发现中黄土地带三四米深的袋状或子母窖穴，有着恒湿恒温的环境，应是大型尖底瓶最佳的存放环境，放置方式可选择支架、支座、草垫乃至

第六章 尖底瓶功能结构与使用特点分析

相应规格的小型坑穴等。

陶器的渗漏性与液体的保存之间有着不可调和的矛盾，因此渗水率低的陶器自然更受青睐。根据模拟试验，在相同的存放条件下，容积相近的尖底瓶和平底瓶相比，平底瓶的渗水率一般较尖底瓶高出约2%—5%。传统谷物酿酒涉及制曲、蒸饭、拌曲、发酵等数道工序，即便今时都是一个十分复杂且耗时费力的过程，更何况在年代久远、物匮人乏的史前时代，因此酒在当时应是较为珍贵的一种物品。无论长期还是短期存储，渗水率较低的尖底瓶都比平底瓶有更高的使用效率，这可能也是古人选择不便放置的尖底瓶用来储酒的一个重要原因。

第七章 尖底瓶的社会功能

尖底瓶是仰韶文化常见的典型陶器之一，作为储酒器和饮酒器多用于集会、宴饮等活动或场所。大型尖底瓶体形笨重不易搬运，主要用于沉淀澄滤及长期储存之用；小型尖底瓶承重相对较小，可放置于居室内短期存储。考古发现的尖底瓶无论是数量还是所占比例都较多，可见酒在当时人们的社会生产活动中应当有一席之地。酿酒工序复杂，颇为耗费时力，酒在古代的礼仪之中又有着极为重要的地位，所以史前时期酿酒、饮酒等活动背后，所折射的社会需求值得一探。本章拟通过探讨尖底瓶在遗址中的出土情况及其功能，一窥史前社会与酿酒活动相关的生活习俗，并希冀通过这些分析揭示当时社会生活的冰山一角。

第一节 尖底瓶出土状况考察

梳理目前已有考古资料，尖底瓶主要出土于居址及墓地之中，不同遗迹单位中出土尖底瓶的状况各有不同。为便于后文讨论，现根据遗迹单位的性质和用途，简要叙述尖底瓶（主要是完整器或可复原者）的出土情况。

一 居址出土尖底瓶

居址中的遗迹根据性质和用途可细分为以下三类：房屋、灰坑（包括窖穴）、陶窑，不同遗迹单位中尖底瓶的出土情况各不相同。

第一类，房屋中发现的尖底瓶。房屋是居址中最常见的遗迹单位之一，在考古发掘过程中时有发现。史前房屋因为地震、火灾等意外损毁而被弃者，房屋内的生产工具和生活用具来不及被转移而得以保留，尖底瓶即为其中一类器物。在西安半坡、临潼姜寨、宝鸡北首岭、陇县原子头、秦安大地湾、离石马茂庄、大同马家小村、洛阳王湾、淅川下王岗、凉城王墓山坡下等遗址的房屋遗迹中，均发现过完整的尖底瓶。现对其出土情况做简要介绍。

临潼姜寨F46，平面为正方形的半地穴式房屋，南北长3.10米，东西宽3.16米，室内面积近10平方米。门道开在南壁中央，门道中段及刚进入室内有狭窄的小隔墙。室内地面和墙壁均用黏土、料礓石粉末和草筋拌和后涂抹，灶址位于门道附近，平面为圆形，平底浅穴，直径约60厘米。居住面上放置有被压碎的尖底瓶3件、钵4件、罐6件、盆1件、瓮2件（图7-1）。[①]

宝鸡北首岭F23，平面近方形的半地穴式房屋。东西长4.5米，南北宽4.3米，面积19.35平方米。穴壁高0.65米，穴壁上部0.5米宽的范围内，涂有草泥土和料礓石浆，当属屋内范围。门道开在南端正中，室内地面与墙壁均经过修整，房屋四角居住面上各有柱洞一个，灶坑平面为瓢形，位于房屋南部正中。房屋内外遗留有多件生产工具和生活用具，室内有陶钵、石锛、石磨盘各一件，在房屋门口地面上放有石磨盘、石磨棒3付、磨石2件、打制石片1件，

[①] 半坡博物馆等：《姜寨——新石器时代遗址发掘报告》，文物出版社1988年版，第16—18页。

在屋外门道左侧放有完整的石斧6件、兽牙1枚。在屋外门道南3米处有陶瓮及陶瓶各1件（原报告图中未表现），陶缸主体埋于地下，仅出露口部，其旁置一大型尖底瓶（图7-2）。①

宝鸡北首岭F35，平面为圆角方形的半地穴式房屋。东西长5.4米，南北宽5.35米，深0.6米，面积28.98平方米，在房屋北墙上部地面上涂有料礓石，可知0.6米即为半地穴的原始深度。门道开在西壁正中，凸出于房外，墙壁和地面均经修整，灶坑正对门道，平面呈瓢形，室内发现有柱洞2个。室内居住面上遗留有丰富的生产和生活用具，包括石斧、石杵、石研磨盘、陶罐、陶钵、尖底瓶、器座、陶模具等，其中陶罐数量最多达9件，尖底瓶1件（图7-3）。②

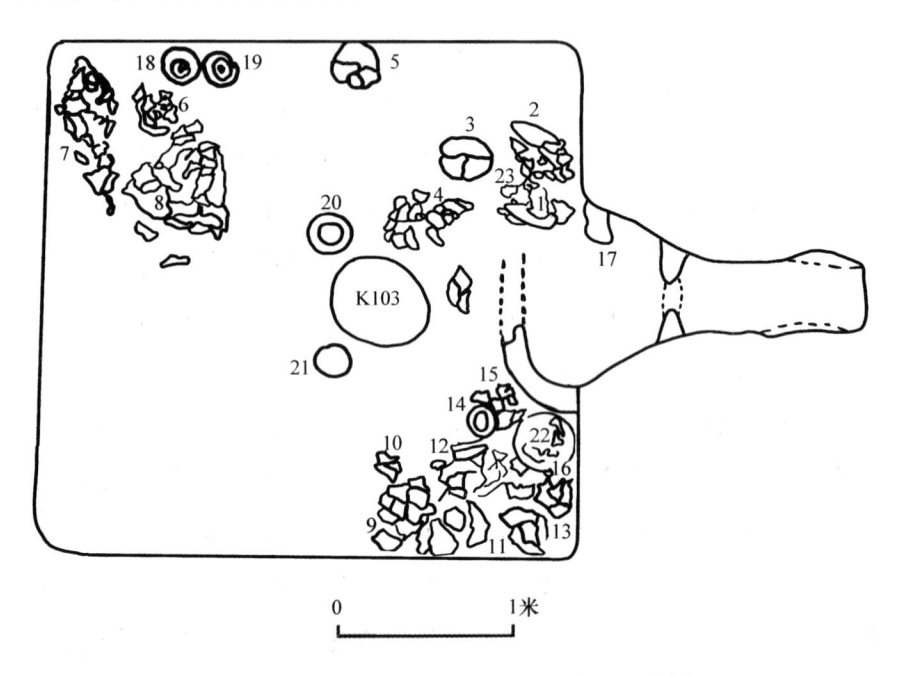

图7-1 临潼姜寨F46及出土器物位置示意图

1、2、7.尖底瓶；3—5、10.钵；6、11—15.罐；9.盆；8、16.瓮；17.石块；18、19.泥圈土墩；20—23.柱洞

---

① 中国社会科学院考古研究所：《宝鸡北首岭》，文物出版社1983年版，第16页。
② 中国社会科学院考古研究所：《宝鸡北首岭》，文物出版社1983年版，第17—18页。

第七章　尖底瓶的社会功能

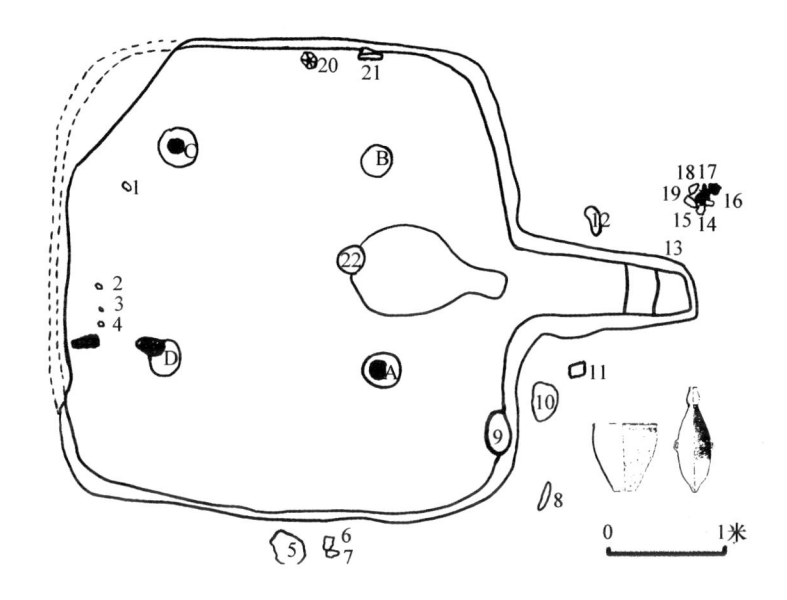

图 7-2　宝鸡北首岭 F23 平面及出土陶器位置示意图

A、B、C、D. 柱洞；E. 灶坑；1、2、13. 石锛；3. 骨锥；4. 石片；5、6、10. 碾谷盘；7、8、9、12. 碾谷棒；11. 磨石；14—19. 石斧；20. 牙饰；21. 钵；22. 罐

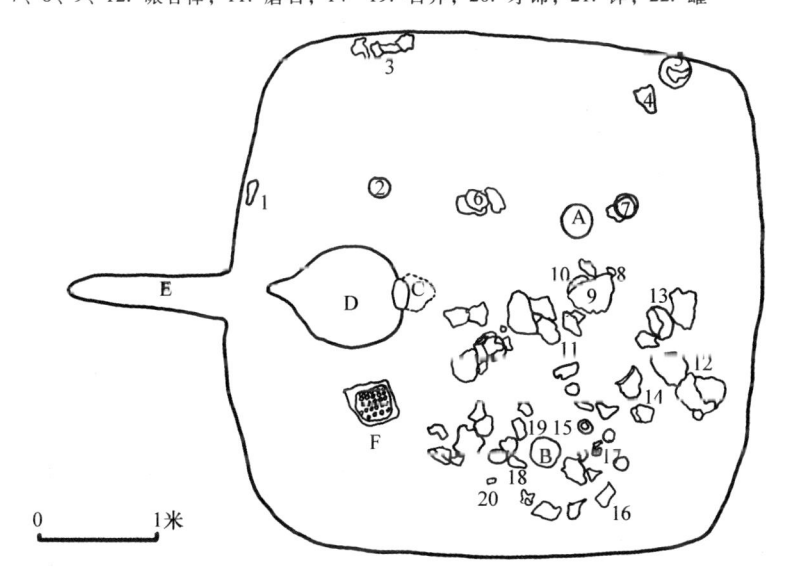

图 7-3　宝鸡北首岭 F35 平面及出土陶器位置示意图

A、B. 柱洞；C. 罐；D. 灶坑；E. 门道；F. 红烧土块；1、19. 石斧；2—4、6、7、9、12—14. 罐；5、10、18. 模具；11. 尖底瓶；15、17. 器座；16. 研磨棒；20. 石杵

165

陇县原子头F22，平面呈圆角长方形的半地穴式房屋，东西长4.3米，南北宽3米，室内面积较小，仅12.9平方米。房屋的墙壁系利用在黄土中开挖的坑壁，墙壁和地面经过修整，涂抹有草拌泥和料礓石。房屋内外地面既未发现柱洞也未发现灶坑，发掘者推测该房址或为无厨炊设备的季节性居室，室内西南和西北角的地面上集中出土有压碎的尖底瓶1件、钵2件和罐1件，均可复原①（图7-4）。

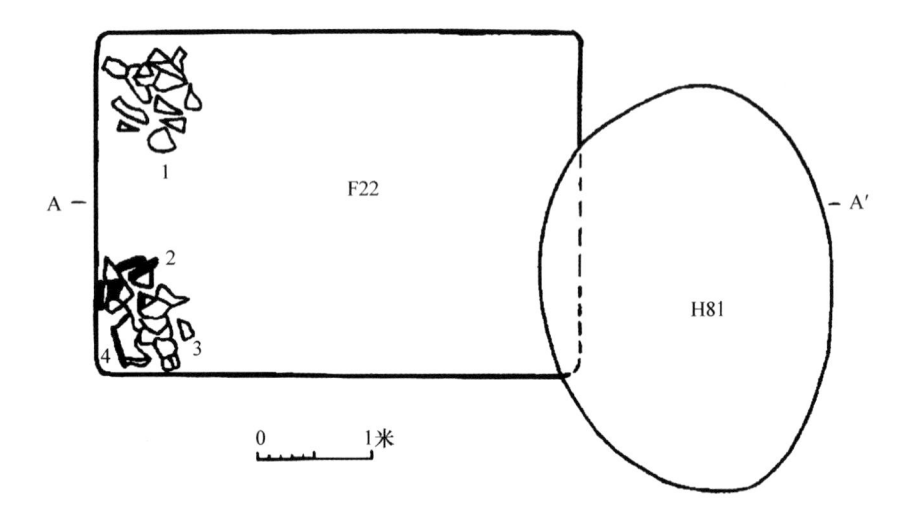

图7-4　陇县原子头F22平面及出土陶器位置示意图

1. 尖底瓶；2、3. 钵；4. 罐

洛阳王湾遗址F15，该房址被火焚毁，保存情况较差，为一平面近方形的地面房屋建筑，室内面积51.8平方米。墙基系用大块平整的天然砾石铺就而成，东西宽7米，南北长7.4米。室内地面平整光滑，显然经过精心修整，西北部有一高约6厘米的台面，台面边沿光滑，南北长1.8—2.75米，东西宽约1米左右，台面南边并有

---

① 宝鸡市考古工作队、陕西省考古研究所编：《陇县原子头》，文物出版社2005年版，第33—34页。

第七章 尖底瓶的社会功能

一段较窄的小隔墙。室内未见灶坑，但在房址的东北角、东南角和南墙基附近，均发现有黑灰色土，居住面表层也发黑坚硬，房子中部有下凹的两个半圆弧形小坑，深10—15厘米，里面也有黑灰土和木炭末，另外在房址的北部发现有一陶鼎，这些可能是于地面上直接炊食所留下的痕迹。室内地面上发现有五件陶器，房址北部出土有一个夹砂小罐，向西倾倒，内壁有粟的痕迹，靠台边出一夹砂红陶鼎，西南角出一卷沿盆，东北角平放两个杯形口尖底瓶，口北底南。紧靠尖底瓶南边的地面上发现有两副小孩的骨架，骨架粉碎，可能是房屋倒塌被埋所致（图7-5）。①

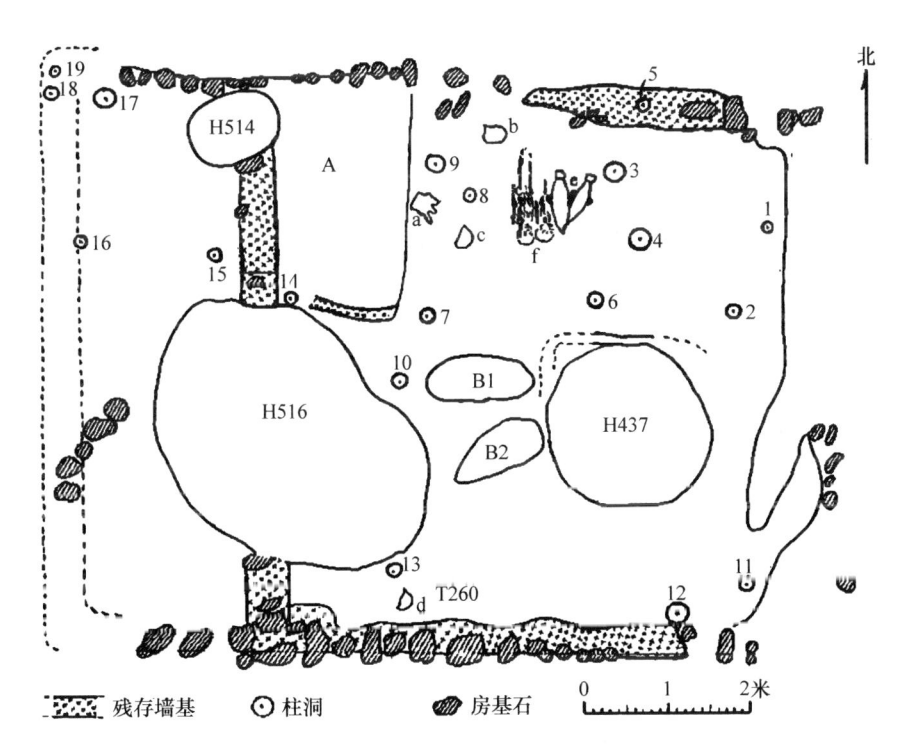

图7-5 洛阳王湾F15平面及其出土陶器位置示意图

a. 鼎；b. 罐；c. 钵；d. 盆；e. 尖底瓶；f. 小孩骨架；A. 土台；B1、B2. 居住面凹坑

---

① 北京大学考古文博学院：《洛阳王湾》，北京大学出版社2002年版，第21—25页。

大同马家小村 F3，是山西地区发现的出土尖底瓶房屋中保存最好的一处。F3 坐北朝南，平面呈圆角方形的半地穴房屋，长 6 米，宽 4.25 米，复原面积约 26 平方米。门道呈长条形并有斜坡状台阶，室内墙壁和地面涂抹有一层草拌泥，室内中南部有一处椭圆形灶址。在室内地面上发现有尖底瓶、罐等器物，可复原尖底瓶一件（图 7-6）。① 此外，在晋中地区的柳林杨家坪 F1 中，也出土有一件完整的重唇口尖底瓶，② 但毁坏严重，房屋形制不可辨。

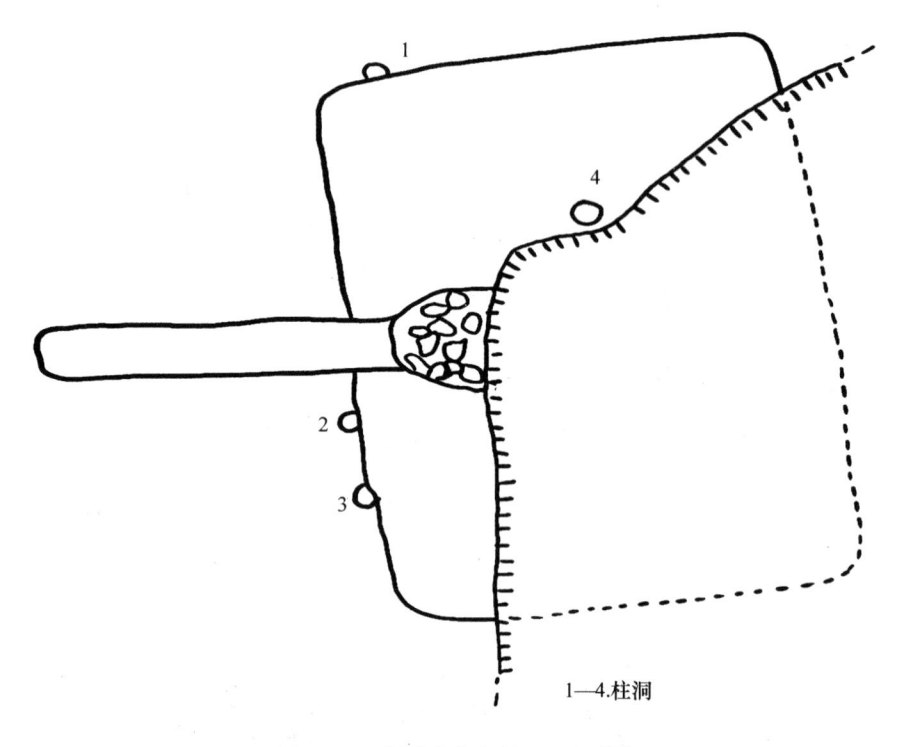

1—4.柱洞

图 7-6 大同马家小村 F3 平面图

---

① 山西省考古研究所、大同市博物馆：《山西大同马家小村新石器时代遗址》，《文物季刊》1992 年第 3 期。
② 国家文物局、山西省考古研究所、吉林大学考古系：《晋中考古》，文物出版社 1999 年版，第 60、63 页。

第七章 尖底瓶的社会功能

凉城王墓山坡下ⅠF5，平面呈圆角方形的半地穴式房屋，边长3.8米，面积14.44平方米，穴壁上部台面宽0.6米，表面用花土铺垫，抹草拌泥后有经火烧烤的痕迹，若将台面面积计算在内则室内面积约23.8平方米。地面经过修整，在地面中央近门道处有椭圆形灶坑。室内居住面上遗留有成组的陶器，包括钵、罐、瓮、杯等，台面上有小口尖底瓶1件（图7-7）。ⅠF5室内堆积灰花土，较疏松，居住面上有一层厚约10厘米的黑灰土，该房屋可能遭火灾而损毁，室内地面及台面上的陶器应是保留在其原位上。此外，王墓山坡下遗址中还有ⅠF11、ⅠF13两座房址，也出土有完整的尖底瓶，并存陶器还有罐、瓮、火种炉等，这两处房址整体形制与ⅠF5一致，面积分别为39平方米和33.6平方米（包括台面上的面积）。①

西安半坡F34，为仰韶晚期一处椭圆形半地穴式房屋。房屋北部稍残，长径4.1米，短径3.65米，室内面积约12平方米。室内地面上有瓢形灶坑，南面门道两边的隔墙不显著，室内倒塌堆积中有成排的木板，上抹草拌泥，可能是倒塌的屋顶。室内发现的器物包括尖底瓶2件、陶瓮1件、陶挫2件及骨针1枚。②

第二类，陶窑中出土的尖底瓶。陶窑主要用于陶器烧制环节，烧制完成后即将陶器取走。一般情况下陶窑内很少会遗留完整陶器，除非在烧制过程中发生意外情况而留置于其中。因陶窑发生意外而保留完整陶器的几率极小，相对于房址、窖穴等生活设施在尖底瓶出土数量上不占优势。以宝鸡福临堡遗址第一期遗存（庙底沟期）

---

① 内蒙古文物考古所等：《岱海考古（3）：仰韶文化遗址发掘报告集》，科学出版社2003年版，第41—47页。
② 中国科学院考古研究所、陕西西安半坡博物馆：《西安半坡》，文物出版社1963年版，第33—34页。

发现的陶窑 Y1 为例，Y1 由窑室、窑箅、火眼、火道、火膛、火口几部分组成，保存较好，在窑室、火膛及火道内出土大量夹砂红陶罐、盆、尖底瓶等器物残片，其中夹砂红陶罐为完整器，尖底瓶缺失口部和底部（图 7-8）①。

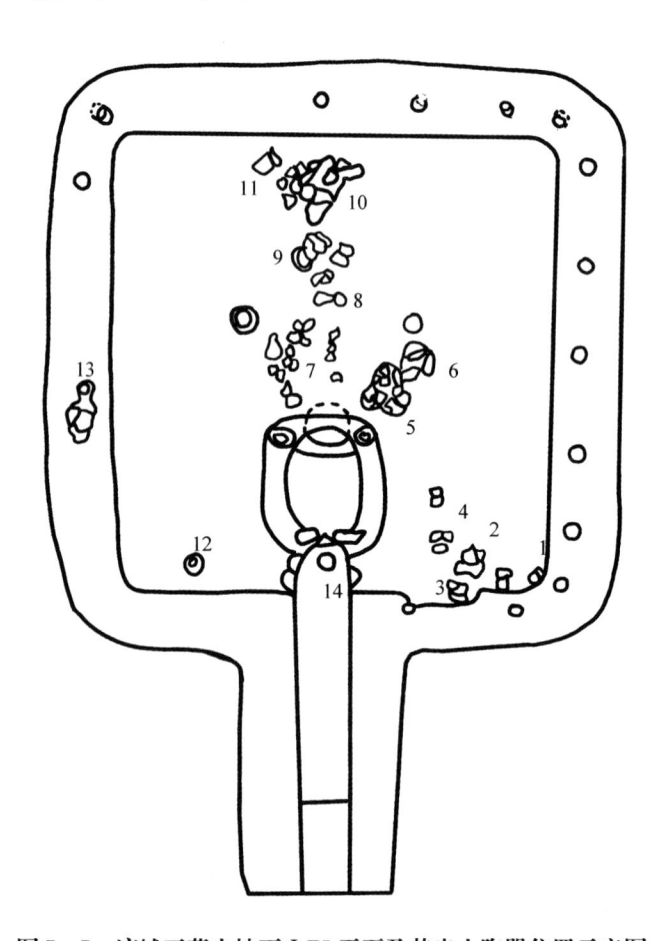

图 7-7　凉城王墓山坡下ⅠF5 平面及其出土陶器位置示意图

1. 石刀；2、9. 钵；3—5、7. 罐；6. 红烧土；8. 火种炉；10. 大口瓮；11. 带流罐；12. 器盖；13. 尖底瓶

---

① 宝鸡市考古工作队、陕西考古研究所宝鸡工作站：《宝鸡福临堡：新石器时代遗址发掘报告》，文物出版社 1993 年版，第 15—16 页。

第七章　尖底瓶的社会功能

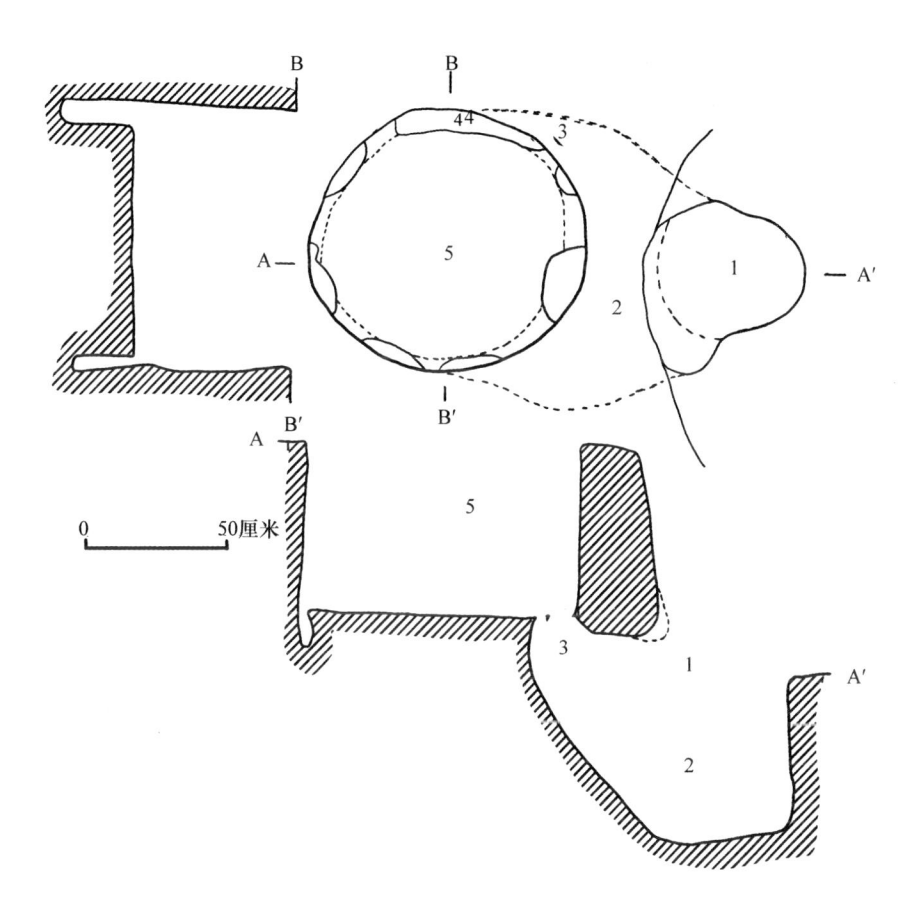

图 7-8　宝鸡福临堡 Y1 及出土尖底瓶

第三类，出土于灰坑中。考古发掘中灰坑是一个十分笼统的概念，按其使用性质又可进一步细分。出土尖底瓶的主要为垃圾坑和窖穴这两类。垃圾坑是当时人们倾倒垃圾的场所，出土的尖底瓶多为残破，极少见完整或可复原者。在这一类遗迹单位中发现的尖底瓶已经处于废弃使用阶段，很难发现完整器。窖穴是人类专门挖制的用于储藏粮食或其他物品之用，平面呈方形或圆形、椭圆形者均有，坑壁上或有明显的人工挖掘痕迹，筒状、袋状或大小相套的子母坑均有发现。在这一类遗迹中，发现过完整或可复原的尖底瓶，

171

以下选取几个典型单位做简要介绍：

蓝田新街遗址 H375，平面呈圆形，筒状，平底，坑底北侧有一半圆形浅坑，口径 1.8 米，底径 1.6 米，深 2.4 米。出土陶器共 23 件，器类包括盆、钵、罐、瓶、甑、器盖、陶刀和圆陶片，所有陶器均可复原（图 7-9）。此外，还有泥盅 1 件，石器包括石刀、石斧、石锛和纺轮，骨器包括骨锥、骨笄和骨镞，蚌器为蚌饰。[①] 鉴于灰坑中出土的陶器器类丰富，均可复原，石器和骨器数量也较多，推测是当时人们有意埋入的，最后不知何故被遗忘。

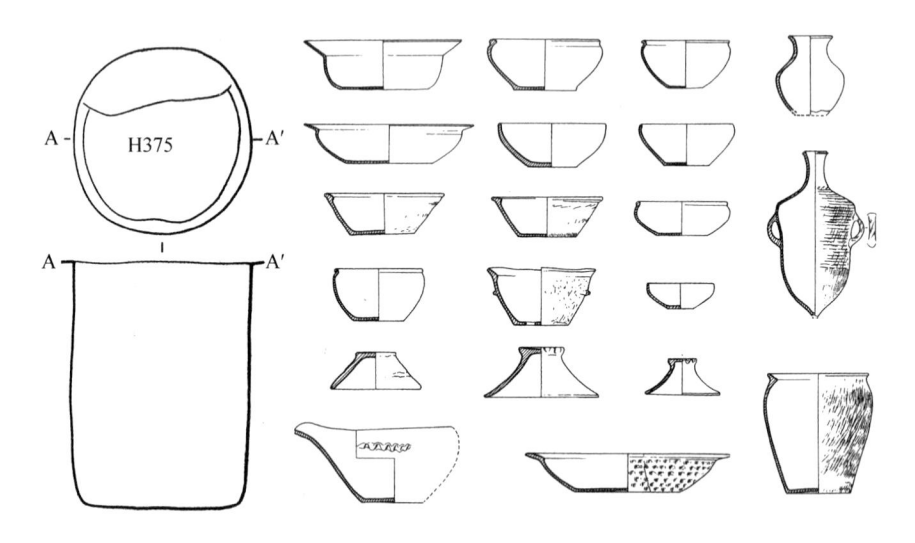

图 7-9 蓝田新街遗址 H375 平剖面图及其出土陶器组合

宝鸡福临堡 H130，圆形小口，细直颈，下部袋状坑壁弧圆，口径 0.9 米，底径 2.45 米，深 3.4 米。坑壁表面修整光滑，近底部约 0.5 米处的南侧，保留有一层厚约 8 厘米的草拌泥层，草拌泥层下分别为灰土层、草灰层、板灰层，局部还保留有木纹痕迹，板灰层下

---

① 陕西省考古研究院蓝田新街遗址发掘资料。

即为大量的陶片堆积,经拼对可修复罐、盆、盘、缸、碗、杯、尖底瓶和钵等大小陶器25件,另有陶、石、骨质小件器物多件。其中大型和小型尖底瓶各1件,大型尖底瓶编号H130:15,口径9厘米,高61.5厘米;小型尖底瓶编号H310:16,口径6厘米,高41厘米。陶片堆积的地面上有一层木板灰痕(图7-10)。该灰坑的情况与蓝田新街H375的情况较为相似。

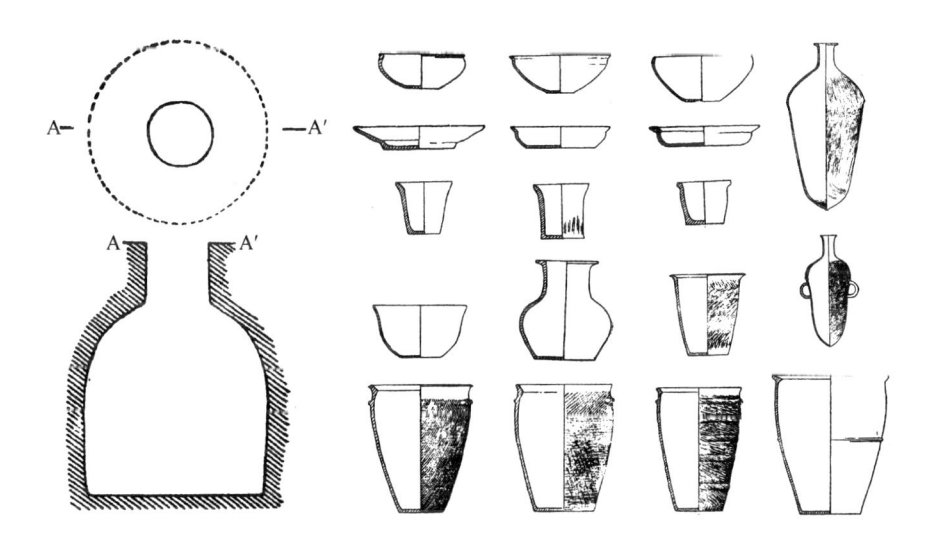

图7-10 宝鸡福临堡H130平剖面图及出土部分陶器

二 墓地出土尖底瓶

仰韶文化的墓地,以半坡期发现的最多。在西安半坡、宝鸡北首岭、华县元君庙、华阴横阵、渭南史家、临潼姜寨、南郑龙岗寺等遗址中均发现有成片墓地,对半坡类型墓葬形制及埋葬制度的研究考察也最为全面。庙底沟期的墓葬比较少,目前能够确认的规模最大的为陕西高陵杨官寨庙底沟墓地,[1] 其余遗址墓葬分布较为零散

---

[1] 陕西省考古研究院、高陵区文体广电旅游局:《陕西高陵杨官寨遗址庙底沟文化墓地发掘简报》,《考古与文物》2018年第4期。

且数量不多。半坡晚期，尚未发现成规模的墓地，墓葬数量也寥寥无几。由于不同阶段考古资料的局限性，下文叙述中的墓葬类型主要以半坡期为主。

根据出土状况，墓地中出土的尖底瓶主要有以下两种情况：

第一种是以尖底瓶为随葬品的墓葬，该类墓葬以半坡类型时期发现得最多。相关情况如下：

西安半坡：发现合葬墓2座和单人墓172座，共计174座。有随葬品的墓葬71座，占到墓葬总数的40.8%。随葬品中有尖底瓶的墓葬26座，占到墓葬总数的14.9%，占到有随葬品墓葬总数的37%。

临潼姜寨：第一期遗存（半坡期前段），发现墓葬174座，以单人墓为主，有随葬品的墓葬117座，占到墓葬总数的67.2%。随葬品中有尖底瓶的墓葬42座，占到墓葬总数的24.1%，占到有随葬品墓葬总数的35.9%。第二期遗存（半坡期后段），发现墓葬191座，以合葬墓为主，有随葬品的墓葬149座，占到墓葬总数的78%。随葬品中有尖底瓶的墓葬23座，占到有随葬品墓葬总数的15.4%。

华县元君庙：发现合葬墓32座，单人墓16座，葬式不明者2座，无人墓7座，共计57座。有随葬品的墓葬55座，占到墓葬总数的96.5%。随葬品中有尖底瓶的墓葬33座，占到有随葬品墓葬总数的60%。

宝鸡北首岭：墓葬总计385座，以单人墓为主。有随葬品的墓葬225座，占到墓葬总数的58.7%。随葬品中有尖底瓶的墓葬41座，占到墓葬总数的10.6%，占到有随葬品墓葬总数的18.2%。

西安鱼化寨：墓葬总计12座，以单人墓为主，均有随葬品。随葬品中有尖底瓶的墓葬5座，占到有随葬品墓葬总数的41.6%。

华阴横阵：墓葬总计24座，以大坑套小坑的合葬墓为主。有随葬品的墓葬18座，占到墓葬总数的75%。随葬品中有尖底瓶的墓葬16座，占到有随葬品墓葬总数的88.9%。

第七章　尖底瓶的社会功能

南郑龙岗寺：墓葬总计409座，以单人墓为主。有随葬品的墓葬226座，占到墓葬总数的55.3%。随葬品中有尖底瓶的墓葬85座，占到墓葬总数的20.7%，占到有随葬品墓葬总数的37.6%。

宝鸡福临堡：墓葬共计45座，均为单人墓。有随葬品的墓葬12座，占到墓葬总数的5.6%。未见随葬尖底瓶者。

渭南史家：墓葬总计43座，其中合葬墓40座。有随葬品的墓葬39座，占到墓葬总数的90.7%。未见随葬尖底瓶，而多见随葬葫芦瓶者。

秦安大地湾：第二期遗存中计有墓葬15座，有随葬品的墓葬7座，占到墓葬总数的46.7%。未见随葬尖底瓶，而见随葬葫芦瓶者。

翼城北橄：第一期遗存计有墓葬7座，均无随葬品。

淅川下王岗：第一期遗存墓葬共计123座，主要为单人墓。有随葬品的墓葬74座，占到墓葬总数的60.2%。随葬品中不见尖底瓶。第二期遗存墓葬共计451座，主要为单人墓。有随葬品的墓葬323座，占到墓葬总数的71.6%。随葬品中不见尖底瓶。

上述遗址为目前已发表资料中墓葬信息较为全面者，其余资料不全不具统计意义者暂未收录。据不完全统计，现已发掘的半坡类型墓葬超过2000多座，有随葬品的墓葬逾1300多座，占到墓葬总数的62.9%；随葬尖底瓶的墓葬约近300座，占到墓葬总数的12.8%。这一统计中还需注意到合葬墓与单人葬墓之间的区别，合葬墓中随葬尖底瓶的现象也较为普遍，若平均到单人其绝对数量并不多。就目前资料而言，随葬尖底瓶的墓葬主要发现于陕西关中地区，在山西、河南地区，虽发现有半坡期的墓葬，但未见随葬尖底瓶的现象，当然也不排除或许有之，但目前笔者未能收集到该方面资料（表7-1）。

庙底沟期可确认的墓地，规模最大的只有陕西高陵杨官寨遗址一处，其余均为零散墓葬，数据统计如下：

表 7-1　部分仰韶文化时期遗址墓葬数量统计表

期别	遗址名称	土坑墓葬总数	有随葬品的墓葬	所占总比例（%）	随葬尖底瓶的墓葬	所占总比例（%）	瓮棺葬总数	以尖底瓶为葬具的墓葬数	所占总比例（%）	有随葬品的墓葬数	所占总比例（%）
半坡期	西安半坡早期遗存	174	71	40.8	26	14.9	/	/	/	/	/
	临潼姜寨第一期遗存	174	117	67.2	42	24.1	206	0	0	12	5.82
	临潼姜寨第二期	191	149	78	23	12	103	0	0	4	3.88
	华县元君庙	57	55	96.5	33	57.8	/	/	/	/	/
	宝鸡北首岭	385	225	58.7	41	10.6	66	0	0	18	27.2
	西安鱼化寨	12	12	100	5	41.6	122	0	0	10	8.2
	华阴横阵	24	18	75	16	66.7	5	0	0	/	/
	南郑龙岗寺	409	226	55.3	85	20.7	14	0	0	/	/
	宝鸡福临堡	45	12	5.6	0	0	/	/	/	/	/
	渭南史家	43	39	90.7	0	/	6	0	0	3	50
	秦安大地湾第二期一期遗存	15	7	46.7	0	0	/	/	/	/	/
	寨城北橄第一期遗存	7	0	0	0	/	1	0	/	/	/
	淅川下王岗一期遗存	123	74	60.2	0	0	/	/	/	/	/
	淅川下王岗二期遗存	451	323	71.6	0	0	21	0	0	/	/
	小计	2110	1328	62.9	271	12.8	544	0	0	47	8.6

第七章 尖底瓶的社会功能

续表

期别	遗址名称	土坑墓葬总数	有随葬品的墓葬	所占总比例（%）	随葬尖底瓶的墓葬	所占总比例（%）	瓮棺葬总数	以尖底瓶为葬具的墓葬数	所占总比例（%）	有随葬品的墓葬数	所占总比例（%）
庙底沟期	高陵杨官寨	213	18	8.5	1	0.005	/	/	/	/	/
	襄汾陈郭	62	0	0	0	/	/	/	/	/	/
	垣曲小赵	1	0	0	0	0	3	3	100	0	0
	洛阳王湾	34	4	11.8	0	0	48	43	89.6	0	0
	西峡老坟岗	9	9	100	1	11.1	/	/	/	/	/
	灵宝西坡	34	16	47	0	0	0	/	/	/	/
	小计	353	47	13.4	2	0.006	51	46	90.2	0	0
半坡晚期	西安鱼化寨	2	0	0	0	0	1	0	0	0	/
	郑州后庄王中期遗存	17	0	0	0	0	50	有	/	/	/
	郑州后庄王晚期遗存	1	0	0	0	0	37	有	/	/	/
	小计	20	0	0	0	0	88	/	/	/	/

177

高陵杨官寨：发现墓葬343座，已清理墓葬213座。以单人墓为主，墓葬形制可分为偏洞室墓、竖穴土坑墓及带二层台墓葬。偏洞室墓最为常见，共计173座，占已发掘墓葬的81%，竖穴土坑墓22座，带二层台的墓葬18座。有随葬品的墓葬仅18座，占到墓葬总数的8.5%，其中随葬尖底瓶的墓葬仅1座[1]。

洛阳王湾：墓葬共计34座，有随葬品的墓葬4座，占到墓葬总数的11.8%。未见随葬尖底瓶者。

西峡老坟岗：墓葬共计9座，墓葬形制特殊，均为积石墓，有长方形竖穴土圹者7座，墓内均有随葬品，但随葬尖底瓶的墓葬仅1座。

灵宝西坡：墓葬共计34座，以单人墓为主，墓葬形制均为长方形竖穴土坑墓，部分墓葬有二层台。有随葬品的墓葬有16座，占到墓葬总数的47%。未见随葬尖底瓶者。

山西地区发现的庙底沟期的墓葬数量较少，仅在襄汾陈郭、垣曲小赵遗址有发现，总计有63座。但墓葬内均无随葬品。

庙底沟期的竖穴土坑墓葬，粗略统计超353座，主要为单人墓。有随葬品的墓葬仅47座，占墓葬总数的13.4%，随葬尖底瓶的墓葬仅2座（表7-1）。

半坡晚期，竖穴土坑墓葬几无发现，西安鱼化寨、郑州后庄王等遗址中有少数几座，但均无随葬品。近期，西安附近的马腾空遗址发现有一批半坡晚期墓葬，墓葬内也极少有随葬品[2]（表7-1）。

第二种是以尖底瓶为葬具的墓葬，即所谓的瓮棺葬。相关情况如下：

半坡期，在临潼姜寨、宝鸡北首岭、华阴横阵、南郑龙岗寺等

---

[1] 陕西省考古研究院、高陵区文体广电旅游局：《陕西高陵杨官寨遗址庙底沟文化墓地发掘简报》，《考古与文物》2018年第4期。
[2] 陕西省考古研究院：《2018年考古年报》。

遗址均发现有瓮棺葬。从墓主人年龄观察，多为婴孩，葬于居址房屋附近。但此阶段瓮棺葬的葬具以瓮上扣钵或盆为主，以尖底瓶为葬具者极少，仅在西安鱼化寨遗址发现一例以尖底瓶为葬具者，W93葬具为一件陶瓮和一件陶瓶的下半部分，陶瓮口朝上置于坑底，陶瓶倒扣于陶瓮上。[1] 瓮棺葬内极少有随葬品，据粗略统计，该阶段544座瓮棺葬中仅有47座有随葬品，其中在西安鱼化寨遗址中有3座瓮棺葬中随葬有尖底瓶。[2]

庙底沟期，以尖底瓶为葬具的现象较为普遍，在垣曲小赵、洛阳王湾等遗址中均有发现。葬具的组合形式多样，大致可分为以下几种：1. 如口部与底部结合，将一个小口尖底瓶腹部锯开或选择两个尖底瓶（各取其大半合在一起）；2. 底部与底部结合，将两个尖底瓶齐腰锯开，取两底部合而使用；3. 口部与口部结合，将两个尖底瓶齐腰锯开，取两口部合而使用；4. 尖底瓶口部（取腹中部以上）与罐、瓮、缸等器物结合。以上四种情况以前三种最为多见，这一阶段尚未见瓮棺内有随葬品者。

半坡晚期，由于资料较少，墓葬数量及以尖底瓶为葬具的数量尚不具备统计学意义。就目前资料而言，只能说明这一阶段以尖底瓶为葬具的瓮棺葬仍存在，具体数据统计及所占比例还有待发现新的考古资料。

第二节 社会功能分析

礼仪既与人类行为相关，也要通过实实在在的物品表现出来。如酒在古代礼仪中占有重要的地位，《殷虚文字类编》中云：卜辞所

---

[1] 西安市文物保护考古研究院：《西安鱼化寨》，科学出版社2017年版，第598页。
[2] 西安市文物保护考古研究院：《西安鱼化寨》，科学出版社2017年版，第545—548、575—582页。

载之酒字为祭名。考：古者酒熟而荐祖庙，然后天子与群臣饮之于朝。而器物则承载着礼仪行为，如《左传·成公二年》中载：唯器与名，不可以假人……信以守器，器以藏礼，礼以行义……一般认为，中国礼仪制度初步形成于龙山时代，在制度形成之前礼仪就已经存在。若从这一角度思考，礼仪的起源应早于龙山时代。已有的考古研究表明，仰韶文化早期生产水平仍较低下，农业生产与狩猎采集活动互为补充，此阶段社会发展程度低，生产规模小，人口较少；仰韶文化中期社会繁荣，生产力水平提高，以农业生产为主要活动，此阶段社会发展程度提高，生产规模扩大，人口增多，进入以种植粟黍为主的农耕社会；仰韶文化晚期，生产力水平进一步提高，为随后龙山时代的来临和华夏文明的形成奠定了基础。仰韶文化历时两千余年，早、中、晚期三个阶段完成了从狩猎采集社会向稳定农耕社会的转变，稳定的农业生产必然带来财富的积累，为社会复杂化奠定物质基础。仰韶文化的典型器物尖底瓶结构复杂，与酿酒活动关系密切，在居址与墓葬中均有发现，作为酒器是否隐含着其他社会功能值得思考。

一 居址中尖底瓶的社会功能

一件器物的制造、使用到废弃都与人类活动关系密切。随着社会结构日趋复杂，社群分化成为不可避免的历史趋势，对于器物的制作与使用而言，制作人群与使用人群也必然出现分化。一旦这种人群分化成为常态，器物使用的人群和场所固定，礼仪自然就形成了。仰韶文化居址中共有三种遗迹单位出土尖底瓶，陶窑中的尖底瓶处于烧制阶段，与陶窑相关的遗迹单位还包括制陶作坊（资料极少），与这一阶段相关的人群为制作者。房屋、窖穴中出土的尖底瓶处于使用阶段，与这一阶段密切相关的人群为使用者。仰韶文化中期，部分区域已经出现了聚落分级现象，带有壕沟或城墙大型聚落

第七章　尖底瓶的社会功能

的出现表明社会层级分化已经成为必然趋势，尖底瓶的制作与使用背后是否有章可循，尖底瓶的制作人群与使用人群是否为同一群体都值得探讨。

出土尖底瓶的房屋涵盖了仰韶文化自早至晚的各个阶段，房屋面积一般在10—50平方米之间，房屋平面以圆角方形或长方形为主，除洛阳王湾F15为地面房屋建筑之外，其余均为半地穴式房屋建筑；室内地面和墙壁均经修整；除陇县原子头F22之外，其余房屋内均发现有灶址，在洛阳王湾F15中还发现一处土台，可能是土床一类的设施。这些房屋多因火灾等意外被毁后废弃，房屋内的生产、生活用具多保留在原地，均可复原，除尖底瓶、钵、罐、盆、瓮等陶器外，有的房屋还发现有石磨盘、石磨棒、石斧、石锛、骨针等石、骨器。

根据严文明先生的研究，仰韶文化房屋依据面积大小可分为大、中、小三类。[①] 其中小型房屋面积在10—30平方米之间，多数在15—20平方米，数量最多；中型房屋数量次之，面积一般在30—60平方米之间，以40—50平方米者最多；大型房屋面积在60—300平方米之间，其中以80—150平方米者为多，数量最少。300平方米左右的大型房屋多见于仰韶文化晚期阶段。参考这一分类结果，出土尖底瓶的房屋均是仰韶文化时期常见的中、小型房屋。小型房屋的基础设施基本可以满足一个家庭独立生活的需要，可代表一个独立的消费单位。但是，每座房屋可储存的粮食十分有限，因而还只能是相对独立的消费单位。中型房屋的存在，表明大家庭或家族存在的可能性。特别是在河南地区，双间和多间地面房屋的普遍出现，表明若干相对独立的小家庭更加密切地组织在一起，从而形成一个

---

① 严文明：《仰韶房屋和聚落形态研究》，《仰韶文化研究》，文物出版社1989年版，第220—224页。

更加独立的消费单位。①

  目前尚未在仰韶文化时期大型房屋中发现完整或可复原的尖底瓶，尽管不能完全排除考古发掘中存在的偶然性导致了这一现象，但就目前已有材料来看，尖底瓶的确更常见于中小型房屋而非大型房屋。仰韶文化时期的大型房屋一般都发现于面积较大的遗址中，数量较中小型房屋要少得多，虽不是全部分布于遗址的中心位置，但从整体布置上还是处于较为突出的位置。房屋平面呈方形或五边形，以半地穴式建筑为主，一般为大型开间。在建筑方式上与中小型房屋并无质的区别，但因面积较大而需耗费更多的人力物力。室内地面多经修整，普遍使用白灰涂面，不少大房子的地面和墙壁还有涂红现象，室内地面上有火塘，呈圆形或圆角方形，面积大且深，绝非小型房屋火塘的体量能比拟的。有些屋内设有低矮的土台，面积大者可容纳多人，面积小者仅能容纳一到三人。房屋内很少发现陶、石、骨器等生产生活用具，也极少有其他生活设施。从上述特点来看，大型房屋不似平常居住用的房屋，但其位于遗址居址区内，在位置布局上又与中小型房屋有着千丝万缕的关系，说明大型房屋并未脱离史前社会集体生活需求，而是因其功能特殊而与中小型房屋有所差别。

  在中国台湾地区，相关民族志上有不少关于"大房子"的记载，可供参考。以台湾南势阿美族为例，每个部落有两个集会所，一般举全部落之力修建。集会所的整体结构同族内普通房屋相似但没有墙壁，其规模大小因部落而异，大的宽约18—20米，小的宽约10—12米，室内地面上散布数个火炉。集会所的功能包括共同制作工具、聚众议事、祭祀、集会、聚餐等。② 祭祀所用的酒和食物由部落

---

① 严文明：《仰韶房屋和聚落形态研究》，《仰韶文化研究》，文物出版社1989年版，第185页。
② "台湾总督府临时台湾旧惯调查会"编：《蕃族调查报告书》（第一册），"中央研究院"民族研究所编译，"中央研究院"民族学研究所2007年版，第39—43页。

第七章　尖底瓶的社会功能

内的壮丁（有劳动力的青壮年男子）带来。一般祭祀完毕后会举行聚餐活动，参加者包括部落头目、长老、壮丁等，聚餐的麻糬和鸡由参加者带来。[①] 功能类似的大房子在阿美族马栏社[②]、奇密社、大巴塱社也有发现，[③] 但建筑形制有所不同。如阿美族马太鞍社的大房子是干栏式建筑。[④] 除祭祀、聚会之外，这些大型房屋同时也是教育青年、举行集体劳动和安全保卫的场所。[⑤] 因为不是日常生活居住的场所，室内极少会有必需的生活设施。举行集体活动时，所需要的酒和食物由参与者带来，而装酒和盛食的陶器，在集体活动结束后再由参与者带回自己家中。

有学者认为，仰韶文化时期的大型房屋是举行公共活动的场所，这些公共活动包括集会、宴饮、祭祀等，[⑥] 这一认识基本成立。仰韶文化时期的大型房屋作为集体活动的场所，可能不仅是部落举行集会、祭祀等大型活动的礼仪中心，也是集中议事的地方，凡攸关部落的大事，都要在这里讨论、举行，因此也可看作是聚落的行政中心。作为礼仪中心和行政中心，这些大型房屋只在举行集体活动时使用，而非日常居住生活的地方，所以这些房屋中较少出现与生活相关的器物。根据相关民族学的材料可以推测，当时举行公共活动所需的酒和食物由参加活动的人带来，活动结束后装酒和盛食的陶

[①] "台湾总督府临时台湾旧惯调查会"编：《蕃族调查报告书》（第一册），"中央研究院"民族研究所编译，"中央研究院"民族学研究所2007年版，第20—21页。

[②] "台湾总督府临时台湾旧惯调查会"编：《蕃族调查报告书》（第一册），"中央研究院"民族研究所编译，"中央研究院"民族学研究所2007年版，第153—155、168—172页。

[③] "台湾总督府临时台湾旧惯调查会"编：《蕃族调查报告书》（第二册），"中央研究院"民族研究所编译，"中央研究院"民族学研究所2009年版，第19—24、35—36、113—114、129—131页。

[④] "台湾总督府临时台湾旧惯调查会"编：《蕃族调查报告书》（第二册），"中央研究院"民族研究所编译，"中央研究院"民族学研究所2009年版，第172—178页。

[⑤] 陈星灿：《庙底沟期仰韶文化"大房子"功能浅论》，北京大学考古文博学院、北京大学中国考古学研究中心编：《考古学研究（卜）》，文物出版社2012年版，第610页。

[⑥] 刘莉、王佳静、陈星灿等：《仰韶文化大房子与宴饮传统：偃师灰嘴遗址F1地面和陶器残留物分析》，《中原文物》2018年第1期。

器再由参与者带走,而不是将其留置于"大房子"中。

作为储酒器和饮酒器的尖底瓶必然不能缺席这些活动,由此推测,尖底瓶及其所盛之酒应当属于个体,即出土尖底瓶中小型房屋的主人。这些人是酿酒活动的进行者和尖底瓶的使用者。据不完全统计(包括可辨认器形者),尖底瓶在各遗址平均出土率为7%左右。这一比率与仰韶文化中常见的瓮、罐、盆、钵相比绝对数量相对偏低。根据尖底瓶的出土单位及数量,说明当时酿酒活动已经出现,且可能以家庭为单位进行,这一行为虽然具备一定的普遍性,但也绝非寻常。陶窑中出土的尖底瓶处于烧制阶段,但目前考古工作中尚未有明确发现出土于制陶作坊的尖底瓶。由于相关考古资料较少,目前还不能确认仰韶文化时期是否有专事制陶的人群。

有学者认为,当时社会生产力低下、粮食产量不足,很难进行大规模酿酒的生产活动。但根据相关植物遗存研究,[①] 距今9000—7800年的贾湖遗址生业方式以采集为主,虽然发现有可能为早期栽培作物的稻谷遗存,但仅仅是辅助性的生产活动而非主要的植食性来源。即便在这样的生产条件下,贾湖遗址依然发现有酒类遗存,说明粮食生产力的高低及谷物来源,不能成为判断是否进行酿酒等生产活动的唯一依据,而应该综合当时人们的物质和精神双方面的需求。仰韶文化做过植物遗存分析的包括半坡期的鱼化寨遗址[②],庙底沟期的陕西华阴兴乐坊遗址和白水下河遗址[③]、河南淅川沟湾遗址[④],半

---

① 赵志军、张居中:《贾湖遗址2001年度浮选结果分析报告》,《考古》2009年第8期。
② 赵志军:《仰韶文化时期农耕生产的发展和农业社会的建立——鱼化寨遗址浮选结果的分析》,《江汉考古》2017年第6期。
③ 刘焕、胡松梅等:《陕西两处仰韶时期遗址浮选分析结果及其对比》,《考古与文物》2013年第4期。
④ 王育茜、张萍、靳桂云:《河南淅川沟湾遗址2007年度植物浮选结果与分析》,《四川文物》2011年第2期。

坡类型晚期的灵宝西坡遗址[①]。根据这些相关遗址的植物遗存考古研究，我们对仰韶文化时期先民的植食结构有了一定的了解。虽然不同遗址的粟、黍比例有所差别，但仰韶文化时期以粟、黍为主，稻为辅，偶见麦类作物的农业模式十分清晰。而这一时期酿酒的主要原料以黍为主，大麦、稻米、薏苡为辅，此外还包含栝楼根、山药、芡实及其他块茎类植物，因此在有稳定农业生产的前提下，酿酒作为普通生活所需及供集体活动使用的话，应当可以满足当时的需求。

二 墓葬中尖底瓶的社会功能

学术界普遍认同墓葬的形制、结构、随葬品数量及组合，能够反映死者生前的社会地位和对财富的占有量。即墓葬所体现的劳力花费、对权势财富象征物的占有和人口统计上的分化，能够反映出墓主人的社会角色特别是社会等级差别。其中墓葬随葬品的质与量直接反映了墓主的身份等级，反映了其与劳动力、奢侈品生产者之间的分化。[②] 通过对墓葬考古材料的分析和解读，有助于复原和认识当时的社会生活和组织结构。

仰韶文化时期与尖底瓶相关的墓葬，分为以尖底瓶为随葬品的墓葬和以尖底瓶为葬具的墓葬两类。以尖底瓶为随葬品的墓葬，主要发现于陕西渭水流域的半坡期和庙底沟期，其中又以半坡期的发现最为丰富，多为中小型尖底瓶。以尖底瓶为葬具的墓葬，主要发现于河南、山西地区的庙底沟期和半坡晚期，多为大型尖底瓶。由于除陕西地区之外，其他地区的墓葬材料不甚丰富，上述与尖底瓶相关墓葬的区域分布特征还有待检验。

[①] 中国社会科学院考古研究所、河南省文物考古研究所：《灵宝西坡墓地》，文物出版社2010年版，第270—281页。

[②] 秦岭：《类型价值（TYPE VALUE）和墓葬价值（GRAVEVALUE）——介绍墓葬研究中的一种量化方法》，《华夏考古》2003年第3期。

根据已有考古资料及相关研究，半坡期以尖底瓶为随葬品的墓葬特征总结如下：

1. 墓葬中流行用陶器做随葬品。据不完全统计，包括合葬墓在内约60%的墓葬中有随葬品，数量从一件至数十件不等。随葬尖底瓶的墓葬（包括合葬墓）约占墓葬总数的12%，这类墓葬散布于公共墓地内，与随葬其他陶器和无随葬品的墓葬相比无区域分隔。

2. 从墓葬形制大小观察，无论有无随葬品或随葬品中有无尖底瓶，单人墓长度和宽度均以可以容纳墓主人为基本标准，合葬墓的大小则与合葬人数的多少成正比。这一时期罕见大型墓葬。

3. 从墓主人年龄和性别观察，以成年人居多（十八岁及以上），也有少部分为少年儿童。男性和女性墓葬中均有随葬尖底瓶者，在数量上无明显差别。

4. 从墓葬所埋人骨数量观察，单人墓和合葬墓中均有随葬尖底瓶，单人墓中有随葬2件及以上尖底瓶者，合葬墓中有仅随葬1件或无尖底瓶者。

5. 作为随葬品的尖底瓶，多为中小型。其中有将实用器随葬入墓的，瓶口、瓶身都可见明显的使用痕迹；还有专为随葬而烧制者，制作粗糙，器身矮小，高约十几至二十厘米。

6. 随葬尖底瓶的墓葬中，随葬瓶数量从一件至数件不等，基本组合为尖底瓶、尖底瓶+钵、尖底瓶+罐、尖底瓶+钵+罐等几种情况。

从上述特征看，随葬尖底瓶的墓葬在公共墓地中的位置、形制大小、墓主人的年龄、性别、数量上均无明显的特殊性。同一墓葬中随葬尖底瓶的数量也很有限，显然并未将尖底瓶作为身份等级或财富的象征。从随葬品组合上，以钵、罐最为常见，与钵+罐+尖底瓶是一种较为常见的组合形式，除此之外还有钵+罐+细颈壶、

第七章 尖底瓶的社会功能

钵+罐+尖底瓶的组合（图7-11）。在这几种组合中，钵和罐为固定器物，尖底瓶与细颈壶、葫芦瓶则一般为三选其一与钵、罐组合，尖底瓶与细颈壶、葫芦瓶则鲜少有共存现象。若从随葬品的功能组合角度考虑，细颈壶、葫芦瓶可能与尖底瓶有着相似的功能，而在随葬中选取不同的器物可能与墓主人日常使用的喜好有关。

图7-11 半坡期随葬陶器常见组合

埋葬制度不但受制于现实生活，同时受制于历史文化传统和宗教观念，在一定程度上能够反映现实的社会关系，又不完全是现实社会的简单复写。① 半坡期随葬品多为实用器，主要为生产工具和生活用具，虽说随葬品的放置反映的是生者的行为，但却不能否认其隐含的社会现实意义，能与墓主人共同埋葬的物品于墓主人而言必有其意义所在。除寄托对逝者的关心与哀思之外，这些随葬品与死者之间的关系更值得思考。随葬尖底瓶的墓葬主人身份大致有两种情况：一则墓葬主人生前从事酿酒活动，因此在死后随葬尖底瓶以慰生前辛苦劳作；二则墓葬主人生前喜好饮酒或有享用美酒的身份地位，因此在死后随葬尖底瓶以在灵魂世界继续享受生前的待遇。墓主人的身份地位不同，随葬尖底瓶的意义自然有异，但在现有材料的基础上辨别墓主人身份还存在一定的困难。

半坡期的公共墓地中成人和少年儿童多埋葬于土坑墓中，流行多人合葬和二次葬，有一定数量的单人葬和一次葬，罕见大型墓葬。有随葬品的墓葬约占墓葬总数的一半左右，随葬尖底瓶者仅1/5。随葬品的种类繁杂但基本没有超出构成生活必须条件的范畴，且以实用器为主，说明死者生前并未脱离日常的生产活动。随葬品的生活化表明生者对死亡世界的认知为视死如生，所以把现实世界生活中所需要的物品都用于随葬，寄托了生者对死者的关心和哀思。随葬品的数量和组合没有固定标准，说明此时期尚未形成一种必须遵守的墓葬制度。除随葬品的多寡有无之外，墓葬的排列位置、形制结构、墓主人葬式等没有发现明显差别，说明此时社会阶级或阶层尚未形成，社会还处于相对平等的阶段。但随葬品质与量的区别也不能忽视，尖底瓶结构复杂，较其他种类陶器不仅需要较高的制作技术，而且需要花费更长的时间，因此其社会价值更高。保尔·拉法格在《财产及其起源》一书中认为，"个人用品或私人用品的财产是财

---

① 严文明：《半坡类型的埋葬制度和社会制度》，《仰韶文化研究》，文物出版社1989年版，第286页。

第七章　尖底瓶的社会功能

产的最原始形式,它过去经常存在过而将来也还要经常存在的,因为它是构成生活的必须条件","个人的财产采取物质的形式出现……这些个人使用之物就是死后也不离开它,与死者尸体一起烧毁或埋葬"①。在这样的认知下,随葬品的有无、多寡很可能反映了墓主人个人财产的占有情况,随葬品的种类与墓主人生前的职业、地位也有一定的关系。

庙底沟期的墓葬发现得较少,这一阶段以尖底瓶为随葬品的墓葬有两种形制,一种为偏洞室墓,主要在高陵杨官寨遗址有发现,尖底瓶被有意打碎后埋在墓葬的不同位置;一种为竖穴土坑墓,目前相关考古材料仅见于河南地区,随葬尖底瓶的墓葬仅1座。山西地区发现的零星墓葬中均无随葬品。这一阶段有随葬品的墓葬仅有13.4%,但偏洞室墓和有二层台的墓葬相对竖穴土坑墓而言,要花费的时间和精力更多。虽然有随葬品的墓葬数量明显减少,但这一阶段墓葬的等级性却开始凸显。

河南灵宝西坡墓地发现的34座墓葬,均为单人墓,有随葬品的墓葬16座,未见随葬尖底瓶者。发掘者以墓葬规模和随葬品数量为标准,将墓葬划分为四类(有3座未计算),墓圹面积在12平方米以上的有3座,在8—9平方米之间的有3座,4—8平方米之间的有13座,4平方米以下的有11座。随葬品数量10件以上者有5座,6—9件有9座,4—5件有1座,4件以下1座。②除墓葬的面积存在明显差别外,随葬品组合中大型炊具、斧钺及玉器也是判断墓葬等级的标准。特别是斧钺组合随葬,其隐含的社会意义明显与身份等级有密切关系,③而玉器这类完全脱离社会生产和生活的物品则与精

---

① 保尔·拉法格:《财产及其起源》,王子野译,生活·读书·新知三联书店1962年版,第30、36页。
② 中国社会科学院考古研究所、河南省文物考古研究所:《灵宝西坡墓地》,文物出版社2010年版,第270—281页。
③ 钱耀鹏:《中国古代斧钺制度的初步研究》,《考古学报》2009年第1期。

神信仰或宗教意识关系密切，意义更为特殊。

尖底瓶作为葬具使用在庙底沟期较为普遍，并延续到半坡晚期。这类墓葬主人多为婴孩，鲜少有随葬品，偶见也是简单的装饰品或一两件陶器，一般葬在居住区附近。同期的瓮棺葬具上有人为凿穿的小孔，一般认为是为了让婴孩的灵魂自由出入，寄托了父母对婴孩的疼惜与爱怜。在荥阳青台遗址发现的四座瓮棺葬内还发现有纤维纺织品痕迹，其中T11W164的纺织品经鉴定为丝织品。① 用丝织品将婴孩包裹起来形似蚕茧，蚕茧是蛹化的前一阶段，象征重生，② 表达了父母盼望婴孩灵魂升天重获新生的愿望。蚕茧蛹化成蝶，史前人类不了解这属于生物发育的不同阶段，而将其归为神秘力量，蚕茧也便具有了重生之意，其形象多被用于事鬼神的仪式之中。而酿酒的过程与蚕蛹化蝶有着异曲同工之处，人们对粮食从固体转化为酒液的原理不了解，酒醉之后又多幻觉，从而更添神秘之感。以盛储酒液的尖底瓶作为葬具埋葬婴孩，与以丝制品包裹孩童都饱含了父母的期望，希望婴孩的灵魂得到升华或重生。其实在民族学材料中仍有以酒器为葬具的现象，寄托了生者对亡者死后灵魂得以升华的期望。仰韶文化中以尖底瓶为葬具埋葬婴孩的现象，可能也是此寓意。

三　民族学材料及国外考古材料的启示

云南省西南地区的佤族所作陶器形状多为圜底或尖底，尖底器多用作酒器以泡水酒，饮酒时用弓形竹竿连接尖底器和酒筒，利用虹吸原理将水酒吸到酒筒中。尖底酒器使用时底部套有茅草或藤条编成的垫子，以保使用时能够稳置。③ 西南少数民族现今仍保留着咂

---

① 郑州市文物考古研究所：《荥阳青台遗址出土纺织物的报告》，《中原文物》1999年第3期。
② 赵丰：《丝绸起源的文化契机》，《东南文化》1996年第1期。
③ 李仰松：《从佤族制陶探讨古代陶器制作上的几个问题》，《考古》1959年第5期。

酒传统，流行于藏族、羌族、土家族、黎族、苗族、彝族等少数民族之中，男女老幼用吸管在同一酒坛中共同饮酒，吸管用芦苇或竹子做成①（图7-12）。在两河流域和古埃及地区出土的饮酒图像和遗物中，也不乏用吸管饮酒的例子。咂酒群饮是一种古老的饮酒方式，流行于世界各地，表达的是一种集体为本位的文化传统，强调集体利益，团结和巩固联盟的价值取向。②

图7-12 中国西南少数民族咂酒习俗③

1—2. 羌族咂酒习俗；3. 藏族咂酒习俗；4. 彝族咂酒习俗

① 蒋英、崔明玉：《咂酒的文化及现实意义浅析》，《南宁职业技术学院学报》2009年第3期；闫艳：《释"咂酒"》，《阜阳师范学院学报》（社会科学版）2002年第2期；胡云燕：《原始饮酒方式的遗存——咂酒》，《酿酒》2004年第3期。
② 刘莉：《早期陶器、煮粥、酿酒与社会复杂化的发展进程》，《中原文物》2017年第2期。
③ 选自摄影家庄学本拍摄照片，咂酒——中国南方少数民族独特的饮酒习俗，http://blog.sina.com.cn/douxintian2005。

仰韶文化时期的尖底瓶作为储酒器和饮酒器，既是日常生活用具，也在祭祀、集会、宴饮等活动中使用。除可盛储酒液外，凡需沉淀分离者皆可利用尖底或圜底结构的功能。参考民族学材料推测，大型尖底瓶用于较长时间的存储，饮酒时需将其所储酒液转移到小型尖底瓶或平底瓶中。小型尖底瓶便于搬运，可用于临时存放兼作饮酒器，饮酒时可能用吸管插入瓶内共同饮酒。通过微痕分析检测，喇叭口尖底瓶的口部有明显的竖向擦痕，通过实验考古证明，与芦苇摩擦陶片后留下的痕迹相似。[1]

地中海沿岸地区发现的尖底瓶，作为储酒器和饮酒器有明确的文字和图像证据。虽与仰韶文化的尖底瓶有较大的时空差距，但仅作为参考也未尝不可。以卢克索西岸国王谷古埃及十八王朝的墓葬壁画为例证，可知尖底瓶的形象见于许多不同的场景。埃及太后提依（Teye）的管家胡亚（Huya）的墓葬中，有一副描绘王室用餐场景的壁画，阿赫那吞（Akhenaten）、娜芙提提（Nefertiti）及他们的孩子们，和太后提依共进晚餐（图7-13，1）。[2] 日轮落下，光线笼罩着整个场景，在餐桌周围数个木架上摆放着尖底瓶，正等待被饮用。阿蒙霍特普三世时期粮仓管理者Kha'emhet的墓葬壁画中（图7-13，2），整装待发的军队等待仆人预备食物和酒，[3] 画面中的左下角和右下角绘有尖底瓶，放置于木架之上；在十八王朝大祭司梅里埃一世（Meryre I）陵墓中神庙建筑的平面图中，尖底瓶置于木架上放在神庙中（图7-13，3）[4]，可能是用于神庙的日常祭祀活动。

---

[1] 刘莉：《早期陶器、煮粥、酿酒与社会复杂化的发展进程》，《中原文物》2017年第2期。
[2] Maarten J. Raven, Olaf E. Kaper, *Prisse d'Avennes. Atlas of Egyptian Art*, The American University in Cairo Press, 2000, p. 91.
[3] Maarten J. Raven, Olaf E. Kaper, *Prisse d'Avennes. Atlas of Egyptian Art*, The American University in Cairo Press, 2000, p. 83.
[4] Maarten J. Raven, Olaf E. Kaper, *Prisse d'Avennes. Atlas of Egyptian Art*, The American University in Cairo Press, 2000, p. 39.

第七章　尖底瓶的社会功能

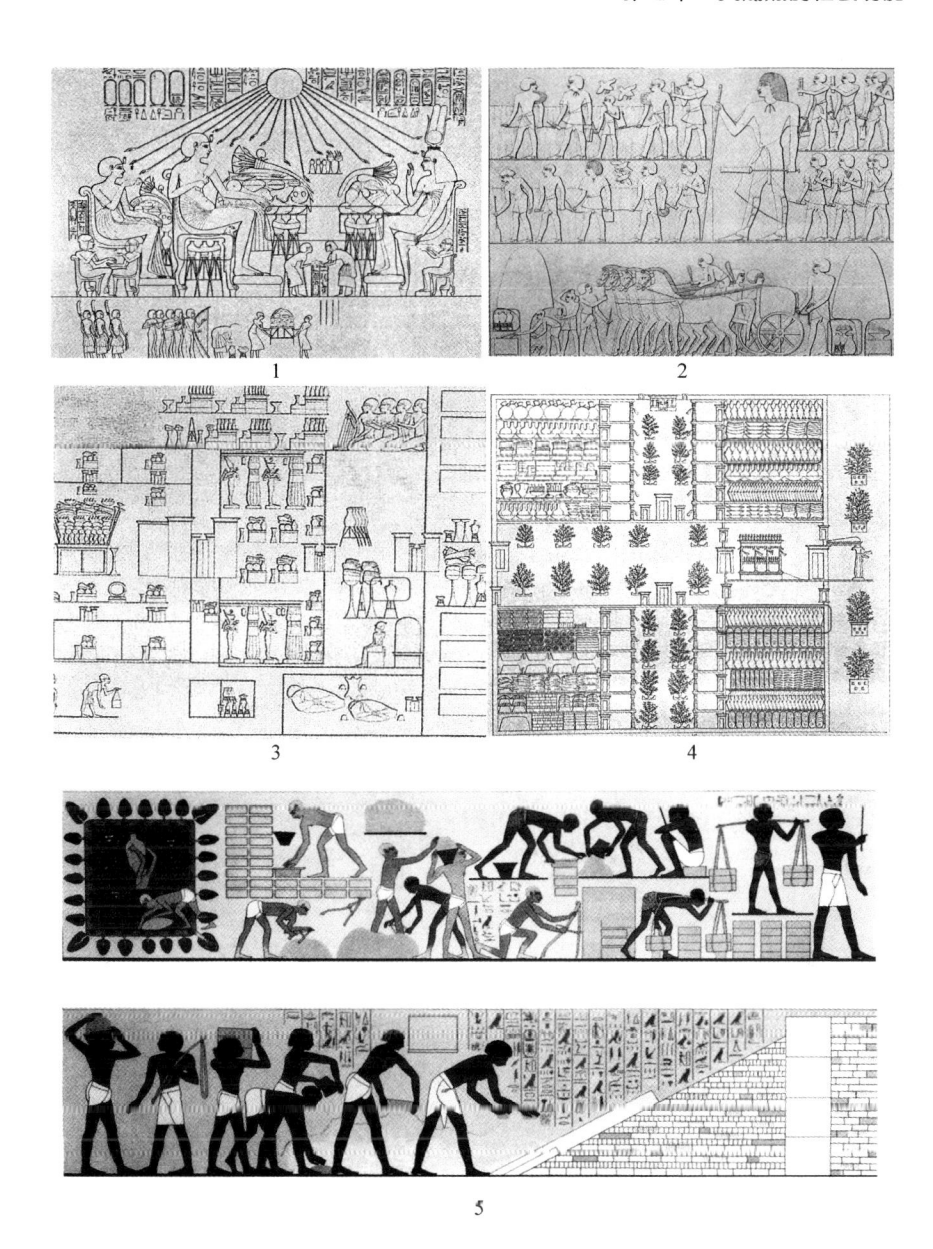

图 7-13　古埃及十八王朝陵墓壁画中尖底瓶使用场景图

1. 太后妃提依（Teye）的管家胡亚（Huya）的墓葬壁画；2. 阿蒙霍特普三世时期粮仓管理者 Kha'emhet 的墓葬壁画；3—4. 大祭司梅里埃一世（Meryre I）墓葬壁画；5. Rekhmire 的墓葬壁画

在另一幅建筑平面图中，尖底瓶则被整整齐齐地摆放在仓库库房里（图7-13，4）。[1] 有趣的是，在一幅表现俘虏建造阿蒙神庙的壁画中，有两名俘虏使用尖底瓶在池塘中打水的图像，[2] 其中一名俘虏站在池塘中央，手握大型尖底瓶的双耳将其扛在肩上，另一名俘虏则一手扶着尖底瓶的肩部、一手按着尖底瓶的口部将其压入水中。由于图上未标明池塘与神庙之间的距离，我们在此只能推测使用尖底瓶打水主要是利用其小口结构在运输途中水不易洒出的优势。上述壁画场景表明在古埃及地区，尖底瓶被广泛用于日常饮食、征战、祭祀、建筑等多种活动中，使用者包括皇室成员、战士、神职人员甚至俘虏，等等。

---

[1] Maarten J. Raven, Olaf E. Kaper, *Prisse d'Avennes. Atlas of Egyptian Art*, The American University in Cairo Press, 2000, p.41.

[2] Maarten J. Raven, Olaf E. Kaper, *Prisse d'Avennes. Atlas of Egyptian Art*, The American University in Cairo Press, 2000, p.123.

第八章 尖底瓶相关问题的研究

第一节 尖底瓶时空分布与区域文化类型关系考察

关于仰韶文化的分布范围、类型划分及年代判定问题,学术界一直都存在分歧。判定考古学的文化属性应通过定性和定量两方面的标准,即物质文化遗存的数量标准和形态标准。[①]而且,典型陶器在研究考古文化遗存时间和空间特征上具有明确的指示性。[②]尖底瓶是仰韶文化的典型陶器之一,它的形态特征、分布范围、数量多寡及发展演变序列,对我们探讨仰韶文化的分布范围、类型划分等问题具有一定的促进作用。

一 半坡期

渭水流域的关中地区是尖底瓶出现最早的区域,也是尖底瓶分布的中心区域。半坡期早段,尖底瓶的分布范围以关中地区为中心,包括陕南的汉水上游一带,半坡期后段,尖底瓶的分布范围有所扩张,西达甘肃的天水地区,东至郑洛地区,南抵汉水上游,北至长

[①] 张宏彦:《仰韶文化时空范围的界定问题》,《考古与文物》2006年第5期。
[②] 许永杰:《黄土高原仰韶晚期遗存的谱系》,科学出版社2007年版,第 iii 页。

城沿线。虽然分布范围广阔，但关中地区的尖底瓶不仅数量众多，大小形态齐全，而且外观优美，瓶身曲线流畅，制作技术明显较高。甘肃天水地区和汉水上游地区，虽然尖底瓶的种类也较齐全，但制作技术明显不如关中地区。豫西、晋西南地区虽有发现，但数量不多，制作技术明显不高，且尖底瓶的形态具备地域特色。陕北及内蒙古中南部地区这一时期仅有零星发现。

尖底瓶是仰韶文化的典型文化因素之一，尖底瓶的中心分布区域自然与仰韶文化半坡类型的中心分布区域重合。从这一角度出发，半坡类型遗存的中心分布区域也应是渭水流域的关中地区，包括陕南汉水上游、甘肃天水地区。豫西、晋西南地区此时也已受到半坡类型的影响，在文化面貌上与关中地区相比，既有联系又有区别。如半坡类型典型陶器口沿饰彩带的圜底钵，在晋西南、豫西地区较为常见，但葫芦瓶则少见或不见于晋西南、豫西地区。而渭水流域罕见的陶鼎在晋西南、豫西地区则有发现。在墓葬形制、房屋建筑技术上两处区域表现出了较大共性。此外，陶器纹饰作为成型工艺的衍生表现，若看作是一种技术传统，[①]则也应予以关注（表8-1）。绳纹最早出现在关中地区的前仰韶文化时期，并延续到仰韶文化半坡类型，如尖底瓶此阶段多饰绳纹。在晋西南地区的枣园文化（与北首岭下层遗存同期）中几乎不见绳纹，但到半坡类型晚段，晋西南地区芮城东庄村、翼城北橄遗址一、二期遗存中便有发现，多施于胎体较薄的陶器上，但较杂乱。半坡期后段关中地区开始流行线纹，豫西、晋西南等地区随之也开始流行线纹，且多施于尖底瓶上。上述文化因素的对比，都表明了豫西、晋西南地区受到关中地区半坡类型的影响较大。陕北及内蒙古中南部地区，这一时期应该受到关中地区影响较小，虽然发现零星的半坡类型遗存，但年代偏

[①] 王仁湘：《史前绳纹陶八题》，《中国史前考古论集》，科学出版社2003年版，第358页。

晚，内涵简单，其中红顶钵、饰彩带的圜底钵及常见绳纹纹饰与半坡类型文化面貌相同，但缺乏典型的ＡⅠ式尖底瓶、鱼纹彩陶盆等陶器，且该地区常见的小口折唇壶不见于关中地区，而是与晋中北、晋西南地区的同类器相似。说明陕北和内蒙古中南部地区既受到关中地区的影响，又通过晋陕峡谷与晋中北、晋西南地区有着交流。

表 8-1　　　　　部分前仰韶文化和仰韶文化早期遗址
陶器纹饰百分比抽样统计表

遗址名称	绳纹（%）	素面（%）	弦纹（%）	篦纹（%）
陕西临潼白家村	80	17—20.0		
陕西渭南北刘	为主			
陕西西乡李家村	79.06	20.94		
陕西临潼零口	4.39	80.53		
甘肃天水西山坪	为主	少量		
山西翼城枣园		为主		
河南长葛石固		49.8		31.5
河南汝州中山寨		为主		较多
河北武安磁山	部分	80		有
陕西华县元君庙	44.7	24.9	13.9	
陕西南郑龙岗寺	48	30	12	
山西芮城东庄村	42.79	28.97	0.11	
山西翼城北橄	47.67	40.48	0.4	
河南郑州大河村	9.8	47.9	9.9	

目前的研究表明，郑洛地区的遗存文化面貌与关中地区差异较大，应该是两个相对独立的文化区域。尽管该地区的尖底瓶明显是受到关中地区的影响而产生的，但其形制特征较为独特，器身瘦长，杯形口内敛，郑州大河村遗址小包口尖底瓶形制更独特。此外，陶鼎作为郑洛地区普遍存在的陶器却罕见于关中地区。房屋建筑的形制也不尽相同，关中地区多半地穴式建筑，而郑洛地区多地面式建筑。但也应看到两区域之间的交流，如郑洛地区陶器上的绳纹纹饰

应是渭水流域的传统；两地都流行瓮棺葬，但关中地区的瓮棺葬多为未成年人，而郑洛地区成年人的瓮棺葬则占一定的比例。综上所述，郑洛地区和关中地区同时期文化遗存面貌差异较大，是不同的文化区系，但存在一定的文化交流现象。

二　庙底沟期

庙底沟期，尖底瓶分布于西起甘青、东达郑洛、北至长城沿线、南抵汉水上游的广大范围内，包括南阳盆地及四川盆地北部也有少量发现。但以关中地区为核心的渭水流域仍然是尖底瓶的分布中心，包括甘肃天水地区和泾水上游、豫西、晋西南地区。虽然庙底沟类型这一名称由陕县庙底沟遗址而来，但有其历史原因。随着田野考古工作和考古研究的不断深入，表明豫西地区处于两个独立文化区系的交界地带，其遗址的文化内涵较为复杂，兼有两个文化系统的因素，因此庙底沟遗址并不适宜作为典型遗址。若从尖底瓶的角度出发，这一时期庙底沟类型分布的中心区域应仍在渭水流域，关中地区的华县泉护村、高陵杨官寨遗址面积均较大，遗存丰富，特别是杨官寨遗址还发现有壕沟显示出聚落的等级性较高；[1]豫西、晋西南地区受到的影响极大，陶器均以红陶为主，组合都包括重唇口尖底瓶、敛口钵、曲腹盆、釜灶、侈口夹砂罐等，纹饰均以绳纹为主，彩陶纹饰的风格也与关中地区基本一致。庙底沟类型时期在河南灵宝西坡[2]、北阳平[3]都发现过长度超过10米的房基面，与渭水流域的

---

[1]　陕西省考古研究院：《陕西高陵杨官寨遗址发掘简报》，《考古与文物》2011年第6期。
[2]　河南省文物考古研究所等：《河南灵宝西坡遗址105号仰韶文化房址》，《文物》2003年第8期；河南省文物考古研究所等：《河南灵宝西坡遗址2001年春发掘简报》，《华夏考古》2002年第2期；中国社会科学院考古研究所河南一队等：《河南灵宝市西坡遗址发现一座仰韶文化中期特大房址》，《考古》2005年第3期。
[3]　中国社会科学院考古研究所河南一队等：《河南灵宝市北阳平遗址调查》，《考古》1999年第12期；中国社会科学院考古研究所河南一队等：《河南灵宝市北阳平遗址试掘简报》，《考古》2001年第7期。

第八章 尖底瓶相关问题的研究

大房子形制结构相似。但豫西南地区仰韶文化的房子分为圆形和方形两种，其结构均为平地起建，并多见联排式房址，渭水流域仰韶早中期房址的平面也为圆形和方形两种，但平地起建的较少，多为半地穴式，不见联排式房址。[①] 在西边庙底沟类型继续向西扩张，在青海地区民和[②]、循化[③]、化隆[④]等地均发现重唇口尖底瓶及以花瓣纹为主的彩陶纹饰，特征鲜明，说明庙底沟类型的影响此阶段已经可达青海西宁一带。

内蒙古中南部地区也发现有庙底沟类型遗存，但遗址数量少、分布稀疏，且在文化面貌上表现出一定的复杂性。口沿近似铁轨式的夹砂罐、厚唇沿盆和宽沿彩陶盆是典型的庙底沟类型因素，但庙底沟类型常见的重唇口尖底瓶不见于该地区，取而代之的是短颈、鼓肩的相似尖底瓶，其口部特征与晋西南地区枣园文化的小口折唇双耳壶[⑤]、河南安阳后冈一期小口瓶均有相似之处。[⑥] 在庙底沟类型勃兴之时，溯黄河北上对内蒙古中南部地区产生影响，而尖底瓶显示出来的差异则表明，在接受庙底沟类型文化因素的同时，还保留了之前吸收的半坡期的因素。内蒙古中南部常见的石板墓葬形式不见于关中地区。

郑洛地区在这一时期的文化面貌与渭水流域截然不同。以鼎、夹砂罐、彩陶罐、泥质瓮为主要陶器组合，彩陶纹饰的组成以网纹、星形纹、弧线三角为基本元素，房屋建筑多地面式、联排式。两地区尖底瓶的形态特征也大不相同，郑洛地区的乙BⅡ、BⅢ式尖底瓶

[①] 丁清贤：《鄂西北、豫西南仰韶文化的形制与分期》，《中原文物》1982年第4期。
[②] 青海省文物考古研究所：《青海省民和县古文化遗存调查》，《考古》1993年第3期；青海省文物考古队：《青海民和阳洼坡遗址试掘简报》，《考古》1984年第1期。
[③] 青海省文物考古研究所：《青海化隆、循化两县考古调查简报》，《考古》1991年第4期。
[④] 青海省文物考古研究所：《再现文明：青海省基本建设考古重要发现》，文物出版社2013年版，第12—13页。
[⑤] 崔璇：《内蒙古中南部仰韶时代早、中期遗存论述》，内蒙古文物考古研究所主编：《内蒙古文物考古文集》，中国大百科全书出版社1994年版，第148页。
[⑥] 田广金：《内蒙古中南部仰韶时代文化遗存研究》，《内蒙古中南部原始文化研究文集》，海洋出版社1991年版，第83页。

体形较大,保留了腹部双耳,器身瘦长。值得注意的是,在洛阳王湾遗址发现有AbⅢ式尖底瓶,并有以尖底瓶或罐、瓮、缸为葬具的瓮棺葬,说明庙底沟类型的影响虽达该地区,但只是部分文化因素的传播与交流,未能取代本土文化。

关于庙底沟类型的来源问题学术界存在不同看法,有学者从地层关系、共生关系和陶器之间的亲缘关系等几个方面考察,认为二者为直接继承关系,[①] 或者认为不同区域的庙底沟类型源于当地各自的半坡类型;[②] 也有学者认为两者分属不同的文化体系,各有渊源并行发展,虽在发展过程中有过文化交流但无直接继承关系,并认为山西地区北橄遗址第一、二期遗存是迄今发现的年代最早的"庙底沟文化"遗存,直接承袭当地的枣园文化而来,北橄遗址发现的以重唇口尖底瓶为代表的陶器组合,与枣园文化的器物有着直接的继承演变关系,并据此认为晋南地区是"庙底沟文化"的起源地和中心区域。[③] 还有学者认为"庙底沟文化"[④]的一期可以早到"半坡文化"[⑤]的二期,"半坡文化"的三期和"庙底沟文化"的二、三期是并行发展时期,两种文化大致同时结束。[⑥] 这些认识的分歧在于不同研究者由于研究目的的不同,对关中地区和晋西南、豫西地区同时期遗存间的相互关系的认识不同,其争论的焦点其实主要在于庙底沟类型的核心区域究竟在何处。

[①] 赵宾福:《半坡文化研究》,《华夏考古》1992年第2期。
[②] 杨亚长:《谈庙底沟类型的来源问题》,《中原文物》2001年第5期。
[③] 薛新民、宋建忠:《北橄遗存分析——兼论庙底沟文化的渊源》,《考古与文物》2002年第5期;薛新民、宋建忠:《庙底沟文化渊源探析》,《中原文物》2003年第2期。
[④] 北京大学考古学系:《华县泉护村》,科学出版社2003年版;本书将该遗址的新石器时代遗存分为三期:一期为仰韶文化中期遗存即庙底沟类型遗存,二期为仰韶文化晚期遗存即泉护二期遗存,三期为龙山时代遗存即客省庄二期遗存。
[⑤] 赵宾福:《半坡文化研究》,《华夏考古》1992年第2期,本文称半坡文化,并分为三期八段。一期即北首岭下层遗存,二期即半坡类型早段,三期即半坡类型晚段即史家类型。
[⑥] 许永杰:《再审半坡文化和庙底沟文化的年代关系——以叠压打破和共存关系为视角》,《考古》2015年第3期。

第八章 尖底瓶相关问题的研究

尖底瓶的起源和连续发展演变，均以渭水流域中游的关中地区为核心区域。AⅢ式（即重唇口）尖底瓶是庙底沟类型的典型陶器，在关中地区发现的数量最多，大小兼有。但由于从 AⅡ式到 AⅢ式，尖底瓶的口部形态差异较大，有研究者认为半坡类型晚段中尖底瓶已不多见，亦不见可孕育出双唇口尖底瓶的文化因素，因此庙底沟类型的重唇口尖底瓶的产生另有它源，[1] 晋西南地区以枣园 H1 为代表的该类遗存中，有数量较多的双唇或折唇双耳的小口壶，在受到半坡类型杯形口尖底瓶的影响时，便产生了重唇口尖底瓶。但研究者认为，以枣园 H1 为代表的遗存，实际上与北首岭下层遗存（或称零口二期遗存）属同类遗存，北首岭下层遗存在关中地区发现更多，文化面貌更为典型。北首岭下层遗存中口部为双唇或折唇的平底瓶数量多，发展演变更为连续。若以口部为双唇或折唇的瓶或壶为重唇口尖底瓶来源，那无论是该类器物的数量还是所属遗存的遗址数量，关中地区都远胜于豫西、晋西南地区。

而且，晋西南地区的枣园文化与庙底沟类型的年代相去甚远，枣园文化的陶器多素面，而庙底沟类型则以绳纹为主，因此不宜认为二者有直接的发展演变关系。以小口鼓腹罐、小口平底瓶到尖底瓶三类器物的关系为依据，关中地区从老官台文化、北首岭下层遗存到半坡类型遗存有着连续的发展演变，半坡类型 AⅡ式与庙底沟类型 AⅢ式尖底瓶，虽然口部存在突变现象，但在整体形制上保持连续演变。从彩陶纹饰出发，认为彩陶纹饰中半坡类型的鱼纹与庙底沟类型的花卉纹之间有着密切的承袭关系，而花卉纹样最早出现在关中西部和甘肃天水一带，[2] 综上所述，庙底沟类型的源头和中心

---

[1] 田建文：《尖底瓶的起源——兼谈半坡文化与庙底沟文化的关系》，《文物季刊》1994年第1期；田建文：《零口遗存的认识问题及其他》，《考古与文物》2004年第3期。
[2] 张宏彦：《从仰韶文化鱼纹的时空演变看庙底沟彩陶的来源》，《考古与文物》2012年第5期。

区域是在关中地区和渭水上游一带。

三 半坡晚期

半坡晚期尖底瓶的分布范围缩小,种类和数量也有所下降。主要分布在以关中地区为核心的渭水流域,包括甘肃天水地区、豫西、晋西南地区。在甘肃天水地区发现的喇叭口尖底瓶仍与关中地区形态一致,但与之共存的小口壶、彩陶盆等器物,造型和彩绘样式则与甘青地区仰韶晚期的马家窑类型相似,马家窑类型早期流行的变体鸟纹与变体蜥蜴纹组成的图案,拉长的弧线三角纹、细条和原点组成的变体花卉纹,均脱胎于庙底沟类型。这一时期庙底沟类型的重唇口尖底瓶及圆点勾叶的彩陶纹饰,随着马家窑类型还传播到四川盆地北部地区。

晋西南、豫西地区这一时期虽仍受到渭水流域的较大影响,但文化面貌的共性不如庙底沟期。晋西南地区发现的喇叭口尖底瓶、素面瓮、敛口盆、折沿盆、带流盆等陶器组合与关中地区相似,而素面夹砂罐、敛口彩陶钵等却是太行山东侧大司空文化的因素,夹砂篮纹罐及饰条带纹、弧线三角纹的瓮、盆则与郑洛地区的秦王寨文化有关。[1] 豫西地区的夹砂深腹罐、喇叭口尖底瓶与关中地区相似,但罐形鼎、折腹豆、小口高领瓮等陶器则与郑洛地区的秦王寨文化相近。[2] 上述发现表明,晋西南、豫西地区这一阶段的文化面貌较复杂,但尖底瓶的形制仍与关中地区相同。晋中地区这一阶段的遗存为义井类型,是本地庙底沟类型演变的结果。基本陶器组合为喇叭口尖底瓶、双耳小口壶、彩陶盆、彩陶罐、绳纹罐、折腹盆等,

---

[1] 许永杰:《黄土高原仰韶晚期遗存的谱系》,科学出版社2007年版,第202页。
[2] 河南省文物考古研究所:《河南渑池笃忠遗址2006年发掘简报》,《华夏考古》2010年第3期。

其中彩陶罐、彩陶盆、素面折腹盆等与太行山东侧的大司空文化相似。①

内蒙古中南部地区，喇叭口尖底瓶亚腰明显且多施篮纹，与晋中北地区出土的尖底瓶形态更为相似。此阶段的海生不浪类型和庙底沟类型分别占据内蒙古中南部的黄河南流两岸和岱海地区，其中庙底沟类型中不见尖底瓶，而常见小口双耳壶。

郑洛地区这一阶段主要为秦王寨文化遗存，陶鼎十分发达是其文化最显著的特征，也是与渭水流域最本质的区别，该阶段此区域仍有一定数量的彩陶，但纹饰以"—"纹和网格纹为主。BⅣ式尖底瓶也表明该地区仍为文化相对独立的区域。

四 小结

综上分析，无论学术界目前对仰韶文化概念的理解如何，以关中地区为中心的渭水流域，包括甘肃天水地区、泾水上游，陕南汉水流域，豫西、晋西南地区是仰韶文化分布的中心所在，似乎可以肯定。尖底瓶的起源、发展、演变、数量与分布也为这一结论提供了重要依据。甘青其他地区，陕北、内蒙古中南部地区似始终处于仰韶文化影响的边缘地带，以尖底瓶的发展分布为例，在仰韶文化强盛时这些区域就表现出较多的接受影响因素，仰韶文化初期及衰落期，这些区域的其他文化因素便迅速发展成为主要因素。郑洛地区则表现出更多的独立区域特征，无论是从陶器组合、器形特征、纹饰，还是从房屋建筑、埋葬方式等方面，都同渭水流域表现出明显的差异。即便是受到仰韶文化影响的尖底瓶，在发展演变中也较为独特，而不雷同于渭水流域。

---

① 许永杰：《黄土高原仰韶晚期遗存的谱系》，科学出版社2007年版，第224—225页。

第二节　中外尖底瓶的比较研究

尖底瓶是黄河中游仰韶文化和地中海沿岸及其附近地区的常见器物，国内一些学者在探讨仰韶文化尖底瓶的功能和具体用法时，也常以地中海沿岸及其附近地区的发现为依据。但需注意的是，仰韶文化遗存与地中海沿岸及其附近地区古代遗存之间的时空距离甚远，谷物酒与葡萄酒原料、酿造工艺的差异甚大。这些因素是否对尖底瓶的使用方法及延续造成影响，还需要深入分析。

一　形态结构的比较研究

在地中海沿岸及其附近地区，尖底瓶的历史也颇为悠久。尤其在伊拉克北部 Tepe Gawar 发现有两河流域年代最早的尖底瓶，一块印记上刻画有两人使用小口尖底器的饮酒图案（图 8-1，1），年代距今约 6000 年，[①] 约当仰韶文化中期之始。唯该印记图案采用夸张的绘画手法，主要在于突出尖底瓶形象，尺寸规格不便按人体比例推算。古埃及的尖底瓶最早可追溯到距今 5000 年左右，在一幅墓葬壁画所展现的陶坯入窑待烧画面中，就包括一件小口双耳尖底瓶（图 8-1，2）。[②] 由于研究目标和方法的差异，关于地中海沿岸地区尖底瓶形态演变的研究极少，笔者尝试通过地中海沿岸地区尖底瓶的壁画、照片、线图等图像资料以及相关的研究文章，提取有用信息，尝试准确重建该区域尖底瓶的形态演变过程。

在古埃及早王国时代（公元前 3100—前 2700 年），在一些封

[①] B. L. Goff, *Symbols of Prehistoric Mesopotamia*, Yale University Press, New Haven and London, 1963, p. 36.

[②] 科林·伦福儒、保罗·巴恩：《考古学理论、方法与实践》（第六版），上海古籍出版社 2015 年版，第 315 页。

存用的象形文字印章上,不仅刻有"葡萄、葡萄园、葡萄酒"等文字,还明确记载了尖底瓶的容量分为10、20或30升,即此时期的瓶已有大小之别。[①] 底比斯地区发现的中王国十八王朝时期(公元前1567—前1320年)的墓葬壁画图案中,我们则能清晰地看到存在大小两类尖底瓶,[②] 大型尖底瓶无耳,小型尖底瓶在肩部贴附双耳(图8-1,3)。这一时期还发现与小型尖底瓶共存的平底瓶,喇叭口、细颈、肩部贴附双耳,除底部外两类瓶的形态结构十分相似(图8-1,4)。

在希腊罗马时期,出土于迈锡尼的双耳罐(又称迦南罐,公元前13世纪),直口微侈,肩部折棱明显并贴附双耳,腹部斜直,尖底明显,高度约50厘米。[③] 在公元前4—5世纪的皮赫纳里(Pichvnari)希腊墓地中,经发掘的250座墓葬中出有大量尖底瓶(图8-1,5),[④] 形制与古埃及有较大的差异,口部较直,器身瘦长,尖底明显,特别是双耳自口部连至肩部成大双耳的特征十分引人注目。公元前2世纪—公元1世纪,出土于土耳其锡诺普地区的罗马时期的尖底瓶,直口、大双耳的结构仍然保留,整体形态结构略有差别并明确有大小之分,大型一般在80—110厘米之间,肩部圆鼓并腰部微亚、尖底略钝,中小型一般在50—60厘米左右,鼓肩、斜腹、底部尖锐(图8-1,6)。[⑤] 在一艘约公元200年的罗马沉船上发现的

[①] Patrick E. McGovern, *Wine of the Earliest Pharaohs*, Ancient Wine, Princeton University Press, 2003, p. 85.

[②] Emile Prisse d'Avennes, *Atlas of Egyptian Art*, The American University in Cairo Press, 2000, p. 122.

[③] Albert Leonard Jr., *Canaanite Jars and the Late Bronze Age Aegeo-Levantine Wine Trade*, The Origins and Ancient History of Wine, Gordon and Breach Publishers, 1996, p. 244.

[④] Amiran Kakhidze, Merab Khalvashi, "On the Dating of One Group of Chian Amphoras", Ancient Civilizations 12, 3-4, pp. 293.

[⑤] Sergey Yu. Vnukov, "Sinopean Amphorae of the Roman Period", *Ancient Civilizations from Scythia to Siberia* 16, 2010, pp. 361-370.

尖底瓶仍有大小之分（图8-1,7），①且形态又有一些新变化，颈部变短、双耳变小，小型尖底瓶的底部实际上变成小平底，大型尖底瓶的底部则成为一个实心的瘤状突起。

不难看出，地中海沿岸及其附近地区的尖底瓶还存在一定的区域差异。例如古埃及和希腊罗马地区的尖底瓶口部、耳部特征迥异。古埃及的尖底瓶大型无耳、小型附双耳，常见的壁画或雕刻中多以喇叭口、双耳（中小型）、尖底的形象出现。希腊罗马地区的尖底瓶口部始终保持了直口微侈的特征，双耳经历了由小变大再变小的发展历程，器身由倒三角形变为橄榄形，底部由细长尖锐演变为圆钝。但其整体形态结构仍有一定的相似性，且都存在大小两类尖底瓶，因此仍可视为同一种器物。而黄河中游地区仰韶文化的尖底瓶，据形态特征和规格大小，可以体高55厘米为限，将尖底瓶划分为中小型和大型两大类。根据口颈部特征，中小型尖底瓶又可划分为七个小类，大型尖底瓶可分为十个小类。其中Aa、Ab型尖底瓶有连续的发展演变，主要分布在晋陕豫交界地带，B型也有连续的发展演变，主要分布在郑洛地区。其他几种形式与Aa型、Ab型、B型共存，分布在西到青海西宁、东达郑洛流域、北抵大青山南麓、南至鄂北一带的广大范围内。

综上所述，中国最早的尖底瓶可追溯到仰韶文化早期距今约7000年左右，在使用了大约两千多年之后随着仰韶文化的湮灭而消失。地中海沿岸地区的尖底瓶最早可追溯到距今6000年左右，比中国晚了近一千年，但延续时间久，古希腊罗马帝国的势力曾一度扩张至黑海沿岸，至今在格鲁吉亚西部的伊梅列季地区和东部的卡赫基地区仍能见到此类器物（图8-1,8—9）。就整体形态特征而言，

---

① David Gibbins, "A Roman Shipwreck of c. AD 200 at Plemmirio, Sicily: Evidence for North African Amphora Production During the Severan Period", *World Archaeology*, Vol. 32, No. 3, pp. 311-334.

第八章 尖底瓶相关问题的研究

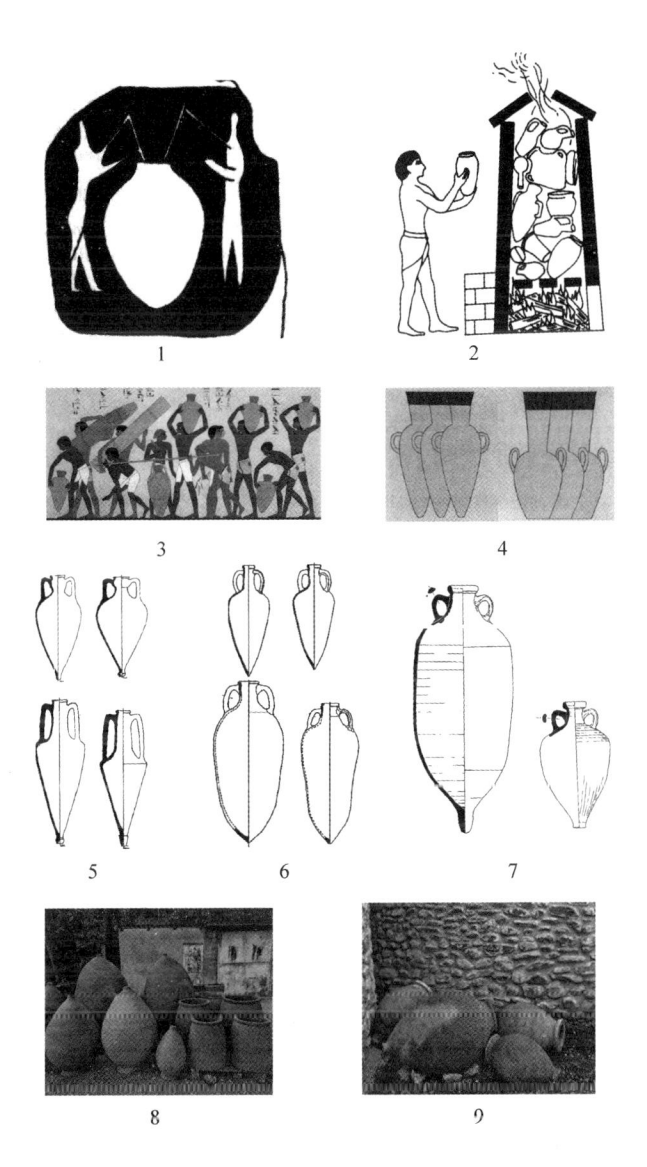

图 8-1 地中海沿岸及其附近地区的尖底瓶

1. 两河流域最早的尖底瓶图像，出土于伊拉克北部 Tepe Gawra（约 4000BC）；2. 埃及地区窑炉中的尖底瓶，根据墓葬壁画复原（约 3000BC）；3—4. 埃及地区十八王朝墓葬壁画中的尖底瓶与平底瓶（约 1500BC）；5. 希腊发现的尖底瓶，出土于希腊 Pichvnari（约 5th—4thBC）；6. 罗马时期的尖底瓶，出土于 Sinopean（约 2thBC—1thAD）；7. 罗马沉船中的尖底瓶，出土于西西里 Plemmirio（约 200AD）；8—9. 格鲁吉亚地区（现代）

207

两个地区的尖底瓶均以小口、尖底为其核心结构，而在口部、肩部、底部、耳部等具体部位上则各有不同特征。就类别而言，两个地区的尖底瓶均可分为大小两类，其中古埃及大型无耳、小型有耳的类别特征与中国相似，而希腊罗马地区无论大小均附双耳的特征则有别于中国，更具地域特色。

二 功能与使用方法的比较研究

在地中海沿岸及其附近地区发现的许多图像证明，尖底瓶与葡萄酒酿造关系密切，相关的残留物分析也为之提供了确实的证据。由于葡萄皮附带天然酵母菌，破损后如遇适宜条件，酵母菌便会迅速繁殖，促使葡萄汁发酵成酒。古埃及十八王朝早期皇家传令官英塔夫（Intef）墓葬所发现的壁画，大致揭示出当时葡萄酒的酿造步骤。[①] 首先采摘葡萄备用（图8-2，1）；然后踩取葡萄汁，四人抓住头顶的绳子和周边的柱子不断踩踏，这期间还有人在运送葡萄并源源不断地倒入池中（图8-2，2）；因为踩踏后葡萄皮和葡萄果肉中仍有大量的汁液，还需通过进一步的旋拧分离葡萄汁，图上可见大量汁液流入下方的大缸之中，在画面左侧有并排放置的尖底瓶，每排尖底瓶的口部都略有不同（图8-2，3）。有研究者认为，最上排的尖底瓶正在进行发酵过程，装入葡萄汁后用芦苇、切碎的叶子或谷壳等塞住瓶口，这样有利于发酵产生的气体逸出，完成发酵后再用黏土将瓶口完全封存并加盖印章（即中部尖底瓶的样式），最下排的尖底瓶等待装入葡萄汁所以口部敞开尚未封盖，可能在等待装满葡萄汁。最后一幅画面则展示了酿造好的葡萄酒被搬运并放入酒窖中存储备用（图8-2，4）。

---

① Patrick E. McGovern, *Wine of Egypt's Golden Age*, Ancient Wine, Princeton University Press, 2003, pp. 144-145.

在这一过程中使用了陶缸和陶尖底瓶两种陶器。陶缸用来盛接旋拧分离出的葡萄汁,壁画中葡萄汁从陶缸到装入尖底瓶的过程中没有显示发酵环节。不同于中国谷物酿酒原料呈固态或半固态物质,液态的葡萄汁十分便于装入喇叭口尖底瓶,便于封存的小口尖底瓶也可满足发酵过程所需的封闭微氧、防止杂菌进入的环境。由于经过旋拧分离的葡萄汁中仍含有部分渣滓,还需要进一步地沉淀分离(即精细分离),尖底结构的沉淀分离功能无须赘言。据此,对于葡萄酒酿造而言,尖底瓶既是发酵容器也是存储容器,发酵和存储可以同时进行。该地区的尖底瓶毋庸置疑还是饮酒器,用尖底瓶插入吸管饮酒的图像在古埃及的壁画中屡见不鲜。地中海地区的气候相对温暖湿润,因此建于地面或地下避光且阴凉的储藏库房方可满足葡萄酒的存储要求,至于放置方式一般为支架、支座、草垫等。

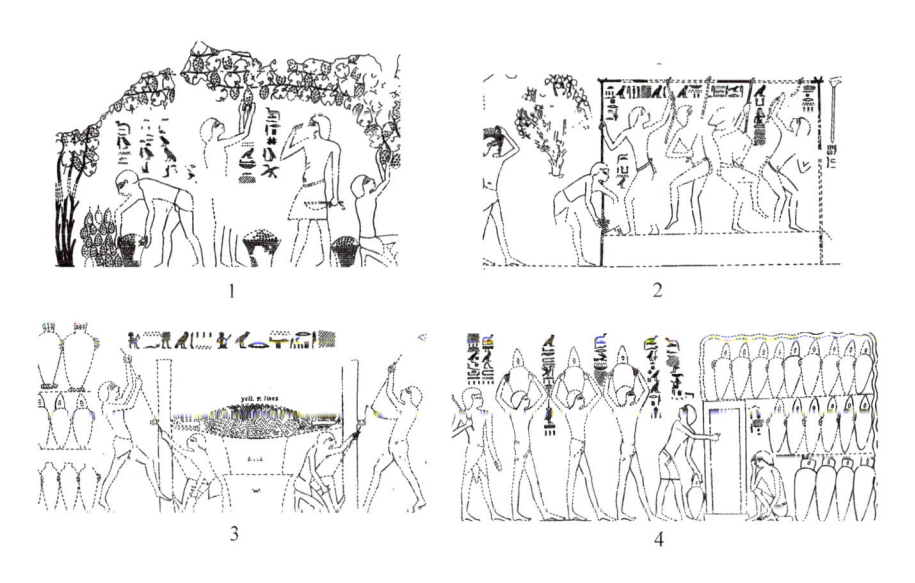

图 8 - 2 英塔夫(Intef)的墓葬壁画中葡萄酒酿造流程
1. 葡萄采摘;2. 踩取葡萄汁;3. 压榨分离及发酵葡萄汁;4. 存储

黄河中游地区仰韶文化时期以谷物为原料酿酒。谷物酿酒的发酵原料为固态或半固态的粥状物质，但固态发酵的出现时间可能相对较晚。无论发酵原料的形态如何，尖底瓶的小口结构既不便盛入酒饭也不便倒出，不宜用于谷物酿酒的发酵过程。由于谷物发酵只能获得酒糟与酒液的混合物即通常所谓的酒醅（图8-3），酒液与酒糟的分离工序只能在发酵之后进行，先通过过滤和压榨工序，再通过机械分离或其他技术完成粗滤，而尖底瓶细长的器身可以促进渣滓的沉降，尖底可有效集中沉淀物，促进酒液的澄清。即黄河中游地区仰韶文化的尖底瓶主要用于初分之后的精细分离。而在葡萄酒的酿造工序中，踩取并通过旋拧分离葡萄汁的初分工序是在发酵之前进行的，分离后的葡萄汁液即可装入尖底瓶中，即葡萄酒的发酵与精细分离工序可以同步进行。[①] 因此，不同的酿造原料影响了分离工序，而分离工序则造成了两地区尖底瓶使用功能的差异。

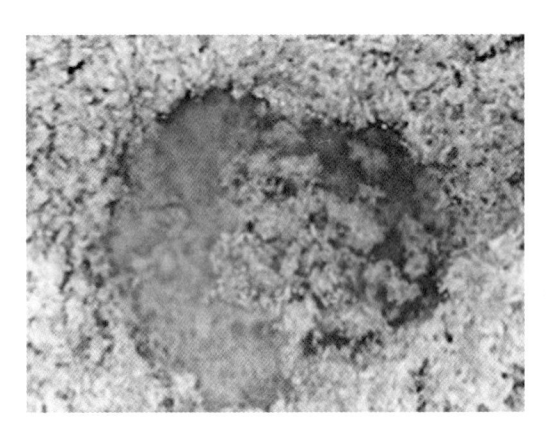

图8-3 米酒（左）和黍、大麦醪液（右）

综上所述，中国黄河中游地区和地中海沿岸及其附近地区存在较大的时空距离，酿酒原料及工序、尖底瓶的出现、存续时间均不

---

① 布莱恩·费根：《地球人·世界史前史导论》，山东画报出版社2014年版，第22页。

相同，目前也尚未有直接证据表明两地区各文化之间存在传播或交流的关系。但两地区的尖底瓶均有大小之别，大型尖底瓶主要为储酒器，小型尖底瓶可兼做饮酒器。尖底均是其核心结构，主要功能是沉淀澄滤。无论是谷物酿酒还是葡萄酿酒，在经过初步分离（过滤、压榨等）后酒液中仍会残留部分渣滓，需进一步精细分离（沉淀）后方可饮用。相似的小口结构则便于封盖和开启的需求。黄河中游地区和地中海沿岸及其附近地区，尖底瓶功能和使用方式的相似性及其存在的时空差异性，证实相似文化因素不存在绝对的传播与被传播的关系，在相近或相同的客观需求下独立起源的可能性也是存在的，这也符合人们认识事物发展并实践的客观规律。进而在研究有时空差异的考古学文化、特别是缺少文献记载的史前考古学文化时，对相似文化因素的考察与解读应保持谨慎的态度，在寻找交流或传播证据的同时，也不宜忽略或回避其独立起源的可能性。

三 传承差异性的思考

作为仰韶文化最具特色的典型陶器之一，尖底瓶的使用时间长达两千多年，甚而陕北及内蒙古中南部一带，尖底瓶的使用一直延续到龙山文化早期，但最终还是未能免于被淘汰的命运。尖底瓶在地中海沿岸及其附近地区的传承，则不同于黄河中游的仰韶文化，它的使用一直延续到希腊罗马统治时代（公元前332—公元641年）。甚至于曾在罗马政权统治范围内的格鲁吉亚地区，至今仍保留有使用尖底瓶酿造葡萄酒的传统。黄河中游地区和地中海沿岸及其附近地区，都保留了各自的酿酒传统，但尖底瓶的命运却不相同，值得探讨。

在中国，虽然人们可能很早就掌握了用水果酿酒的技术，但是由于地域及气候的限制水果的品种、产量有限，以水果为原料酿酒无法满足人们对酒的需求。无法通过含有天然果糖的水果获取大量的酒，古代人类便把视线转移到了饱含淀粉的谷物和其他块茎类作物上，人们在长期的实践过程中发现发芽的谷物或蒸煮糊化的谷饭在一定条件下也能发酵成酒。在中国史前时期相较于水果而言谷物更易获取，所以在中国以谷物为原料酿酒便成为传统，一直延续至今。

而地中海沿岸及其附近地区有着悠久的葡萄种植历史，在许多新石器时代遗址中就发现有碳化野生葡萄籽，在黎凡特和北约旦河谷则发现有明确的栽培葡萄的证据，其绝对年代可至约公元前3700年—前3200年（未经树木年轮校正）；而古埃及在前王朝时代（约公元前3100年以前）从西亚引入葡萄种植技术，[1] 酿造葡萄酒的历史则可追溯到大约公元前3000年的第一王朝时代。[2] 由古至今，地中海沿岸及其附近地区，一直延续了葡萄酿酒的传统工艺。

尖底瓶的核心功能是沉淀分离，无论酿造原料和工序如何，分离方式对酒的品质和饮用口感有较大的影响。中国谷物酒中的渣滓多为颗粒状，即便经过沉淀分离，微粒渣滓仍会影响饮用口感，所以人们在长期实践中不断寻求彻底分离酒糟与酒液的技术方法。分离技术包括机械和物化两大类，机械分离又有初步分离（普通过滤、压榨过滤）和精细分离（沉淀）之别，物化分离也有凝固分离（添加活性炭、石膏等凝固剂）和加热分离（煮馏和水蒸气蒸馏）之分。分离技术的使用因时因地制宜，同一时期内多种分离方式会并存，在长期的实践过程中分离技术也并非一成不变，随着人们实践经验的增长而不断演进。相对于沉淀分离而言，凝固分离（添加活性炭、石膏等凝固剂）和加热分离（煮馏和水蒸气蒸馏），这两种

---

[1] Daniel Zohary, *The Domestication of the Grapevine Vitis Vinifera L. in the Near East*, *The Origins and Ancient History of Wine*, Gordon and Breach Publishers, 1996, pp. 26 – 27.

[2] T. G. H. James, *The Earliest History of Wine and Its Importance in Ancient Egypt*, *The Origins and Ancient History of Wine*, Gordon and Breach Publishers, 1996, p. 205.

方式特别是后者能够更加彻底地分离酒液中的微粒渣滓。虽然仰韶文化之后取代尖底结构的分离技术还尚待讨论，但可以肯定的是，一旦人们找到了更加便捷、有效的分离技术和方法，很快就会淘汰不便放置的尖底。

地中海沿岸地区酿造葡萄酒的传统和尖底瓶均得以延续，虽说现代生产中许多葡萄酒庄园或生产商改用橡木桶酿造葡萄酒，但仍有部分地区保留了用尖底瓶酿酒的传统。如格鲁吉亚地区用尖底瓶酿造葡萄酒的技术被联合国教科文组织认定为世界非物质文化遗产。尖底瓶沿用至今的原因是多方面的，一是因为器物生产的技术原因。橡木桶的制作工艺复杂，首先是木材的砍伐、劈切、筛选、制板、定型，其次进行木板组装、框桶、烘烤等工序，制作完成后还需进行密封测试和进一步的打磨处理，工序繁杂且对制作技术的要求极高。而陶器的制作相对而言就较为简单，因此在地中海沿岸地区的一些小作坊或以家庭为单位的酿酒活动中，仍保留了用尖底瓶酿酒的传统。二是对于分离纯净度的要求不同。中国谷物酒中的渣滓多为颗粒状，即便经过沉淀分离也仍会影响饮用口感，所以人们在长期实践中不断寻求彻底分离酒糟与酒液的技术方法。而葡萄酒中的沉淀物多为絮状，经过压榨的葡萄汁本身就较为纯净，少量的絮状沉淀不会影响饮用口感，况且葡萄酒的色泽本就是其特色之一，凝固分离和加热分离都会使其失去原本的颜色。在尖底瓶的沉淀分离功能能够满足酿造和饮用需求时，得以延续至今就不足为奇了。

参考文献

一 考古报告（集）

宝鸡市考古工作队、陕西考古研究所宝鸡工作站：《宝鸡福临堡：新石器时代遗址发掘报告》，文物出版社1993年版。

宝鸡市考古工作队、陕西省考古研究所编：《陇县原子头》，文物出版社2005年版。

北京大学考古文博学院：《洛阳王湾》，北京大学出版社2002年版。

北京大学历史系考古教研室：《华县元君庙》，文物出版社1983年版。

成都市文物考古研究所：《成都考古发现（2000）》，科学出版社2002年版。

成都文物考古研究院、阿坝藏族羌族自治州文物管理所、茂县羌族博物馆：《茂县营盘山》，文物出版社2018年版。

傅斯年、李济、董作宾等：《中国考古报告集之一：城子崖——山东历城县龙山镇之黑陶文化遗址》，"中央研究院"历史语言研究所，中华民国二十三年。

甘肃省文物考古研究所：《秦安大地湾——新石器时代遗址发掘报告》，文物出版社2006年版。

国家文物局、山西省考古研究所、吉林大学考古系：《晋中考古》，文物出版社1999年版。

河南省文物研究所、长江流域规划办公室考古队河南分队：《淅川下王岗》，文物出版社1989年版。

内蒙古考古研究所主编：《内蒙古文物考古文集》（第一辑），中国大百科全书出版社1994年版。

内蒙古社会科学院历史研究所考古研究室：《内蒙古文物考古文集》（第二辑），中国大百科全书出版社1997年版。

内蒙古文物工作队：《内蒙古文物资料辑选》，内蒙古人民出版社1964年版。

内蒙古文物考古所等：《岱海考古（3）：仰韶文化遗址发掘报告集》，科学出版社2003年版。

山西省考古研究所：《三晋考古》（第三辑），山西人民出版社2006年版。

山西省考古研究所：《三晋考古》（第四辑），上海古籍出版社2012年版。

山西省考古研究所：《三晋考古》，山西人民出版社1996年版。

山西省考古研究所：《三晋考古》（第二辑），山西人民出版社1996年版。

陕西省考古研究所：《临潼零口村》，三秦出版社2004年版。

陕西省考古研究所：《龙岗寺》，文物出版社1990年版。

陕西省考古研究所：《翼城枣园》，科学技术文献出版社2004年版。

陕西省考古研究所、陕西省安康水电站库区考古队：《陕南考古报告集》，三秦出版社1994年版。

四川省文物考古研究所等：《成都考古发现（2001）》，科学出版社2003年版。

西安半坡博物馆等：《姜寨——新石器时代遗址发掘报告》，文物出版社1988年版。

西安市文物保护考古研究院：《西安鱼化寨》，科学出版社2017年版。

西北大学文博学院考古专业：《扶风案板遗址发掘报告》，科学出版社2000年版。

郑州市文物考古研究所：《郑州大河村》，科学出版社2001年版。

中国科学院考古研究所：《庙底沟与三里桥》，科学出版社1959年版。

中国科学院考古研究所、陕西西安半坡博物馆：《西安半坡》，文物出版社1963年版。

中国历史博物馆考古部、山西省考古研究所、垣曲县博物馆：《垣曲古城东关》，科学出版社2001年版。

中国社会科学院考古研究所：《宝鸡北首岭》，文物出版社1983年版。

中国社会科学院考古研究所：《临潼白家村》，巴蜀书社1994年版。

中国社会科学院考古研究所：《师赵村与西山坪》，中国大百科全书出版社1999年版。

二 发掘简报

崔璿：《内蒙古清水河白泥窑子C、J地点发掘简报》，《考古》1988年第2期。

崔璿、斯琴：《内蒙古清水河白泥窑子L地点发掘简报》，《考古》1988年第2期。

甘肃省文物考古研究所：《甘肃礼县高寺头新石器时代遗址发掘报告》，《考古与文物》2012年第4期。

中国国家博物馆、山西省考古研究所：《山西柳行仰韶文化遗存》，《中国国家博物馆馆刊》2014年第8期。

国家文物局考古领队培训班：《郑州西山仰韶时代城址的发掘》，《文物》1999年第7期。

河南省文物考古研究所：《河南渑池笃忠遗址2006年发掘简报》，《华夏考古》2010年第3期。

参考文献

河南省文物考古研究所、南阳市文物考古研究所：《河南西峡老坟岗仰韶文化遗址发掘报告》，《考古学报》2012年第2期。

河南省文物研究所：《郑州后庄王遗址的发掘》，《华夏考古》1988年第1期。

湖北省文物考古研究所等：《湖北郧县大寺遗址2006年发掘简报》，《考古》2008年第4期。

吉发习：《内蒙古托克托县新石器时代遗址调查》，《考古》1978年第6期。

临汝县博物馆：《河南临汝中山寨遗址调查简报》，《考古》1986年第6期。

内蒙古历史研究所：《内蒙古中南部黄河沿岸新石器时代遗址调查》，《考古》1965年第10期。

内蒙古社会科学院蒙古史研究所、包头市文物管理所：《内蒙古包头市阿善遗址发掘简报》，《考古》1984年第2期。

青海省文物考古队：《青海民和阳洼坡遗址试掘简报》，《考古》1984年第1期。

庆阳地区博物馆、正宁县文化馆：《甘肃正宁县宫家川新石器时代遗址调查记》，《考古与文物》1988年第1期。

庆阳地区博物馆：《甘肃省宁县阳坻遗址试掘简报》，《考古》1983年第10期。

山西省考古研究所：《山西翼城北橄遗址发掘报告》，《文物季刊》1993年第4期。

山西省考古研究所、大同市博物馆：《山西大同马家小村新石器时代遗址》，《文物季刊》1992年第3期。

山西省考古研究所、晋城市文物研究所、晋城博物馆：《山西泽州和村遗址发掘简报》，《中国国家博物馆馆刊》2014年第5期。

山西省考古研究所晋东南工作站：《长治小常乡小神遗址》，《考古学报》1996 年第 1 期。

山西省考古研究所、襄汾县博物馆：《山西襄汾陈郭村新石器时代遗址与墓葬发掘简报》，《考古》1992 年第 2 期。

陕西省考古研究、白水县文物旅游局：《陕西白水县下河遗址仰韶文化房址发掘简报》，《考古》2011 年第 12 期。

陕西省考古研究院：《陕西高陵县杨官寨新石器时代遗址》，《考古》2009 年第 7 期。

陕西省考古研究院：《陕西高陵县杨官寨新石器时代遗址》，《考古与文物》2011 年第 6 期。

陕西省考古研究院：《陕西蓝田新街遗址发掘简报》，《考古与文物》2014 年第 4 期。

陕西省考古研究院：《陕西潼关南寨子遗址发掘简报》，《考古与文物》2011 年第 6 期。

陕西省考古研究院、高陵区文体广电旅游局：《陕西高陵杨官寨遗址庙底沟文化墓地发掘简报》，《考古与文物》2018 年第 4 期。

陕西省考古研究院、咸阳市文物考古研究所：《陕西彬县水北遗址发掘报告》，《考古学报》2009 年第 3 期。

陕西省社会科学院考古研究队泾水队：《陕西邠县下孟村仰韶文化遗址续掘简报》，《考古》1962 年第 6 期。

汪宇平：《内蒙古清水河县白泥窑子村的新石器时代遗址》，《文物》1961 年第 9 期。

西安半坡博物馆、渭南县文化馆：《陕西渭南史家新石器时代遗址》，《考古》1978 年第 1 期。

西园遗址发掘组：《内蒙古包头市西园新石器时代遗址发掘简报》，《考古》1990 年第 4 期。

榆林市文物考古勘探工作队：《陕西横山杨界沙遗址发掘简报》，《考古与文物》2011 年第 6 期。

张家口考古队：《一九九七年蔚县新石器时代考古的主要收获》，《考古》1981年第2期。

郑州大学历史学院考古系、河南省文物管理局南水北调文物保护办公室：《河南淅川沟湾遗址仰韶文化遗存发掘简报》，《考古》2010年第6期。

郑州市博物馆：《荥阳点军台遗址1980年发掘报告》，《中原文物》1982年第4期。

中国科学院考古研究所山西工作队：《山西芮城东庄村与西王村遗址的发掘》，《考古学报》1973年第1期。

中国社会科学院考古研究所：《山西垣曲小赵遗址1996年发掘报告》，《考古学报》2001年第2期。

中国社会科学院考古研究所河南第一工作队：《河南偃师市灰嘴遗址2006年发掘简报》，《考古》2010年第4期。

中国社会科学院考古研究所陕西六队：《陕西蓝田泄湖遗址》，《考古学报》1991年第4期。

三 研究专著

安特生：《中华远古之文化》，袁复礼节译，地质汇报第五号，农商部地质调查所1923年版。

安志敏：《仰韶文化》，中华书局1954年版。

保尔·拉法格：《财产及其起源》，土子野译，生活·读书·新知三联书店1962年版。

布莱恩·费根：《地球人·世界史前史导论》，山东画报出版社2014年版。

程能林主编：《工业设计概论》，机械工业出版社2013年版。

巩启明：《仰韶文化》（第一版），文物出版社2002年版。

何伏娟等：《黄酒生产工艺与技术》，化学工业出版社2015年版。

科林·伦福儒、保罗·巴恩：《考古学理论、方法与实践》（第六版），上海古籍出版社2015年版。

李文杰：《中国古代制陶工艺研究》，科学出版社1996年版。

李砚祖：《艺术设计概论》，湖北美术出版社2002年版。

廖彩梁编著：《中国远古祖先的发明·尖底瓶的科学》，科学普及出版社广州分社1982年版。

林耀华主编：《原始社会史》，中华书局1984年版。

刘文鹏：《埃及考古学》，生活·读书·新知三联书店2008年版。

刘文鹏：《古代埃及史》，商务印书馆2000年版。

陕西省考古研究所：《远望集——陕西省考古研究所华诞四十周年纪念文集》，陕西人民美术出版社1998年版。

石兴邦：《半坡氏族公社》，陕西人民出版社1979年版。

苏秉琦：《中古文明起源新探》，商务印书馆1997年版。

"台湾总督府临时台湾旧惯调查会"编：《蕃族调查报告书》（第二册），"中央研究院"民族研究所编译，"中央研究院"民族学研究所2007年版。

"台湾总督府临时台湾旧惯调查会"编：《蕃族调查报告书》（第一册），"中央研究院"民族研究所编译，"中央研究院"民族学研究所2007年版。

王福山主编：《近代物理学史研究》，复旦大学出版社1983年版。

王锦光、洪振袁：《中国古代物理学史话》，河北人民出版社1981年版。

文史知识编辑部：《古代礼制风俗漫谈》，中华书局1983年版。

西安半坡博物馆编：《半坡仰韶文化纵横谈》，文物出版社1988年版。

西安半坡博物馆编：《半坡遗址画册》，陕西人民美术出版社1987年版。

许永杰：《黄土高原仰韶晚期遗存的谱系》，科学出版社2007年版。

严文明：《仰韶文化研究》（第二版），文物出版社2009年版。

中国历史博物馆编：《简明中国历史图册第一册·原始社会》，天津人民美术出版社1978年版。

中国社会科学院考古研究所：《中国考古学·新石器时代卷》（第一版），中国社会科学出版社2010年版。

周嘉华：《中国传统酿造》，贵州民族出版社2014年版。

自然科学史研究所编：《中国古代科技成就》，中国青年出版社1978年版。

［美］罗伯特·沙雷尔、温迪·阿什莫尔：《考古学：发现我们的过去》，余西云等译，上海人民出版社2009年版。

三　研究论文

包启安：《史前文化时期的酿酒（一）》，《酿酒科技》2005年第1期。

包启安：《史前文化时期的酿酒（二）》，《酿酒科技》2005年第7期。

包启安：《史前文化时期的酿酒（三）》，《酿酒科技》2005年第10期。

包启安：《中国酒的起源（上）》，《中国酿造》2005年第2期。

陈捷：《羌族的"咂酒"文化》，《酿酒科技》2007年第10期。

邓昌宏：《试论中原地区陶器的起源和早期制陶技术》，《中原文物》1981年第3期。

冯力威等：《仰韶文化遗址区古土壤色度特征及其气候意义》，《生态环境学报》2015年第5期。

傅金泉：《中国古代酿酒遗址及出土古酒文化》，《酿酒科技》2004年第6期。

高玉莹：《半固态法酿酒技术的探讨》，《化工管理》2013年第12期。

郭梦：《操作链理论与陶器制作技术研究》，《考古》2013年第4期。

郭梦：《多样的陶器烧制技术：选择还是进化》，《考古》2016年第3期。

郭小宁：《渭水流域老官台文化的分期研究》，《考古与文物》2010年第6期。

蒋英、崔明玉：《咂酒的文化及现实意义浅析》，《南宁职业技术学院学报》2009年第3期。

杰姆斯·布朗：《作为经济过程的陶器起源》，《南方文物》2011年第1期。

李井岩、李明宇：《从红山文化源头查海遗址探析我国谷物酿酒的起源》，《北方文物》2015年第1期。

李文杰：《中国古代制陶工艺的分期和类型》，《自然科学史研究》1996年第1期。

李相兴、李炳芳：《云南哀牢山区岩村彝族传统酿酒工艺调查与研究》，《安徽农业科学》2014年第3期。

李湘生：《试析仰韶文化彩陶的泥料、制作工艺、轮绘技术和艺术》，《中原文物》1984年第1期。

李新伟：《史前陶器研究的新思考》，《南方文物》2015年第4期。

李仰松：《从佤族制陶探讨古代陶器制作上的几个问题》，《考古》1959年第5期。

李仰松：《仰韶文化慢轮制陶技术的研究》，《考古》1990年第12期。

马林：《中国古代制陶工艺流程》，《文物鉴定与鉴赏》2001年第1期。

马清林：《甘肃古代各文化时期制陶工艺研究》，《考古》1991年第3期。

庞奖励、黄春长：《一万年以来西安地区古土壤特征与气候波动变化研究》，《高原气象》2003年第1期。

秦岭：《类型价值和墓葬价值——介绍墓葬研究中的一种量化方法》，《华夏考古》2003年第3期。

冉奥博、王浦生：《技术与社会的相互构建——来自古希腊陶器的例证》，《北京大学学报》（哲学社会科学版）2016年第5期。

王政军：《中国古代酒曲制造发展简述》，《酿酒科技》2016年第1期。

杨育彬：《河南文物考古四十年》，《史学月刊》1989年第4期。

张弛：《仰韶文化兴盛时期的葬仪》，《考古与文物》2012年第6期。

张冬煜：《晋南仰韶文化半坡遗存的分歧研究》，《中原文物》2009年第1期。

张雪松：《半固态法酿酒技术的探讨》，《中国酿造》2004年第1期。

张忠培：《齐家文化研究（上）》，《考古学报》1987年第1期。

张忠培：《齐家文化研究（下）》，《考古学报》1987年第2期。

赵志军：《仰韶文化时期农耕生产的发展和农业社会的建立——鱼化寨遗址浮选结果的分析》，《江汉考古》2017年第6期。

周仁等：《我国黄河流域新石器时代和殷周时代制陶工艺的科学总结》，《考古学报》1964年第1期。

四　学位论文

曹贵：《宜都新石器时代制陶工艺研究》，硕士学位论文，湖北美术学院，2010年。

葛立：《关中中部仰韶文化遗址地理研究》，硕士学位论文，陕西师范大学，2017年。

李小彬：《枣园类型研究》，硕士学位论文，郑州大学，2010年。

倪爱武：《三门峡及邻区公元前5000—2000年环境变化与人类响应研究》，博士学位论文，中国地质大学，2011年。

庞倩：《陶器即媒介：对史前陶器文明的另一种诠释》，硕士学位论文，兰州大学，2015年。

沙玲：《安徽泾县陶窑村传统制陶工艺研究与调查》，硕士学位论文，南京艺术学院，2004 年。

时萧：《马桥文化和良渚文化制陶工艺研究》，硕士学位论文，南京大学，2014 年。

王松：《传统呷酒生产工艺的研究》，硕士学位论文，西南大学，2008 年。

王艳朋：《枣树沟脑遗址先周时期陶器制作工艺观察与研究》，硕士学位论文，西北大学，2012 年。

夏慧：《跨湖桥遗址和河姆渡遗址陶器装饰工艺浅析》，硕士学位论文，南京大学，2016 年。

杨颖：《陕西杨官寨遗址仰韶文化中晚期气候环境记录及遗址古人类对区域环境遗存》，硕士学位论文，西北大学，2013 年。

翟扶文：《西安鱼化寨遗址仰韶早期制陶工艺的观察与分析》，硕士学位论文，西北大学，2015 年。

张智尚：《淅川沟湾遗址制陶工艺观察》，硕士学位论文，郑州大学，2012 年。

五　其他文献

辞海编辑委员会：《辞海（1979 年版缩印本）》，上海辞书出版社 1980 年版。

方达平译注：《荀子·宥坐》，商务印书馆 2016 年版。

青海省文物考古研究所：《再现文明：青海省基本建设考古重要发现》，文物出版社 2013 年版。

中国社会科学院考古研究所：《中国考古学碳十四年代数据采集 1965—1991》，文物出版社 1991 年版。

六 外文文献

Cyril Aldred, *Egyptian art-in the Days of the Pharaohs* 3100 – 320 *BC*, New York, Thames and Hudson Inc, 1986.

Elizabeth F. Henrickson and Mary M. A. McDonald, "Ceramic Form and Function: An Ethnographic Search and an Archeological Application, Wiley on behalf of the American Anthropological Association", *American Anthropologist, New Series*, Vol. 85, No. 3, Sep, 1983.

Maarten J. Raven, Olaf E. Kaper, *Prisse d'Avennes. Atlas of Egyptian Art*, The American University in Cairo Press, 2000.

Michael M. Homan, *Beer and Its Drinkers: An Ancient Near Eastern Love Story*, Near Eastern Archaeology, 2004.

Patrick E. McGovern, *The Search for the Origins of Viniculture. Ancient Wine*, Princeton University Press. 2003.

Patrick E. McGovernStuart J. FlemingandSolomon H. Katz, *The Origins and Ancient History of Wine*, Gordon and Breach Publishers, 1996.